기업 내부의 창업가정신을 통한

기업 혁신의 지름길

사내 창업

Corporate Entrepreneurship

저자 | Robert D. Hisrich, Claudine Kearney

역자 | 이 건 희

Mc Graw Hill Education

經文社

McGraw Hill Education

Corporate Entrepreneurship, 1st Edition

1 2 3 4 5 6 7 8 9 10 KMS 20 16

Original: Corporate Entrepreneurship: How to Create a Thriving Entrepreneurial Spirit Throughout Your Company, 1st Edition © 2011
By Robert Hisrich, Claudine Kearney
ISBN 978-0-07-176316-5

This authorized Korean translation edition is jointly published by McGraw-Hill Education Korea, Ltd. and Kyung Mun Sa. This edition is authorized for sale in the Republic of Korea

This book is exclusively distributed by Kyung Mun Sa.

When ordering this title, please use ISBN 978-89-420-0858-2 (93320)

Printed in Korea

헌정

티나 히스리치(Tina Hisrich), 케리 히스리치(Kary Hisrich), 케이티 히스리치(Katy Hisrich), 켈리 내쉬(Kelly Nash), 리치 내쉬(Rich Nash). 레이첼 내쉬(Rachel Nash), 패트리샤 커니 그리고 실 커니(Syl Kearney)에게 바칩니다.

항상 창업가적으로 생각하기 바라며…

서문

국내에서 혹은 범세계적으로 새로운 벤처를 시작하고 운영하는 것에는 많은 장애물들이 존재한다. 이러한 장애물의 극복에는 상당한 위험과 에너지가 수반된다. 마찬가지로, 사내창업(corporate entrepreneurship: 기존 조직 내에서의 창업)에도 유사한 수준의 위험과 에너지가 수반된다. 내부창업(intrapreneurship) 혹은 사내벤처활동(corporate venturing)이라고도 불리는 사내창업은, 무언가 새로운 것(새로운 작업 방식, 새로운 시스템, 때로는 새로운 제품/서비스)을 창조하기 위해서 조직의 관성, 경직성, 규칙, 규정, 기존 조직의 관료적 특성 등을 극복하는 것과 연관되어 있다. 이러한 점들은 전 세계적 무한 경쟁이라는 환경적 측면에서 점점 더 중요해지고 있다.

창업(entrepreneurship)은 전통적으로 민간부문에서의 현상이라고 생각되어 왔지만, 사내창업과 사회적 창업(social entrepreneurship)은 비영리조직, 영리조직 및 공공부문의 조직과 같은 서로 다른 다수의 영역에서 발전되어 왔다. 보편적 개념으로서 창업은 중소기업, 국내 대기업 및 다국적기업뿐만 아니라 사회적 벤처기업, 지역공동체, 정부에도 적용될 수 있다. 창업은 소수의 사람들에게만 국한되는 것이 아니다. 올바른 지향성, 동기부여 및 추진력을 갖춘 사람이면 모두가 창업가적 관점과 마음가짐을 개발할 수 있다. 이러한 창업가적 관점과 마음가짐은 사람들 내부의 욕구를 식별해내고, 이러한 욕구를 창의적이고 혁신적인 아이디어 상태에서 현실로 바꾸어준다.

창업가들은 다양한 조직, 국가 및 시장에서 기존의 가정(assumption)에 도전장을 내밀고, 좀 더 혁신적이고 창의적 방식의 가치창출을 모색한다. 창업가들은 기회를 인식하고, 성공적으로 그 기회들을 활용함으로써 사업이 수행되는 방식을 변화시킨다. 조직은 경쟁력을 유지하기 위해 자신들을 새롭게 쇄신할 필요가 있다. 이러한 일들은 혁신적 아이디어에 대한 적극적 지원, 필요한 자원이나 전문성의 제공, 조직의 시스템과 프로세스 내부에서 창업가적 활동들을 제도화하는 형태 등으로 나타날 수 있다.

사내창업의 이러한 주제들을 완벽하게 다루기 위해서, 이 책은 3편 12장으로 구성되어 있다. 제1편은 "사내창업의 관리방안"으로서 4개의 장으로 구성되어 있다: "창업과 사내창업"(1장), "사내창업의 행동적 측면"(2장), "창업 프로세스의 이해와 관리"(3장), "기회의 인식, 평가 및 선택"(4장). 제2편은 "사내창업의 조직"으로서 4개의 장으로 구성되어 있다: "조직 내 벤처의 발굴"(5장), "벤처의 조직화"(6장), "벤처의 통제"(7장), "벤처활동의 내부정치"(8장).

마지막으로 제3편은 "사내창업의 운용"으로서 이 또한 4개의 장으로 구성되어 있다: "사업계획서의 작성"(9장), "사내창업가의 선발, 평가 및 보상"(10장), "사내벤처의 자금 조달"(11장), "조직 내 사내벤처활동의 실행"(12장).

여러 나라에 걸쳐 기업의 임원, 창업가, 중소기업 관리자, 교수 등 많은 사람들이 이 책의 발간에 도움을 주었다. 연구조교인 Nicole Baum, Vilayphone Douangpahga, Debra Wheat에게 특별한 감사를 표하며, Frank Roche 교수의 조언에 감사드린다. 그리고 편집자를 포함한 편집인들에게도 감사를 드린다. 특히, Carol Pacelli에게 감사를 드리고 싶은데, 아마 그녀가 없었으면 이 책은 제때에 빛을 보지 못했을 것이다.

Rober D. Hirsrich
Caludine Kearney

역자서문

혁신의, 혁신에 의한, 혁신을 위한

어떤 기업은 다른 기업보다 왜 더 성과가 좋을까? 어떤 기업은 다른 기업보다 왜 더 오래 생존할까? 이러한 물음에 답하기 위해 우리는 훌륭한 품질을 강조하고, 뛰어난 마케팅 기법을 고안해내고, 직원들의 동기 부여를 얘기하며 탁월한 경영전략을 얘기한다. 또한 국내시장을 넘어 글로벌 시장으로의 진출을 시도하고, 전 세계에서 기업을 운영한다. 하지만 많은 경우에 이러한 질문들에 대해 정답을 제시하는 것이 그리 녹록치 않은 상황이다.

본 번역서는 Hisrich 교수와 Kearney 박사의 공저인 “Corporate Entrepreneurship”을 번역한 것이다. 본 서의 특징은 한국에서는 아직은 생소한 개념인 사내창업(Corporate Entrepreneurship)을 평이하게 잘 설명해 놓았다는 점이다. 사실 사내창업은 우리가 이름만 들어도 알 만한 다국적기업들이 최근 매우 활발하게 활용하고 있는 기업 혁신의 도구이다. 최근 들어서 기업들은 위에서 언급한 2가지 질문에 대한 답을 찾기 위한 노력의 일환으로서 기술혁신뿐만 아니라 경영혁신을 포함한 기업의 혁신을 강조한다. 이러한 기업혁신을 이루기 위한 강력한 도구 중 하나가 바로 사내창업이라 할 수 있다. 사내창업은 창업의 일부분으로서 기존 조직 내에서 창업하는 것을 의미한다. 우리가 알고 있는 일반 창업과 관련되어 많은 논문, 저서, 번역서들이 존재하지만, 사내창업 분야의 관련 도서들은 거의 전무한 실정이다. 특히 한국에서는 사내창업에 관한 적절한 교재를 찾기가 어려운 상황이다. 따라서 이 책이 한국의 사내창업에 대한 연구와 관심 그리고 활용에 작은 기여를 할 수 있기 바라는 마음으로 부족한 실력이지만 부끄러움을 무릅쓰고 번역하게 되었다.

이 책을 번역함에 있어서 어려웠던 점은 다른 분야와는 달리 창업 분야에는 아직까지도 동일한 개념에 대해 다양한 용어가 혼재하고 있다. 예를 들어, 한국에서는 entrepreneurship

을 기업가정신, 창업가정신, 창업 등으로 다양하게 번역하여 사용 중이다. 이러한 문제에 대하여 김민형·이건희(2016)[1]는 창업에 대한 정의를 다음과 같이 설명하였다.

"entrepreneur란 단어는 12c 프랑스에서 사용된 entreprendre의 agent noun으로 사용되었다. entreprendre의 뜻은 between 또는 inter를 뜻하는 entre와 to take를 뜻하는 prede가 합쳐져서 to take, take in hand의 의미로 사용되었다. 이 단어는 15c에 들어 모험가 기질, 도전정신, 대담성의 의미가 더해져 오늘날 '기업'의 의미로 사용되는 enterprise가 되었다. entrepreneur는 15c 중세 영어로 차용되었다가 다시 극작가, 흥행주라는 의미로 프랑스어로 재차용되었다. 이러한 흥행주는 공연작품을 무대에 올리기 위해 작품 선정, 섭외, 공연 일정, 소요 예산 측정, 홍보 및 마케팅 등 일련의 과정을 기획하는 사람으로서, 근본적으로 경영을 하는 사람으로 사용되었다(Online Etymology Dictionary, n.d.). 그 뒤 18c 들어 프랑스의 경제학자인 Cantillon에 의해 경제성장의 주요 요소로서 entrepreneur의 역할이 강조되었다. 사전적 의미를 살펴보면 entrepreneur는 이윤 추구를 목표로 하여 금융 위험을 감내하며, 사업을 하는 사람, 기업을 경영하고 구성하는 사람으로서 특히 위험이 도사리고 있는 사업을 진행하는 사람으로 정의하고 있다(Oxford English Dictionary, n.d.; Random House Dictionary, n.d.). 특히 미국 경제 교육 표준 권고안을 살펴보면 entrepreneur는 여러 위험을 사전에 검토하고 새로운 사업을 진행하며, 새로운 혁신을 통해 기존 기업 내에서 새로운 벤처를 시작하는 사람으로 보고 있으며, 이러한 활동은 경제 성장의 중요한 원천이라 소개하고 있다(Siegfreid, 2010). 이러한 entrepreneur는 국내에서는 주로 기업가(企業家)로 번역된다. 기업가(企業家)는 단순히 기업에 자본을 대고 기업을 경영하는 사람을 가리킨다. entrepreneur의 특징이라고 볼 수 있는 위험감수, 혁신의 의미를 포괄하기에는 적합하지 않다. 이에 꾀할 기(企)를 대신하여 일어날 기(起)를 사용한 기업가(起業家)로도 사용되고 있다. 일본의 경우 기업가(起業家)란 번역이 주로 사용되고 있으나, 국내의 경우 대부분의 매체에서 국문표기를 권장하고 있어 기업가(企業家)와 구별하기 어렵다. 하지만 창업(創業)의 창은 비롯하다, 시작하다는 뜻으로서, 창업의 뜻은 사업 따위를 '처음으로 이루어 시작하다'라는

1) 김민형·이건희(2016), "창업의 개념적 진화와 새로운 성장동력: 사내 창업을 중심으로." 전문경영인연구, 19(1), pp. 263 - 290.

뜻이다. 새로이 시작하는 일에는 여러 위험이 도사리고 있고 이를 적절히 고려해야 한다. 또 entrepreneur에 내포된 undertake의 의미를 고려하면 기업가보다는 창업가가 더 적합한 용어이다(강병오, 2011). 또한 entrepreneurship은 창업가정신 혹은 기업가정신으로 많이 번역한다. 일부 학자들은 정신(精神)이라는 단어가 마음이나 생각만을 뜻하는 것이 아니라 지성적, 이성적이고 능동적, 목적의식적인 능력을 포함하고 있기에 창업가정신, 기업가정신이란 표기에 문제가 없다고 한다(강병오, 2013). 하지만 정신에는 사물의 근본적인 의의나 목적 또는 이념이나 사상이라는 뜻이 더 강하며, 다수의 학자들은 entrepreneurship을 기회의 인식, 위험감수, 자원의 새로운 결합 등의 일련의 과정으로 보고 있어 창업가정신, 기업가정신으로 명명할 경우 그 뜻을 제대로 전달하지 못한다. 지속가능한 경쟁 우위를 창출하는 창업의 진정한 가치를 실현하기 위해서 창업가적 마음가짐(entrepreneurial mindset), 창업가적 리더십(entrepreneurial leadership) 등을 강조하는 학자들도 있다(Kuratko, 2007; McGrath and MacMillan, 2000). 창업가정신, 기업가정신이라는 용어는 이러한 개념과 구분하기 쉽지 않다. 그리고 기존의 entrepreneurship 연구는 기업 경영의 관점에서 다루어졌다. 하지만 이론이 점점 발전하면서 기업의 이윤 창출의 관점을 넘어서 복지, 공공사업, 비영리사업, 자선단체 등을 다루는 사회적 창업(social entrepreneurship)의 개념이 나타났으며(Weerawarden and Mort, 2006), 기업뿐만 아니라 모든 조직에서 창업가의 활동이 필요하다고 보며 창업활동이 촉진되는 조직의 환경, 특징을 살펴보는 조직적 창업(organizational entrepreneurship) 등 다양한 방면으로 확장되고 있다(Bratnicki, 2005). 정신이라는 용어는 진화하고 확장되고 있는 entrepreneurship 연구 범위를 포괄하는 단어가 아니다. 일본의 경우 기업가정신, 기업가활동 등 다양하게 번역되고 있으며, 중국의 경우 entrepreneurship을 창업(創業)의 간자체인 창업(创业)으로 번역하고 있다. 단어 형성의 관점에서 살펴보면 -ship의 접미사의 사전적 정의는 특정 상태나 조건, 지위나 신분, 기술 혹은 능력을 가리키는 것으로 설명하고 있다(Random house Dictionary n.d.; Collins English Dictionary, n.d.). apprenticeship, craftsmanship 및 fellowship 등의 용례와 유사하게 성질, 상태를 구체화한 것으로서 entrepreneurship을 창업으로 번역하는 것이 더 적합하다고 판단된다."

따라서 김민형·이건희(2016)의 번역을 따라 이 책에서도 entrepreneur는 '창업가', entrepreneurship은 '창업'으로 번역하여 사용하고자 한다. 또한, corporate entrepreneurship은 '사내창업', corporate venturing은 '사내벤처활동', intrapreneurship은 '내부창업', corporate venture은 '사내벤처', corporate venture capital은 '사내벤처캐피털', strategic entrepreneurship은 '전략적 창업', organizational entrepreneurship은 '조직적 창업', institutional entrepreneurship은 '제도적 창업', intracorporate entrepreneurship은 '기업내부창업' 등으로 번역하여 사용하였다. 그리고 흔히 우리가 말하는 기업가정신으로 번역하는 entrepreneurial spirit 또는 entrepreneurial mind-set은 '창업가정신'으로 번역하여 사용하였다,

이 책이 나오기까지 많은 사람들의 도움을 받았다. 먼저, 이 책의 출간에 앞장서 주신 경문사의 이강록 부장님과 한헌주 님을 비롯한 편집진에 감사드린다. 특히, 11장과 12장의 초벌 번역을 해주었고, 지루한 오탈자와의 싸움을 같이 해준 영남대학교 대학원 무역학과 석사과정 박지현 양과 박사과정 허은정 선생에게 깊은 감사를 표하고 싶다. 또한 한 학기 동안 수업을 함께하며 사내창업에 대해 깊은 관심을 가지고 참여해준 영남대 대학원 글로벌비즈니스학과 학생들에게 고마움을 표시하고 싶다. 그리고 역자의 은사님으로서 학문에 대한 진지함과 즐거움을 가르쳐 주신 서강대 경영학과 명예교수이신 이장호 교수님께 감사드리며, 이미 20여 년 전보다 더 오래 전에 많은 사람들이 관심을 가지지 않았던 중소기업에 대한 연구와 강의로 한국의 중소기업과 벤처기업의 중요성을 일깨워 주신 (사)이순신장군리더십연구회 이사장 지용희 서강대 경영학과 명예교수님께도 깊이 감사드린다. 또한 초벌 번역한 글을 읽어주신 영남대학교 신소재공학부 김혜경 교수님과 중소기업진흥공단의 조한교 기업금융처장님에게도 감사의 말을 전하고 싶다. 그리고 창업에 대한 많은 생각과 사명감을 일깨워주는 영남대 창업보육/교육 센터장이신 서대석 교수님에게도 감사드린다. 끝으로 이 책이 나오기까지 이해해 준 가족들에게도 고마운 마음뿐이다.

2016년 여름, 경산에서

이건희

목 차

제1편 사내창업의 관리

제2편 사내창업의 조직화

제3편 사내창업의 운용

제1편 사내창업의 관리

창업과 사내창업 1장

학습목표

1. 사내창업의 정의를 이해한다.
2. 개인창업, 사내창업 및 사회적 창업 간의 유사점과 차이점을 학습한다.
3. 창업가와 전통적인 관리자의 차이점을 이해한다.
4. 개인창업 상황, 사내창업 상황 및 사회적 창업 상황에서 각각의 창업 프로세스를 이해한다.
5. 개인창업 상황, 사내창업 상황 및 사회적 창업 상황들이 창업 프로세스에 어느 정도 영향을 미치는지 이해한다.

들어가면서

조직, 산업 및 소비자들이 점점 더 역동적으로 되어감에 따라, 사내창업(corporate entrepreneurship)은 점점 더 중요해지고 있다. 창업(entrepreneurship)은 전통적으로 개인영역에서 발생하는 현상으로 인식되어 온 반면에, 사내창업과 사회적 창업(social entrepreneurship)은 비영리 조직, 영리 조직 및 공공 부문과 같은 서로 다른 다양한 영역에서 발전되어 왔다. 창업은 보편적 개념으로서 중소기업(SME), 범국가적인 조직 및 다국적 조직에 적용 가능할 뿐만 아니라 사회적 벤처기업, 일반 기업, 각종 공동체 및 정부에도 적용 가능하다. 창업은 일부 선별된 사람들에게만 국한되는 것이 아니다. 올바른 마음가짐, 추진력 및 동기부여를 가진 모든 사람이 창업가적 관점을 발전시킬 수 있다. 이러한 창업가적 관점은 시장의 욕구를 식별하고 창의적이고 혁신적인 아이디어를 현실로 탈바꿈시킨다.

창업가(entrepreneur)는 대부분의 산업, 국가 및 시장에 대한 기존의 가정(assumption)에 도전하고 좀 더 혁신적이고 창의적인 방식으로 가치를 창출하기 위해 고민한다. 창업가는 기회를 파악하고, 이 기회의 창들을 성공적으로 채워 나감으로써 사업의 수행 방식을 변화시킨다. 조직은 경쟁력을 유지하기 위해서 스스로를 쇄신할 필요가 있다. 이러한 조직의 쇄신은 혁신적인 아이디어에 대한 적극적인 지지, 필요한 자원과 전문성의 공급 또는 조직의 시스템과 프로세스 내부에서의 창업가적 활동을 제도화하는 형태로 나타난다.

이번 장에서는 개인창업, 사내창업 및 사회적 창업의 개념을 분석함으로써 창업에 대한 역사적 관점에 대한 이해를 증진하는 것이 목표이다. 창업 프로세스의 본질은 기존 조직 내에서 어떻게 창업 프로세스를 적용할 것인가라는 문제와 함께 논의되었다. 창업은 관리자와 창업가의 핵심적 역할들을 결합시킴으로써, 성공적으로 달성 가능한 경영 관행을 위한 통합 시스템이다.

창업의 개요

창업(entrepreneurship)이라는 용어는 사람마다 서로 다른 의미를 가진다. 창업이 독립적인 연구영역으로 자리 잡아가고 있음에도 불구하고 몇 가지 의문점들이 남아있다. 창업가(entrepreneur)는 누구인가? 창업이란 무엇인가? 사내창업이란 무엇인가? 사회적 창업은 무엇인가? 창업 프로세스는 무엇인가? 이렇게 빈번한 질문들은 창업과 창업가에 대한 개인, 그룹, 학계 및 정부 공무원의 관심이 범국가적이고 국제적인 관심으로 높아진 것을 반영한다. 창업 이론의 발전은 창업이라는 용어 그 자체의 발전과 매우 유사하게 발전해왔다. entrepreneur(창업가)는 프랑스 단어로서 글자 그대로 번역하면 이는 중개자(between-taker or go-between)라는 의미이다.

창업가와 창업

중개자라는 초창기 창업가의 정의에 대한 일례로 극동까지 무역로의 건설을 시도했던 마르코 폴로(Marco Polo)를 들 수 있다. 중세에 entrepreneur(앙트러프러뉴어; 創業家; 창업가)라는 용어는 대규모 생산 프로젝트를 관리하던 사람과 연극배우 모두를 묘사하는 데 사용되었다. 예를 들어, 성곽, 공공건물 및 성당과 같은 건설작업을 지휘하는 사람들이 "앙트러프러뉴어"로 간주되었다. 이러한 대규모 프로젝트에서 앙트러프러뉴어는 어떠한 위험을 지지 않고, 국가의 정부가 제공한 자원들을 사용하여 해당 프로젝트를 관리하였다.

17세기에 앙트러프러뉴어(창업가)는 특정 용역을 제공하거나 명시된 제품들을 공급하기 위해 정부와 계약관계를 가진 사람들이었다. 예를 들어, 프랑스인 존 로우(John Law)는 왕립은행의 설립을 승인받았다. 프랑스 무역에 대한 이런 독점은 존 로우가 자신의 회사 주가를 자산가치보다 더 높게 조작한 결과 회사의 붕괴로 이어졌고, 결국 그는 나락으로 떨어졌다. 1970년대 저명한 경제학자이자 저술가인 리처드 캉티용(Richard Cantillon)은 앙트러프러뉴어 관련 초기 이론 중 하나를 발전시켰는데, 몇몇은 그를 앙트러프러뉴어(창업가)라는 용어를 만든 사람으로 생각한다. 그는 앙트러프러뉴어(창업가)를 위험을 감수하고 기업을 관리하는 합리적 의사결정자로서 묘사하였다. 그는 앙트러프러뉴어(창업가)를 위험감수자로 생각했다.

18세기 창업가는 자본 공급자와 구분되었다. 이 시기에 일어난 대부분의 발명은 엘리 휘트니(Eli Whitney)와 토마스 에디슨(Thomas Edison)의 발명품들처럼, 세상을 변화시키려는 욕구에 대해 대응한 결과이다. 이 발명가들은 신기술을 개발하고 있었지만, 자신들의 발명품에 대한 자금 조달을 자체적으로는 할 수가 없었다. 목화씨를 빼내는 데 사용되는 휘트니의 조면기(cotton gin)에는 미국의 독립전쟁 직후 몰수한 영국왕실 재산을 통해 자금이 조달되었지만, 에디슨은 전기와 화학분야에서의 개발과 실험을 위해 개인적으로 자본을 조달하였다. 에디슨과 휘트니는 자본의 사용자(창업가)였지 자본을 공급하는 사람이 아니었다.

19세기 후반과 20세기 초에, 거의 대부분의 경우 창업가들을 기존의 관리자들과 구분하지 않고, 대개 경제적 관점에서 바라보았다. 영국의 철학자 존 스튜어트 밀(John Stuart Mill)은 창업가와 관리자를 구분하는 중요한 요인은 위험감수라고 믿었다.[1] 이러한 유형의 창업가 사례로는 앤드류 카네기(Andrew Carnegie)인데 그는 아무것도 발명하지 않았지만, 철강 산업에서 경제적 활력을 불어넣기 위한 제품의 생산에 신기술들을 단지 개선하고 응용하였을 뿐이다. 20세기 중반, 혁신가로서의 창업가(entrepreneur as an innovator)라는 개념이 좀 더 정교한 정의와 더불어 성립되었다. 창업가의 기능은 혁신을 활용하여 생산방식을 개혁하는 것이었다. 즉, 여기에는 새로운 제품이나 기존 제품의 생산기술 방식을 새롭게 발전시키는 것, 원자재 공급의 새로운 원천이나 제품의 새로운 판매처를 만드는 것, 혹은 신산업을 만들어내는 것 등이 포함된다.

20세기 중반에는 혁신과 신선함(newness)의 개념이 창업의 구성요소가 되었다. 무언가 새롭게 관련된 것을 도입하는 행동인 혁신은 창업가에게는 가장 어려운 과업 중 하나이다. 혁신은 창조하고 개념화하는 능력뿐만 아니라, 또한 주어진 환경에서 작용하는 모든 요소들을 이해하는 능력이 필요하다. 새로움은 신제품에서 유통 시스템과 새로운 조직 구조를 발전시키는 새로운 방식까지, 그 어떤 것으로도 이루어질 수 있다. 이러한 창업가의 사례로 에드워드 해리먼(Edward Harriman)과 존 피어 폰트 모건(John Pierpont Morgan)이 포함되는데, 해리먼은 레이크 온타리오 서던 레일로드(Lake Ontario Southern Railroad)와 같은 부실철도를 인수하여 대규모 자금을 투자한 후, 철도를 좀 더 효율적이고 수익성 있게 만든 투자자이고, 모건은 성장산업들의 발굴과 자금 조달을 통하여 거대 은행제국을 건설한 사람이다.

현재의 창업

창업이라는 용어는 역사적으로 비전을 성공적인 사업체로 바꾸기 위해 불확실성을 감수하는 개인의 노력을 지칭한다. 창업에 대한 정의와 관련해서, 어떤 사람들은 새로운 조직의 창조에 초점을 맞추고, 어떤 이들은 부의 창조와 소유권에 초점을 맞춘다. 소유권에 초점을 맞추는 관점은 프랜차이징, 사내창업, 경영자에 의한 자사주 매수(MBO) 및 가업승계 등과 같은 소유권으로 이어지는 다른 경로들을 포함하고 있다. 하지만 다른 사람들은 기회의 발견과 활용에 초점을 맞추고 있다. 창업가라는 개념은 기업적 관점, 관리적 관점 및 개인적 관점에서의 원칙과 용어를 통하여 더욱 더 정교하게 정의되었다. 특히, 개인적 관점에서 창업의 개념은 이번 세기에 들어와서 완전하게 분석되었다. 이는 창업가의 3가지 행동적 특성에 반영되어 있다. (1) 주도적인 사고, (2) 자원과 상황들을 실제적인 사업으로 전환시키기 위한 사회경제적 구조를 조직하고 재조직하는 것, (3) 위험 혹은 실패의 감수.

경제학자에게 창업가란 자원, 노동, 비전, 원자재 및 기타 자원들을 활용하여 제품이나 서비스의 가치를 높이고, 변화, 혁신 및 새로운 질서를 도입하고 실행할 수 있는 조합으로 만드는 사람이다. 사회학자에게는 이러한 사람들은 특정한 요인들에 의해 움직이는 전형적인 사람들이다. 이러한 요인들로는 무언가를 획득하고, 실험하고, 달성하며 또는 기존의 권위적인 것에서 탈출하고자 하는 욕구들이 있다. 기존의 사업가에게 창업가는 아마도 위협적이고 공격적인 경쟁자로서 비추어질 수 있다. 반면에 또 어떤 사업가에게는 동일한 창업가가 협력자이자, 공급자이고, 고객이며 또는 부를 창출하는 사람일 수 있다. 협력자로서의 창업가들은 자원을 활용하고, 낭비를 줄이고, 취업 의지를 가진 대상자들을 위해 일자리 창출에 기여하는 더 좋은 방안들을 모색한다.

창업은 점진적으로 부(富)를 창출하고 자신을 둘러싼 주변 환경들을 자극시키는 역동적 프로세스이다. 이러한 부(富)는 제품이나 서비스 가치를 제공하기 위해 자신의 자산, 시간 및 경력**몰입**(career commitment)의 측면에서 주요한 위험들을 감수하는 사람들에 의해서 창출된다. 이 경우 제품이나 서비스는 다양한 수준의 새로움(newness)을 보유하게 되지만, 그러한 제품과 서비스에는 그 수준에 상관

몰입
본 번역서에서는 commit과 commitment를 각각 "몰입하다"와 "몰입"으로 번역함.

없이 창업가에 의해 주입된 신선함이 필요하다. 금세기의 가장 위대한 창업가에는 리처드 브랜슨(Richard Branson), 마이클 델(Michael Dell), 빌 게이츠(Bull Gates), 스티브 잡스(Steve Jobs) 및 아니타 로딕(Anita Roddic)이 포함된다. 현재의 조직들이 직면하고 있는 도전과제는 내부 구성원들의 창의성과 혁신적 능력을 인식하고 이러한 사람들이 자신의 잠재력을 활용할 수 있는 힘을 가지게 만드는 것이다.

창업가에 대한 각각의 정의별로 창업가에 대해 약간의 상이한 견해들이 있지만, 이러한 각각의 정의들은 또한 신선함, 조직화, 부의 창출 및 위험감수와 같은 유사한 개념들을 담고 있다. 그러나 이러한 정의는 다소 제한적인데 창업가는 거의 모든 직업(교육, 의료, 연구, 법무, 설계, 공학, 사회사업, 유통 및 정부)에서 발견되기 때문이다. 모든 유형의 창업가적 행동들을 포함시키기 위해서는 포괄적인 정의가 필요하다. "창업(entrepreneurship)은 그것에 수반되는 재무적, 심리적 그리고 사회적 위험과 불확실성을 감수하고 필요한 시간과 노력을 투자하여 가치를 지닌 무언가 새로운 것을 창출해내는 프로세스이다. 그리고 그에 따른 보상으로서 금전적 만족과 개인적 만족을 얻는 것이다."[2]

사내창업

사내창업(corporate entrepreneurship)은 조직 내부의 개인들이 현재 통제하고 있는 자원들과는 독립적으로 기회를 모색하는 프로세스로서, 내부창업(intrapreneurship) 혹은 사내벤처활동(corporate venturing)이라고도 자주 불린다. 사내창업은 관습에서 벗어나 기회를 추구하고 새로운 일을 벌이는 것과 관련되어 있다. 기존 조직 내부의 창업정신(spirit of entrepreneurship)은 신규 조직을 만들어내거나, 해당 조직 내에서 혁신과 쇄신(renewal)의 발전을 초래한다. 사내창업은 기존 조직 내에서 창업가적 행동들을 불러일으키는 것이 필요하다. 사내창업은 새로운 작업 방식과 기술을 발명하고 적용하기 위한 창조적 프로세스를 개인이 활용하게 해주는 시스템으로서 비쳐질 수 있다. 내부창업 이외에도, 사내창업은 흔히 조직적 창업(organizational entrepreneurship), 기업내부창업(intracorporate entrepreneurship) 또는 사내벤처활동(corporate venturing)이라고도 불린다.

사내창업은 내부적으로 생성된 자원의 새로운 조합들을 통해 조직의 역량 수준을 확대시켜주고 기회에 대응하는 것과 관련 있다. 직원들을 창업가처럼 생각하도록 북돋아주고, 그들로 하여금 관료적 장벽에 방해 받지 않고 프로젝트를 추진할 수 있는 자유와 유연성을 제공해줌으로써 조직은 수익성 있는 혁신을 조성시킬 수 있다. 조직적·환경적 특성에 영향을 받는 내부 혁신의 창출은 동기부여가 된 개인과 그룹, 그리고 개방적인 환경을 필요로 한다. 아이비엠(IBM)과 같은 회사들은 기업성장의 촉진이라는 측면에서 사내창업의 가치를 인식하였다. 또한 휴렛-팩커드(Hewlett-Packard, HP), 쓰리엠(3M), 서모 일렉트론 코퍼레이션(Thermo Electron Corporation) 및 제록스(Xerox) 등은 사내창업에서 상당한 성공을 경험하였다. 스타라이트 커뮤니케이션스(Starlight Telecommunications)의 경우에는 윌리엄 오브라이언(William O'Brien)과 피트 닐슨(Pete Nielsen)이 자신이 재직하고 있던 지티이(GTE)에서 그들의 프로젝트를 지원해주지 않자 GTE를 사직하고 새로운 기업을 창업하였다. 이와 같이 창업은 내부에서 도움을 받지 못했기 때문에, 그 반작용으로 장려될 수 있다.

광의의 창업에 대한 정의는 구스(Guth)와 긴스버그(Ginsberg)가 제시하였는데, 그들은 창업이 2가지 중요한 현상을 포함하고 있다고 강조하였다. 그 2가지는 기존 조직 내부의 신생벤처의 창출과 전략적 쇄신(strategic renewal)을 통한 조직의 변화이다.[3] 대개 이 전략적 쇄신은 신규 사업과 프로세스를 기존 회사의 내부에서 기업 수준, 사업부 수준, 기능별 수준 혹은 프로젝트 수준에 따라 만들어내는 것을 목표로 하는 공식적 혹은 비공식적 활동들과 관련되어 있다. 전략적 쇄신의 궁극적 목표는 기업의 경쟁적 위치와 재무적 성과를 향상시키는 것이다. 전략적 쇄신은 조직의 사명(mission)의 재정과 자원의 창의적 재배치를 통하여 달성할 수 있고, 이는 제품과 기술의 새로운 조합들을 만들어낸다. 전략적 쇄신의 측면에서 사내창업은 전략의 재수립, 조직개편 및 조직변화를 강조한다.

사회적 창업

사회적 창업(social entrepreneurship)의 정의는 사내창업의 정의보다 좀 더 제한적이고 다양하다. 창업이라는 용어는 대부분 개인 영역의 활동과 연계되어 있는 반면에, 최근 20년 동안 창업의 가치창출 측면은 사회조직까지 확대되어 왔다. 사회적 창업은 복잡한 사회적 이슈들에 대한 혁신적이고 창의적인 해결책을 제시해주는 비즈니스 모델을 채택함으로써 일반적으로 사회와 공동체에게 상당한 기여를 해왔다. 패스트 컴퍼니(Fast Company) 잡지가 수여하는 사회적 자본가 대상(Social Capitalist Awards)과 스콜 파운데이션(Skoll Foundation)의 사회적 창업 대상(Awards for Social Entrepreneurship)에서 알 수 있듯이, 사회적 창업에 대한 관심과 창업의 영향력이 증가하고 있지만, 아직도 사회적 창업 분야의 연구는 미진한 편이다.

사회적 창업에 대해 정의 내리기 어려운 것은 비영리조직, 영리조직, 공공부문 그리고 이 3가지의 조합과 같이 다수의 상이한 분야에서 사회적 창업이 발전되어 왔기 때문이다. 사회적 창업은 사회적 기업과 같이 영리부문에서 사회적 목표를 가진 혁신적 활동으로 폭넓게 정의될 수 있다. 여기에는 비영리부문, 공공부문, 또는 영리적 접근법과 비영리적 접근법이 결합된 하이브리드 조직과 같이 다양한 분야의 창업이 포함된다.

사회적 창업은 영리, 비영리 또는 정치부문의 조직들이 사업 활동에서 좀 더 혁신적인 접근 방식을 발전시켜서 그러한 부문에 사업적 전문성과 시장에 대한 지식을 적용하는 것이라고 좀 더 좁게 정의될 수 있다. 모든 사회적 창업의 정의들이 가진 공통점은 사회적 창업의 가장 핵심적인 목표는 개인이나 이해관계자의 부(富)보다는 사회적 가치를 창출하는 것이라는 점이다.

앞서 언급한 창업, 사내창업 및 사회적 창업의 모든 정의들이 다소 다른 관점을 가지고 있다 할지라도, 그 모든 정의들은 창업이 창조적인 활동과 관련되어 있기 때문에 유사한 개념을 담고 있다. 창업의 핵심 구성요소는 기회의 발견 그리고 기회의 활용과 관련 있다. 사실, 창업적인 사건은 기회를 인식하고 고심하지 않으면 발생할 수가 없다.

표 1.1은 3가지 유형의 창업과 창업가의 유형 간의 유사점과 차이점을 나타내주는 유형 분류 체계를 보여주고 있다. 이 3가지 유형에는 개인적 영역, 사내창업 영역 및 사회적 영역이 있다. 이 표에 따르면, 창업과 창업가는 일정 수준의 진취성과 혁신성에 의해 나타나는 창조적 활동을 선호하는 것이 특징이다. 창업의 핵심 구성요소에는 기회의 발견과 활용이 포함된다.

[표 1.1] 개인창업(가), 사내창업(가) 및 사회적 창업(가)간의 유사점과 차이점

	개인창업(가)	사내창업(가)	사회적 창업(가)
목표 (Objective)	수익성 있는 기회들을 발견하고 활용할 수 있는 자유; 독립적이고 목표 지향적; 높은 성취욕구	관료주의의 늪에 빠지지 않고 프로젝트를 추구할 수 있는 자유와 유연성	사회 구성원들에게 봉사할 자유와 자원; 기존 서비스에 가치를 더함; 사회적 문제들에 접근하여 공동체와 사회를 풍요롭게 함; 사회적 정의에 대한 열망에 의해 추진됨
기회 (Opportunity)	자원의 통제 여부와는 상관없이 기회를 추구; 상대적으로 상황적 요인에 의해 제약을 덜 받음	현재 시점에서 자원의 통제 여부와는 상관없이 기회를 추구; 기회를 추구하기 위해 관례에서 벗어나 새로운 일을 시행	사회적 변화를 자극함으로써 사회적 가치의 창출 기회를 인식할 수 있는 능력을 보여줌; 기존의 균형에 맞서 사회적 가치 제안을 발전시킴
초점 (Focus)	외부환경에 초점을 맞춤; 경쟁환경과 기술의 진보; 재무적 성과, 이익의 극대화 및 독립성에 주로 초점이 맞추어짐	혁신적 활동과 새로운 제품, 서비스, 기술, 전략 및 경쟁적 태도에 대한 지향성; 혁신을 통해 창출된 경제적 성과에 주로 초점을 맞춤	혁신과 창의성을 통해 오랫동안 존재했던 욕구를 좀 더 효과적으로 충족하는데 초점을 맞춤으로써 시민들을 위한 가치 창출을 목표로 함
혁신 (Innovation)	자원과 상관없이 위에서 언급한 기회들을 확보하고 혁신을 통해 가치를 창출	희망하는 혁신활동 수준이라는 측면에서, 사람들이 의도하고, 계획하고, 목적이 있는 기술들을 발명하고 적용이 가능한 창의적 프로세스를 사용할 수 있게 하는 시스템; 기존 조직 내에서 쇄신과 혁신의 실시	전반적인 사회적 편익을 위해 사회적 문제에 대한 실질적이고 혁신적이며 지속가능한 접근법을 창출; 사회적 변화에 필요한 자원과 아이디어를 동원함
위험감수 (Risk Taking)	위험감수는 창업가적 특성에서 중요한 요인임; 개인적 및 재무적 위험을 감수하나 이를 최소화하기 위해 노력	계산된 위험감수자; 위험은 경력과 관련된 것이고 조직에 의해 전체적으로 흡수됨	기회창출의 사회적 가치와 혁신, 진취성 및 위험감수에 관련한 주요 의사결정 특성에 대한 인식; 평균 수준 이상의 위험을 수용
특징과 기술 (Character and Skills)	자신감; 강력한 사업지식; 독립적	자신감; 시스템을 변화시킬 수 있다는 자기 자신에 대한 강력한 믿음	자신감; 모호성에 대한 용인; 강력한 정치적 기술

창업가와 전통적인 관리자

창업가와 전통적인 관리자의 특성에 관해 혼란이 일부 존재한다. 창업가는 전통적인 관리자와 다름에도 불구하고, 창업은 기업 관리 방식 중 1가지이다. 관리란 변동성을 감소시켜 프로세스의 안정성을 증가시키면서 조직 목표를 달성하는 것과 관련이 있다. 이것은 사람을 통해 과업을 완수하는 것과도 관련이 있다. 효과적인 관리를 한다는 의미는 예측(forecast), 기획(plan), 조정(coordinate), 소통(communicate), 선도(lead), 촉진(facilitate), 동기부여(motivate) 그리고 통제(control)하는 것을 의미한다. 관리는 개념적 스킬(conceptual skill), 인간관계 스킬(human skill), 사무적 스킬(technical skill)을 사용하여 투입을 산출로 변환하는 것이다. 관리자는 조직의 목적과 목표에 부합하게 최적의 결과를 달성하기 위한 자원들을 효율적이고 효과적으로 활용하는 것이 필요하다.

창업가는 미래지향적이고, 기회추구적이고 또한 이 기회들을 붙잡기 위한 혁신을 발견한다. 창업가는 재무적, 경제적 혹은 사회적 부(富)를 획득하기 위해 자원들의 혁신적인 조합에서 나오는 창조적 활동을 선호하는 경향이 있다. 창업가들은 자원을 획득하고 장애를 극복하며, 아이디어를 실행에 옮기는 데 창의적이다. 전통적인 관리자와 창업가 간에 상당히 겹치는 부분이 있지만, 이 2개의 개념은 서로 다르다. 창업가는 관리자가 될 수 있고, 관리자는 표 1.2에 표시되어 있는 것처럼 적절한 시기에 의식적으로 다양한 주요 역할 기능들을 결합함으로써 창업

[표 1.2] 창업가적 관리자의 역할

창업가(The Entrepreneur)		관리자(The Manager)
✓발견(Discover)		✓예측가(Forecaster)
✓비전가(Visionary)	⟹	✓기획자(Planner)
✓혁신적(Innovative)	창	✓조직가(Organizer)
✓창의적(Creative)	업	✓조정자(Coordinator)
✓계산된 위험감수자(Calculated Risk Taker)	적	✓소통가(Communicator)
✓기회 추구자(Opportunity Seeker)	관	✓촉진자(facilitator)
✓자원의 활용(Resource Leverage)	리	✓동기부여자(Motivator)
✓자신감(Self–Confident)	자	✓리더(Leader
✓추진 및 내적 동기부여(Drive and Intrinsic Motivation)	⟸	✓통제자(Controller)

가가 될 수 있다.

창업 프로세스

그러나 창업 프로세스는 문제해결, 그 이상을 포함하고 있다. 모든 창업가들(개인, 기업 및 사회)은 새로운 무언가의 창출에 대해 저항하는 요인들을 극복함으로써 기회를 발견하고, 평가하고, 발전시켜야 한다. 창업이 어떻게 작용하는지 이해하기 위해서는 연관 프로세스와 그 프로세스를 어떻게 효과적으로 관리할지 인식하는 것이 필요하다. 프로세스는 서로 다른 환경에서 발생할 수 있지만, 개인, 기업 및 사회적 상황 간에 존재하는 다양성으로 인해 변화한다.

창업 프로세스에는 4가지 구분되는 단계들이 있다. (1) 기회의 인식과 평가, (2) 사업계획서 작성, (3) 필요한 자원의 파악과 평가, (4) 사업체의 시작과 관리. 표 1.3, 표 1.4 및 표 1.5는 각각 개인창업 프로세스, 사내창업 프로세스 그리고 사회적 창업 프로세스를 보여준다.

[표 1.3] 개인창업 맥락에서 창업 프로세스

기회의 인식과 평가	사업계획서 작성	필요한 자원의 파악과 평가	사업체의 시작과 운영
기회의 평가	제목	필요자원의 파악	관리 유형의 개발
기회의 생성과 지속시간	목차	기존 자원의 파악	성공에 필요한 주요 변수들에 대한 이해
기회의 실제 가치와 지각된 가치	사업개요	부족한 자원과 이용 가능한 공급업자를 식별	현재 및 잠재 문제들을 파악
기회 관련 위험과 보상	주요 항목: 1. 사업 현황 2. 산업 현황	필요자원에 대한 접근 방법 개발	통제 시스템의 시행
기회 vs 개인별 스킬 및 목적	3. 기술계획 4. 마케팅계획		성장전략의 개발
경쟁 환경	5. 재무계획 6. 생산계획		
기회분석계획서 작성	7. 조직계획 8. 운영계획 9. 요약		

[표 1.4] 사내창업 맥락에서 창업 프로세스

기회의 인식과 평가	사업계획서 작성	필요한 자원의 파악과 평가	사업체의 시작과 운영
기회의 평가와 탐색 기회 창출을 위해 좀 더 시간이 걸리는 승인 프로세스 조직을 위한 기회의 실제 가치와 지각된 가치; 사내창업가를 위한 제한된 재무적 보상 경력 관련된 것 이외의 위험을 조직이 감수 기회 vs 개인 및 팀 스킬; 아이디어 생성을 위한 내부 네트워크 경쟁 환경 기회분석계획서 작성	제목 목차 사업개요 제품/서비스 분석 기업 적합성 시장 분석 수익성 향후 활동을 위한 계획	필요한 자원과 그러한 자원의 획득 가능성에 대한 파악 기존 자원과 그들의 이용 가능성 파악 부족한 자원의 식별과 보충 가능성 필요자원에 대한 이용 가능한 접근 방식에 대한 인식	기존 관리 유형에 대한 적응 가능성 성공적 실행을 위한 주요 변수들에 대한 이해 현재의 문제, 잠재적 문제 및 제약사항에 대한 인식 기존 통제 시스템에 대한 적응 성장과 수익성을 위한 기회

[표 1.5] 사회적 창업 맥락에서 창업 프로세스

기회의 인식과 평가	사업계획서 작성	필요한 자원의 파악과 평가	사업체의 시작과 운영
좀 더 다양한 여러 목표들과 관련된 기회의 평가와 실행 가능성 관료적 관성과 대중의 감시 때문에 기회의 생성과 지속에 좀 더 시간이 걸림 사회, 공동체 및 구성원들을 위한 기회의 실제적 가치와 지각된 가치 위험과 보상의 상충관계는 실수에 대한 회피를 선호함. 낮은 재무적 보상. 사업체의 이익을 공유하지 않음 정치·사회적 목표라는 측면에서의 기회 vs 개인 및 팀 스킬과 목적 경제적 및 사회적 환경 기회분석계획서 작성	제목 목차 사업개요 서비스/프로세스 분석 사회적 적합성/공동체의 필요에 대한 적합성/제도적 적합성 운영 분석 실행 계획 사회적 가치 재무적 지속가능성 계획/자금 조달 향후 활동 계획	사업분야와 예산상의 제한과 한계라는 측면에서 필요한 자원들을 파악 해당 프로젝트에 이용 가능한 기존 자원의 파악 부족한 재무적·비재무적 자원과 그러한 점을 메꾸어주기에 실행 가능한 기회를 인식 필요한 자원에 접근 가능한 기회들이 존재하는지 파악	기존의 관리유형이라는 맥락에서 개발 성공적 실행과 사회적 결과물을 위한 주요 변수들의 이해 현재 및 잠재 문제점, 내부 제약 그리고 한계점들에 대한 인식 제약사항들을 극복하면서 기존 통제 시스템에 대해 적응 경제·사회적 성장과 발전을 위한 기회

이러한 단계들은 순차적으로 진행되지만, 각 단계가 다음 단계와 완전히 단절된 상태로 처리되거나, 다음 단계로 넘어가기 전에 전 단계를 완벽하게 끝내야만 하는 것은 아니다. 예를 들어, 기회를 성공적으로 인식하고 평가하기(1단계) 위해서 창업가는 이미 원하는 사업의 유형을 마음속에 유념하고 있어야 한다(4단계).

기회의 인식과 평가

기회의 인식과 평가는 매우 어려운 업무 중 하나이다. 새로운 제품, 서비스 혹은 프로세스에 대한 창의적 개념을 가지고 항상 창업이 시작되지는 않는다. 창업은 기회를 찾는 일에 주의를 게을리하지 않음으로써 자주 시작된다. 소비자, 동업자, 유통업자, 혹은 기술 전문가의 의견을 활용하여 기회를 인식하더라도, 창업가는 각각의 기회를 조심스럽게 검색하고 평가할 필요가 있다. 이러한 기회의 평가는 아마도 창업 프로세스에서 가장 중요한 요소인데, 특정 제품이나 서비스를 요구되는 자원과 비교했을 때 필요한 성과를 낼 수 있는지 평가하기 때문이다. 시장이 존재하지 않는다면, 제품, 서비스 혹은 프로세스가 좀 더 저렴한 가격에 더 우수한 품질, 더 많은 이용 가능성, 더 나은 고객 서비스 및 애프터서비스를 제공해도 아무 의미가 없다.

평가 프로세스는 기회의 지속 시간, 기회가 가진 실제 가치와 지각된 가치, 기회가 내포하는 위험과 보상, 창업가(혹은 내부창업가나 사회적 창업가가 속해있는 조직)의 개인 스킬과 목표 그리고 해당 환경 하에서 그 기회가 가진 독특한 혹은 차별화된 장점을 살펴보는 것과 관련되어 있다. 기회를 발견하고 관리하기 위해서 모든 창업가는 조직 내부의 모든 잠재적 장애물의 극복에 필요한 희생을 감수할 정도로 자신이 인식한 기회에 대해 확신을 가져야만 한다.

개인창업가, 사내창업가 혹은 사회적 창업가와 관련된 중요한 이슈에는 제품, 서비스 혹은 프로세스에 대한 설명, 기회의 원천, 크기 및 지속가능성 측면의 기회 평가, 창업가와 창업팀에 대한 평가, 기회를 독자생존이 가능한 벤처로 탈바꿈시키는 데 필요한 모든 활동과 자원들에 대한 내역 그리고 성장을 위한 자금 조달뿐만 아니라 초기 벤처의 설립에 필요한 자금 출처 등이 포함된다.

사업계획서의 작성

모든 창업가는 기회에 대한 인식과 평가를 바탕으로 사업 개념(business concept)을 구체화시킬 필요가 있다. 새로운 제품, 서비스 및 프로세스에 대한 사업 개념은 기회를 활용하기 위한 혁신적이고 창의적인 접근법을 구체화시킨다. 훌륭한 사업계획서는 그 안에 정의된 기회를 포착할 수 있도록 작성될 필요가 있다. 창업 프로세스에서 이러한 과정은 시간이 많이 소비되는 단계이며, 처해진 상황에 따라 달라진다. 예를 들어, 개인들이 설립하는 초기 벤처의 사업계획서는 사내창업가의 사업계획서나 사회적 창업가의 사업계획서와는 다르다(표 1.3, 1.4 및 1.5 참조). 훌륭한 사업계획서는 기회를 포착하고 필요한 자원들을 결정하며, 그러한 자원들을 획득하고, 이러한 프로세스의 결과물로서의 벤처를 성공적으로 시작하고 관리하는 데 필수적이다.

필요자원에 대한 결정과 평가

모든 창업가는 기회에 다가가는 데 필요한 자원들을 결정할 필요가 있다. 이러한 프로세스는 현재의 재무적·비재무적 자원들(예: 기술적 능력, 팀 역량, 면허, 특허, 고객명단 및 입지)에 대한 판단에서 시작된다. 이렇게 필요한 자원들의 종류와 수량을 너무 낮게 예상하지 않도록 주의해야만 한다. 고위 임원으로부터의 지원이 사내창업가에게는 가장 중요한 자원이 될 수 있는 반면에, 사회적 창업가에게는 정부의 지원이 매우 중요한 자원이 될 수 있다. 가장 중요한 창업가적 행동 중 일부는 자원을 활용하여, 중요한 재무적 몰입 없이도 사업 개념을 발전시키고, 필요한 곳에서 자원을 활용할 수 있게 더 많은 유연성을 조직에게 제공해주는 것과 관련이 있다.

사업체의 시작과 관리

자원이 확보된 후에 모든 창업가는 이 자원들을 사업계획의 실행을 위해 사용하여야 한다. 개인창업가의 경우, 이는 경영관리 유형과 구조를 실행시키는 것과 관련이 있고, 반면에 사내창업가와 사회적 창업가에게는 제약사항 혹은 한계들을 극복하고 적응하는 것과 관련이 있다. 문제가 발생할 수 있는 영역을 신속하게 식별하고 해결하기 위해서 통제 시스템을 실행할 필요가 있다. 어떤 창업가들은 벤처의 설립 단계에서는 번창하지만, 벤처를 성장시키고 관리하는 데 어려움을 겪는다. 대조적으로, 일부 사내창업가와 사회적 창업가는 조직적 제약사항과 한계로 인해 혁신을 관리하는 데 어려움을 겪는다.

모든 창업가들은 적절한 적응을 위해 위험, 불확실성 및 모호성을 인내할 수 있어야 한다. 궁극적으로 창업가들의 의식구조는 비록 불확실한 상황 하에서도 빠르게 감지하고 행동하며 기동력 있게 대처할 필요가 있다. 창업가는 역동적이고 유연하며 자기관리가 이루어져야 하고, 해당 환경에서 일어나는 변화의 감지와 능동적인 대응에 초점을 맞춘 의사결정 시스템들을 만드는 과정에 참여해야 한다.

상황별 창업 프로세스

창업은 보편적 개념이지만 개인 벤처기업, 기존 조직 혹은 사회적 기업 내에서 창업 프로세스를 성공적으로 적용시키기 위해서는 상황별로 각각의 독특함을 이해하고 프로세스를 적용하는 과정이 필요하다. 창업 프로세스의 4단계는 각 상황별로 모두 적용되기 때문에 새로운 서비스 혹은 새로운 개념을 도입하려는 사내창업가나 사회적 창업가도 동일한 단계를 밟아간다. 어떤 경우라도, 정해진 시간 내에 기회를 인식하고 평가할 필요가 있고, 혁신적 개념을 잘 기획할 필요가 있으며, 자원을 평가할 필요가 있고, 마지막으로 아이디어를 관리하고 실행할 필요가 있다.

사내창업의 체계

창업의 영역 중에서 사내창업은 가장 빠르게 성장하는 분야 중 하나이다. 많은 창업가들은 자신들이 벤처를 설립한 이후에 그 벤처를 어떻게 관리하고 확장시켜 나갈지에 대하여 어려움을 토로한다. 마찬가지로 많은 관리자들은 혁신적인 직원으로 하여금 벤처활동에 종사하도록 하는 것에 어려움을 느낀다. 조직을 성장하고 발전시키기 위해서는, 사내창업 관련 행동을 북돋우고 창조적 위험을 감수하는 직원을 보상해줄 수 있는 조직을 만들고 발전시킴으로써 관리자는 창업가처럼 될 필요가 있다.

조직이 세계화와 급속한 기술발전으로 인한 경쟁의 심화에 맞닥뜨리게 되기 전까지는 이와 같은 사내창업에 대한 필요성이 존재하지 않았었다. 기술의 발달로 소비자가 대부분의 대체재와 대체 서비스에 대한 접근이 가능해짐에 따라, 세상 어디에나 경쟁 기업들이 존재하게 되었다. 기업은 사내창업활동을 통해 좀 더 혁신적이게 되어야 하고 경쟁력을 유지해야 한다는 압박이 존재하게 되었다. 선도적인 국제 사내창업 기업들로는 3M, 루슨트 테크놀로지(Lucent Technology), 지멘스 닉스도르프(Siemens Nixdorf), 듀퐁(Dupont), 서모 일렉트론 코퍼레이션(Thermo Electron Corporation) 그리고 레이캠(Raychem) 등을 들 수 있다.

이 책은 조직 내에 창업가정신(entrepreneurial spirit)을 어떻게 확립할 것인지 논의함으로써 사내창업의 중요성에 대하여 초점을 맞추고 있다. 사내창업의 통합적 체계는 그림 1.1에 제시된 바와 같이 발전되어 왔다. 이러한 체계는 3가지 주요 구성요소를 갖추고 있는데, (1) 사내창업의 관리, (2) 사내창업의 조직 그리고 (3) 사내창업의 운영으로 구성되어 있다.

출발점은 사내창업의 관리에 대한 이해를 발전시키는 것에서 시작된다. 창업은 보편적 개념이기 때문에 상황에 관계없이 특정한 공통성을 가지고 있다. 또한 대기업이나 사회적 기업 내부에서 창업을 응용하여 시도하는 경우에는 중요한 차이점들도 있다. 이러한 점에 기반을 두고 조직의 리더는 직원들이 창업가처럼 기회를 파악하고 식별할 수 있게 동기를 부여하고 북돋울 수 있는 조직을 구축하고 발전시켜야 한다. 사내창업을 관리하는 4가지 주요 구성요소는 서로 다른 상황에서 창업과 사내창업을 이해하는 것, 창업의 행동론적 측면을 인식하는 것, 기존 조직에서 창업활동 프로세스의 체제를 갖추고 관리하는 것, 그리고 기회의 인식, 평가 및 선택 프로세스를 효과적으로 관리하는 것을 포함한다.

벤처를 효과적으로 관리하기 위한 능력은 적절한 조직을 필요로 하는데, 이는 벤처의 적절한 입지, 자원의 조직 그리고 내부 정치를 통제하고 관리하는 것을 포함한다. 마지막으로 사내창업의 운영을 위해서는 사업계획서를 명확하게 이해하고 발전시키는 것, 올바른 관리자를 선발하고 그들의 노력에 대해 적절하게 보상해주는 것, 적정한 자금 조달을 확보하는 것, 조직 내부에 사업 개념을 제도화하는 것이 필요하다.

[그림 1.1] 사내창업의 체계와 이 책의 구조에 대한 안내

제1편 사내창업의 관리

- 1장 창업과 사내창업
- 2장 사내창업의 행동적 측면
- 3장 창업 프로세스의 이해와 관리
- 4장 기회의 인식, 평가 및 선택

제2편 사내창업의 조직화

- 5장 조직 내 벤처의 발굴
- 6장 벤처의 조직화
- 7장 벤처의 통제
- 8장 벤처활동과 관련된 사내 정치

제3편 사내창업의 운용

- 9장 사업계획서의 작성
- 10장 사내창업가의 선발, 평가 및 보상
- 11장 벤처 자금 조달
- 12장 조직 내 사내벤처활동의 실행

이 책의 구조는 다음과 같이 구성되어 있다. 제1편은 1장에서 4장까지 4개의 장으로 구성되어 있고 사내창업의 관리에 초점을 맞추고 있다. 이러한 장들은 개인적 창업, 사내창업, 사회적 창업 간의 비슷한 점과 다른 점을 제시하고 있다. 부가적으로 창업유형에 따른 각각의 독특한 프로세스를 조사함으로써, 창업 프로세스를 이러한 차이점들의 관점에서 살펴보고 있다. 또한 사내창업의 동기부여, 이해관계 및 추진 원동력에 대한 자료를 수집함으로써 사내창업과 관련된 행동들을 제시하고 있다. 인식, 촉진, 열망 및 동기를 포함한 창업과 관련된 행동의 구성요소들을 파악하고 논의하고 있다. 사내창업가는 신생 벤처의 구조, 프로세스 및 관리 지향성을 만들 필요가 있다. 그런 다음에, 기회의 식별, 평가 및 선별 측면들이 제시되어 있다. 조직을 발전시키고 조직의 수익성을 개선시키기 위해 특정 기회를 식별하고, 평가하며 그리고 선택하도록 개인과 집단을 동기를 부여하는 것은 사내창업에서 매우 중요한 활동이다.

이 책의 제2편(5장에서 8장)에서는, 사내벤처의 설립을 위해서 동시에 발생해야 되는 핵심 구성요소들을 검토한다. 사내창업은 조직의 특정 측면의 변화나 전체 조직의 이동과 연관될 수 있다. 사내창업가가 극복해야 할 사내창업의 장애물들이 존재하는 곳에는 변화가 필수적이다. 다음으로는 사내벤처의 일부 특성들과 특정 상황에 대한 논의와 이러한 상황들이 어떻게 벤처의 성공 잠재성에 어떤 영향을 미치는지에 대해 논의한다. 사내벤처는 조직 내의 서로 다른 수준에서 조직될 필요가 있다. 이를 위해서는 열린 공동체를 위한 분권화된 조직과 낮은 수준의 공식화, 벤처 프로세스에 사람들을 참여시키기 위한 목적의 내부 회의와 위원회를 통한 인적 교류, 필요한 참여자의 지원 등이 필요하다. 그런 후에 성공적으로 관리될 수 있도록 사내벤처를 조직한다. 그러기 위해서는 높은 수준의 팀워크와 창의성이 필요하다.

조직이 자신의 핵심 목적과 목표를 효율적이고 효과적으로 달성하기 위해서는 통제가 필요하다. 통제의 형태는 여러 가지가 있으나, 궁극적으로 시행되는 통제 시스템은 기업의 핵심 활동뿐만 아니라 조직의 전략과 구조에 의해서도 영향을 받게 된다. 조직의 관리와 통제를 위해 구조와 시스템이 필요하지만, 창업 프로세스의 유연성, 직관성, 혁신성 및 창의성을 방해해서는 안 된다. 사내벤처를 통제하는 프로세스를 만들고 발전시키는 경영관리의 주요 전략과 역할은 효과적인 통제 시스템의 특성들과 함께 제2편에 논의되어 있다. 그리고 추가적으로 경영관리의 통제 철학을 개발하기 위한 접근법이 분석되어 있다.

변화가 일어나는 것과는 상관없이 조직은 힘과 정치를 가지고 있다. 창업활동에 가장 적절한 힘의 원천들이 긍정적 정치와 부정적 정치 측면, 전술, 참여자 및 지원자 그리고 정치가 초기 벤처에 미치는 파괴적인 힘이라는 측면에서 설명되어 있다.

제3편(9장에서 12장)은 운용에 관해 다루고 있다. 사내창업을 위한 사업계획서는 한번 작성하고 끝나는 것이 아니라, 벤처기업의 성공을 담보하기 위해 생생히 살아 있는 문서로서 지속성이 필요하다. 이를 위해서는 올바른 의사결정을 내리고 적절한 행동을 취하기 위한 내·외부 환경의 감시, 측정 및 평가를 필요로 한다.

또한 제3편에서는 사람들을 사내창업에 참여하게 만드는 방식과 관련된 인재들의 선발, 평가 및 보상 프로세스를 다루고 있다. 신규 벤처를 고려할 경우에 자원을 확보할 필요가 있는데 이는 대부분 재무적인 자원과 연관되어 있다. 여기서는 내부 벤처 캐피탈 부문(Internal Venture Capital Unit)을 포함한 다양한 재무적 대안들에 대한 논의가 수반된다. 이 책은 사내창업의 다양한 모델들과 조직 내에서 이를 수행하는 데 필요한 지침들을 제시하면서 끝을 맺는다.

요약

창업가와 창업이라는 용어는 서로 다른 사람들에게 다양한 의미를 가지고 있고 개인창업, 사내창업 및 사회적 창업과 같이 서로 다른 맥락에서 비추어질 수 있다. 서로 다른 점들이 있음에도 불구하고 위험감수, 창의성, 독립성 및 보상과 같은 몇몇의 공통점들이 존재한다.

모든 창업가들은 기회를 인식하고, 평가하며 그리고 발전시키는 창업 프로세스를 통하여 벤처의 설립을 진행시키고, 각각의 단계는 궁극적인 성공에 필수적이다. 기존 조직 내에서 기업에게 필요한 것은 관리자 역할과 창업가 역할 간 균형을 통해 창업가적인 관리자들을 육성하는 것이다.

모든 창업가들이 직면하고 있는 도전과제는 현재의 업무와 미래의 혁신을 위한 조직을 만드는 것이다. 창업가는 서로 다른 종류의 창업가적 행동을 촉진시키기 위한 전략, 구조, 인력 및 프로세스에서 반드시 조직이 충분한 내부적 다양성을 가질 수 있도록 해야 한다. 기존 조직 구조 내에서 사내창업가들은 창조적이고, 비전을 제시하고, 유연하고, 해당 조직 내에서 일할 수 있는 능력을 보유할 필요가 있다. 이렇게 함으로써 미래의 조직 성장과 발전뿐만 아니라, 장기적으로 지속가능한 경제적 및 사회적 부가 창출될 것이다.

Scenario 1 록타이트(Loctite Corporation)

프리츠 헨켈(Fritz Henkel)과 그의 동업자 2명은 1876년 9월 26일 독일의 아헨(Aachen)에서 헨켈앤키(Henkel & Cie)를 설립하였다. 그 이후로 이 독일인 창업자 그룹과 직원들은 헨켈(Henkel)을 독일 뒤셀도르프(Düsseldorf)에 본사를 둔 글로벌 기업으로 성장시켰다. 헨켈은 전 세계적으로 48,000명을 고용하고 있으며, 포춘지 선정 500대 글로벌 기업(Fortune Global 500)에 자리를 잡고 있다. 현재 헨켈은 퍼실(Persil), 슈바르츠코프(Schwarzkopf) 및 록타이트(Loctite)와 같은 브랜드를 보유한 소비재와 산업재 부문의 글로벌 선도자이다.

록타이트 브랜드는 헨켈의 등록상표로서 세계 최대 글로벌 브랜드 중 하나이다. 록타이트 브랜드는 58년 동안 첨단 접착제와 밀폐 관련 제품들을 소비자들게 공급해오고 있다. 록타이트는 5,000여 개 이상의 특허를 가지고 혁신에 몰입하고 있다. 이 기업은 최고의 품질을 보유한 매우 다양한 분야의 아크릴(acrylics), 혐기성 물질(anaerobics), 시아노아크릴레이트(cyanoacrylates), 에폭시(epoxies), 에어러졸(aerosols), 실리콘(silicone) 및 우레탄(urethanes)을 공급하고 있다. 록타이트는 초강력 접착제인 수퍼글루(Super Glue)로 불리는 소비재 제품으로 큰 성공을 거두었지만, 산업용품 구매자가 록타이트의 주요 고객이고, 이 회사의 제품은 전기제품에서 화장품까지 다양한 산업용 응용제품에 사용되고 있다.

과거에 아메리칸 실런트(American Sealants)라 불리우던 록타이트는 미국 코네티컷(Connecticut)주의 하트포드(Hartford)시에 소재한 트리니티 칼리지(Trinity College)의 독일계 화학 교수였던 버논 케이 크리블(Vernon K. Krieble)에 의해 1953년에 최초로 설립되었다. 이 창업가적인 화학 교수는 혁명적인 혐기성(嫌氣性) 접착제를 발견하였다. 그는 산소가 없는 상황에서 단단해지는 무산소 밀폐제(anaerobic sealant)의 일종인 접착 레진(bonding resin)을 위한 경화방지시스템(cure inhibition system)을 개발하였다. 록타이트는 1956년 7월 26일에 뉴욕의 유니버시티 클럽(University Club)의 기자 회견장에서 이 제품의 공식적인 출시를 공표하였다.

1964년 크리블 교수의 사후에 아들인 로버트 크리블(Robert Krieble)이 가업을 물려받았다. 그 해에 록타이트는 실리콘, 에폭시, 아크릴 및 혐기성 신물질과 같은 다양한 제품 중 첫 번째 제품인 "수퍼글루(Super Glue)"를 시장에 출시하였다. 1965년 무렵 록타이트는 280만 달러의 매출과 26만 달러의 순이익을 거두었다.

1970년대 중반 미국의 자동차 회사들은 소형의 경차를 생산하고 있었는데, 크기는 더 작아졌지만 회전속도는 높아진 소형엔진의 진동을 감소시키는 데에 록타이트의 신제품들이 도움이 되었다. 1980년대 초반에는, 부품조립 전까지는 활성화가 안 되는 차세대 극세 혐기성 접착제(microanaerobics adhesive)를 선두로 추가적인 제품들을 개발하였다. 록타이트는 기술 기반의 제품에 뿌리를 두고 자사의 제품범위를 확장하고자 하였다. 록타이트의 제품 안정성을 위해 추가로 개발된 가장 중요한 제품은 아일랜드(Ireland)와 미국 코네티컷의 실험실에서 개발된 초강력 접착제인 "수퍼글루"였다. 록타이트의 연구·개발팀은 새로운 아크릴, 실리콘 및 우레탄을 생산하였고, 록타이트는 몇 가지 핵심 기업인수를 통해서 자사의 산업재 기반을 확장하였다. 이러한 기업인수의 결과 중 하나가 1972년에 매입한 자동차 용품 라인인 퍼마텍스(Permatex)였다. 퍼마텍스의 개스킷 드레싱(gasket dressing)은 자동차 정비업계의 선두주자였다. 그리고 록타이트는 우드힐 케미컬 세일즈(Woodhill Chemical Sales)를 1974년에 인수하였다. 우드힐의 접착제 제품라인은 자동차와 가정용 수리제품을 위한 새로운 시장을 열어놓았으며, 1980년대에는 극세 혐기성 접착제들을 시장에 출시하였다.

록타이트의 상처봉합용 초강력 접착제인 수퍼글루의 기원은 1970년대로 올라간다. 다른 많은 아이디어들처럼 이 아이디어도 제품에 대한 부정적 인식에서부터 출발하였다. 수퍼글루가 신속한 접착력을 가진 탁월한 접착제로 인식되었지만, 피부를 접합시키는 데에는 많은 우려가 있었다. 그럼에도 불구하고, 수술용 봉합실의 대체를 위한 상처봉합용 접착제를 개발하는 데 이러한 특성을 활용하자는 의견이 수면 위로 올라오기 시작했다. 그 전에는 봉합실은 2,000년 이상 의료진에 의해 사용되어 왔다. 하지만 록타이트의 이 프로젝트는 의료제품 분야에 대한 전

무한 사전 경험과 그 시장에 대한 부족한 사전지식으로 인해 실패하였다. 그러나 1988년에 재건수술(reconstruction surgery)과 상처 치유에 사용되는 접착제 분야에서 연구를 수행하던 리즈/브래포드 대학(Leeds/Bradford University)의 앨런 로버트(Allan Rober) 교수는 "상처봉합용 수퍼글루"와 관련하여 록타이트와 접촉하였다. 로버트 교수와 그의 의료팀을 만족시킬 만한 수준에서, 소독이 가능하고 피부 봉합이 가능한 시제품이 개발되었던 것이다. 2002년에 이 신제품은 미국 식품의약국(FDA)의 승인을 획득하였다.

기업인수뿐만 아니라 다양한 록타이트 제품라인의 성장은 록타이트가 외국시장으로 진출하는 데 도움이 되었다. 대부분 각국의 회사들은 록타이트의 대리점에 의해 독립적으로 설립되었고 결국에는 록타이트와 합병이 되었다. 1970년에는 인터내셔널 실런트(International Sealant)와 합병하였고, 또한 1970년대에 걸쳐 자사의 여러 해외 유통회사들을 인수하였다. 로버트 크리블은 1980년에 퇴임하기까지 록타이트의 각종 인수합병, 조직개편, 기업 상장 및 국제적인 확장을 선도하였다. 당시에 록타이트의 전체 매출 18,000만 달러 중 해외 매출은 500만 달러를 차지하였다. CEO인 케네스 더블유 버터워스(Kenneth W. Butterworth)가 "록타이트 스토리(The Loctite Story)"에서 밝힌 바에 따르면 록타이트를 견실한 초국가적 기업으로 만든 국제적 인수합병은 록타이트의 역사에서 중요한 성공 요인이라고 하였다.

1985년에 헨켈은 록타이트의 지분 25%를 인수하였다. 제품다각화로 1988년 매출이 4억 달러에 이르렀고, 그 중 25%만이 록타이트의 혐기성 제품라인에서 발생하였다. 1991년에 록타이트는 미국에서 포춘지 선정 500대 산업용품 생산 기업 중 477위를 차지하였다. 당시 이 회사는 3,500명을 고용하고 있었다. 이 회사의 10년간 연평균 주당 순이익(EPS) 성장률인 22.4%는 포춘 500대 기업 중 18번째로 높은 것이었다.

1996년 후반, 유럽에서 접착제와 밀폐제의 중요성이 매우 커졌다. 1997년에 헨켈은 DIY(do-it-yourself)용과 가정용 접착제의 주요 공급자이자, 글로벌 공업용 접착제 분야의 특화된 선도자로서의 위치를 차지하고 있던 록타이트의 모든 주식을 매입하였다. 록타이트와의 합병으로 헨켈은 논쟁의 여지가 없는 접착제 분야의 세계적 선도자가 되었으며 미국을 포함한 전 세계의 판매구조를 한 단계 더 발전시켰다.

1997년 이후에 록타이트는 헨켈의 중요 브랜드로서 가정용 접착제, 에폭시, 스프레이 접착제, 건설용 접착제 및 주택수리용 밀폐제와 충전제의 공급을 담당하는 기업으로 남아 있다. 최근에 이 회사는 환경과 지속가능한 기술에 대한 관심을 높여가고 있다.

2002년 8월에는 FDA가 헨켈 록타이트의 세포조직용 접착제인 인더밀(Indermill)의 미국 내 판매를 허용하였다. 이 상처봉합용 접착제는 현재 전 세계 특허를 획득하였다. 같은 해 9월에 헨켈은 일본 요코하마(Yokohama)에 헨켈 록타이트 테크놀로지 센터 아시아 퍼시픽(the Henkel Loctite Technology Center Asia Pacific)을 열었는데, 건설비용이 2,300만 유로에 이른다. 2003년에 헨켈은 록타이트 브랜드로 스틱형 나사 고정제(Threadlocker), PST 파이프 밀폐제(PST Pipe Sealants) 및 고착방지제(Anti-Seize)를 출시하였다.

록타이트는 초창기부터 글로벌 기업이었다. 1956년에 영국을 포함한 전 유럽에 유통회사들을 설립하고 대서양을 횡단하여 제품들을 선적하였다. 설립 초기부터 록타이트는 아무도 존재 자체를 인지하지 못하던 분야에서 기회를 발굴하고 시장을 지속적으로 창출하였다. 록타이트는 1953년 이래 "해결할 수 없는 문제"들을 해결해주는 제품들에 기초한 혁신으로 성공을 이루어왔다. 현재 록타이트는 수십 년에 걸친 혁신에 기반을 두고, 최고의 접착제와 밀폐제를 생산하는 기업이다.

출처

www.loctite.com,
www.loctiteproducts.com,
www.fundinguniverse.com/company-histories/Loctite-Corporation-Company-History.html

사내창업의 행동적 측면 2장

학습목표

1. 창의적 프로세스의 주요 구성요소를 이해한다.
2. 혁신성과 창의성의 차이를 이해한다.
3. 혁신성과 창의성에 대한 장애요소를 극복하는 방안을 학습한다.
4. 조직 내에서 사내창업 활동을 장려하는 행동에 대해서 학습한다.

들어가면서

성공적인 창업, 사내창업, 전략적 쇄신(renewal), 혁신 및 진취성에 요구되는 모든 필요한 속성 중에 개별 창업가 혹은 사내창업가가 가장 중요하다. 사내창업과 그와 연관된 행동들은 수익성, 성장, 발전, 벤처 설립, 전략적 쇄신 및 혁신의 이유 등으로 기존 조직 내부에서 시작된다. 다른 말로, 이러한 이유들을 가진 조직들은 수익창출의 기회를 인식하고 발전시키기 위해서, 국제적인 확장과 성장 그리고 경쟁우위의 원천으로서 자원들을 효과적으로 구성하기 위해 사내창업을 지원한다.

사내창업의 성공적인 노력을 위해서는 조직 내부의 전체에서 관리가 중요하다. 조직의 구조와 문화뿐만 아니라 경영진 행동과 직원 행동은 사내창업활동의 필수적 구성요소이다. 사내창업활동을 위해서는, 조직이 스스로를 쇄신하고 효과적 자원 활용을 통해 성과를 향상시킬 수 있는 조직 내에서의 창의성과 혁신적 위험감수의 발현이 필요하다. 강력한 경영진의 지원과 리더십은 사내창업의 출현에 필수적이다.

창업의 발전이 효과적으로 배양되기 위해서, 조직은 최고 경영진의 지원, 장기간에 걸친 시간적 여유 자원, 보상, 좀 더 유연한 조직 구조 및 사내창업활동으로 이어지는 문화와 같은 주요 요인들에 초점을 맞추어야 한다. 조직 내의 창업가적 활동을 배양하고, 촉진시키며, 지원하기 위한 최고경영진의 적극성은 혁신적 아이디어의 후원, 필요한 자원과 전문성의 제공, 혹은 조직의 시스템과 프로세스 내부에 사내창업활동을 제도화하는 것과 같이 여러 가지 형태로 나타날 수 있다.

또한, 기업문화는 조직 내부의 일상적 운영과 관련된 행동에 영향을 미친다. 문화의 개념은 조직생활과 관련된 다양한 활동과 특징을 나타낸다. 새로운 직원이 팀에 유용한 일원이 되려면 조직과 효과적으로 통합되어야 한다. 기존 직원들은 역동적 환경 하에서 성장하는 데 필요한 조직 구조와 문화적 변화에 적응할 수 있어야 한다.

문화는 또한 사람들의 상호작용 방식을 포함한 조직 활동의 여러 측면에 영향을 미친다. 관리 측면에서 문화는 유기적으로, 자연스럽게 그리고 비공식적으로 발생한다. 조직 내에서 자주 나타나는 관료적 구조와 경직성은 역동적 환경에서 기업의 목표를 성취하는 데 적절하지 않을 수 있다. 일부 조직에서는 그 조직의 지배적인 문화가 경영진의 의도와 배치될 수 있다. 적절한 훈련, 격려 그리고 실수에 대한 인내 등이 지원되지 않는다면, 좀 더 참여적이고 덜 적대적인 문화의 이동이 실패할 수 있다. 또한 문화는 정적인 상태로 남아 있는 것이 아니라, 시간에 걸쳐 진화하기 때문에 문화를 유지하는 것이 어려울 수 있다.

이번 장에서는 구조적 지원과 문화적 변화를 통해 조직이 사내창업가적 행동을 배양할 수 있는 방식들을 살펴본다. 사내창업의 여러 장벽들을 다루기 위한 프로세스, 장애요소 및 방법에 대한 이해를 돕기 위해 혁신과 창의성이 이번 장에서 논의된다. 그런 다음, 사내창업가들의 개별적인 개인 특성 및 차이점과 함께 사내창업의 주요 측면들을 제시한다. 조직이 창업가적 문화를 발전시킬 수 있는 방식들을 제시한 후, 지속가능한 사내창업가적 행동과 활동으로 이끄는 데 필요한 변화에 대해 논의하면서 이번 장은 끝을 맺는다.

혁신과 창의성

혁신과 창의성은 사내창업의 중요한 요소이다. 창의성은 혁신적 사업 개념의 개발 기반이 된다. 새로운 아이디어, 프로세스, 혹은 개념을 새로운 방식으로 발견하고 발전시키기는 것은 사람들의 개별적인 능력이 적용된 것이다. 그 결과로 도출된 혁신은 조직 내에서 창업의 존재 유무를 보여준다. 혁신은 새로운 아이디어들을 실행에 옮기는 창업 프로세스의 핵심적 요소로서 창업가적 노력의 중심적 특성이다. 혁신은 창조적 에너지를 활용하고 이러한 아이디어를 실제적인 제품, 프로세스 및 서비스로 발전시킨다. 사내창업가는 프로세스 중간의 장애물들을 극복하고 아이디어 도출단계에서 특정 사업 개념을 최종 결과로 연결하는 측면에서 매우 창의적이어야 한다.

매우 빠르게 변화하는 환경 속에서 혁신은 창업가적 행동의 핵심으로 여겨져 왔다. 혁신은 새로운 제품과 서비스의 개발, 새로운 생산방식의 개발, 새로운 시장의 발견, 새로운 공급처의 발견 및 새로운 조직 전략의 발전과 같이 여러 가지 형태로 나타난다. 획기적인 혁신(breakthrough innovation)은 위대하지만, 대부분의 혁신은 시장에 아주 새로운 무언가를 가져오는 위험보다는 기존 제품 라인에 대한 점진적 개선을 가져온다. 획기적인 혁신은 드문데, 증기기관, 페니실린, 컴퓨터, 자동차 및 인터넷과 같은 것이 여기에 해당한다. 획기적인 사고를 가져다주는 프로세스를 성공적으로 운용할 수 있는 회사는 매우 드물다.

기술적 혁신(technological innovation)은 획기적인 혁신보다는 좀 더 빈번하게 발생하는데 일반적으로 낮은 수준의 과학적 발견과 진보에서 발생한다. 기술적 혁신은 제품과 시장 부분에서 진보를 가져다주고, 기업은 이러한 기술적 혁신을 최대한 보호해야만 한다. 개인용 컴퓨터, 음성·문자 메시지 및 제트기는 기술적 혁신의 좋은 사례이다.

일상적 혁신(ordinary innovation)은 가장 자주 발생하는 혁신 유형 중 하나이다. 일상적 혁신은 대개의 경우 기술적 혁신을 차별화시키고, 보통은 시장에서 좀 더 큰 매력을 지닌 더 나은 제품과 서비스로 확장시킨다. 아메리칸 익스프레스(American Express)는 항상 자신들의 서비스를 확장하고, 수정하며 향상시킬 수 있는 방안을 모색한다. 기업들은 서로 다른 혁신전략을 가지고 있다. 3M은 획기적 혁신을 장려하지만, 델(Dell), 마이크로소프트(Microsoft) 및 스타벅스(Starbucks)는 다른 전략을 가지고 있다. 혁신은 마이크로소프트에서 명확하게 나타난다. 마이크로소프트 오피스(Microsoft Office)와 윈도우(Window)는 대부분의 고객들에게 표준이 되었으며, 매년 약 3억 개 이상 판매되고 있다. 그러나 마이크로소프트는 사업이라는 것이 현상 유지가 안 된다는 점을 인식하고, 자사의 시장 점유율을 하락시키지 않으면서도 기존 제품들을 지속적으로 개선하기 위해 새로운 시장에 전략적으로 진입한다. 제너럴 일렉트릭(General Electric), 3M은 지속적으로 혁신을 해왔고, 혁신적 제품들을 개발하여 소비자들에게 효과적으로 전달함으로써 신시장과 성장시장에 대응할 수 있도록 자신들을 변화시켜 왔다. 휴렛-팩커드(Hewlett-Packard)와 아이비엠(IBM)은 사내창업에 몰입하고 있으며 혁신의 선도자가 되기 위한 단계들을 밟아오고 있다. 사내창업, 혁신 및 창의성 간의 연결고리는 3단계로 발생한다. 1단계는 아이디어, 활동, 능력 및 스킬(skill)을 통한 창의성으로 이루어진다. 2단계는 사용 가능한 비즈니스 모델과 시제품을 통한 발명으로 구성된다. 3단계는 성공적인 발명의 상용화를 통한 혁신으로 구성되어 있다.

창의적 프로세스

창의성이란 원래 실제적이고, 실행 가능하며, 시장성이 있는 것이다. 조직 창의성의 3가지 중요한 측면으로는 지식(knowledge), 추진력(drive), 능력(ability)이다. 기회의 인식, 문제 해결 및 의사결정을 위해서는 행동 노선에 관한 지식이 필요하다. 추진력은 선발자로서 앞장서서 나아갈 수 있는 용기를 가지고 무언가 새롭고 참신한 일을 하기 위한 열정, 열망 및 동기부여를 의미한다. 이러한 개인은 통제의 초점이 내부에 있고 성취와 자기충만감에 의해 움직인다. 능력은 상황을 정확하게 평가하고 최선의 행동 방침을 식별해내기 위해 개인이 다양하고 창조적인 기술을 받아들여 문제의 해결책을 파악하는 방식을 의미한다.

다음의 5개의 구성요소가 창의적 프로세스의 핵심적 측면이다.

- 문제점 혹은 도전과제에 대한 인식, 정의 및 의문 제기.
- 인큐베이션.
- 잠재적 옵션들의 파악.
- 실행 가능한 최적의 옵션 혹은 차선책들의 조합 중 선택.
- 실행, 시험 및 평가.

창의적 프로세스는 조직이 직면하고 있는 문제 혹은 도전과제를 정의하고 의문을 제기하는 것에서 시작된다. 개별 팀원들이 문제점이나 도전과제에 대한 해답을 찾는 시도는 인식 단계(identity stage)를 통해서 이루어진다. 이러한 탐색을 위해 종종 이론의 여지가 있는 다양한 질문을 할 필요가 있다. 이 단계에서는, 현재 상태 그 이상의 것을 보는 것이 중요하고, 이를 위해서는 조직의 운영에서 배제된 자문가를 팀에 포함시키는 것이 도움이 된다.

문제에 대한 해결책의 도출에는 시간이 걸리고, 도출된 해결책은 인큐베이션 단계(incubation stage)로 이어지는데, 이 단계에서 팀원들은 제기된 문제를 더 이상 개별적으로 붙잡고 있지 않는다. 일을 추진하기 위해서 필요한 추가적인 도움이 어느 부분에 필요한지 파악하는 것이 중요하기 때문에 인큐베이션 단계는 중요한 단계이다.

그 다음 단계인 잠재적 옵션의 파악 단계에서는 대안적으로 가능한 해결책을 만드는데, 이를 통해 상황에 따라 필요한 일에 대응할 수 있고 기저(基底)에 깔려 있는 원인들에 대해 다시 생각해볼 수가 있다. 이 단계는 최선의 옵션 또는 차선책의 조합을 선택하는 단계로 이어진다. 최선의 대안은 해결책이 조직의 전체적인 목표와 가치에 부합하고 최소한의 자원으로 원하는 결과를 성취해내는 것이다. 사람들은 계산된 위험과 불확실성을 가지고 선택하려고 노력한다. 선택된 대안의 궁극적 성공여부는 행동으로 옮겨질 수 있느냐에 달려 있다. 이 단계에서는 조직문화에 부합하기 위한 추가적 수정과 조정이 요구된다.

마지막 단계인 실행, 시험 및 평가 단계는 선택된 대안이 효과적으로 수행되도록 보장하는 관리적, 행정적 및 설득적 능력과 관련 있다. 일단 실행이 되면, 사업 개념과 차이가 나는 부분을 평가해야 한다. 그 이유는 선택된 대안의 성공 여부는 그 대안이 내부 조직에 의해 인정받고 지지되는가에 달려 있기 때문이다.

창의적인 사람의 성격 특성

모든 사람들은 어느 정도의 창의적 잠재력을 보유하고 있다. 이러한 창의성은 창의성 개발 부족, 긍정적이고 고무적인 환경의 부족 및 자신감의 부족으로 인해 자주 억압된다. 다행히도, 창의성은 사람들이 시간을 두고 개발하고 향상시킬 수 있는 스킬이다. 창의적인 사람의 개인적 특성에는 다음과 같은 것들이 있다.

- 객관적이고 개방적인 자세.
- 장애물에 대한 인식과 극복.
- 계산된 위험감수.
- 내적 동기부여.
- **내적 통제 위치.**
- 성취와 인정에 대한 열망.
- 성장과 발전에 의한 움직임.

내적 통제 위치
내적 통제 위치(internal locus of control)란 사업이나 인생의 성공 비결이 자신의 노력에 의해 달려 있다는 생각이 강한 심리적 특성을 의미한다.

창의성 도출 기법

창의적 아이디어와 개념을 만들어내는 수많은 기법들이 존재한다. 그러한 기법 중 하나가 브레인스토밍(brainstorming)인데, 브레인스토밍은 대략 6명에서 12명으로 구성된 한 팀이 제기(提起)된 아이디어에 대한 비판을 하지 않으면서 많은 아이디어를 제시한 후 각각의 아이디어를 평가해 보는 방법이다. **브레인라이팅**(brainwriting)은 침묵하면서 진행하는 브레인스토밍이다. 이 기법은 제기된 각각의 아이디어를 종이에 개별적으로 기록하고 무기명으로 참여 그룹에게 제시하는 것이다. 제시된 아이디어를 기반으로 참가자들은 여러 개의 서로 다른 아이디어를 교환한다. 포커스 그룹(Focus Group)에는 사전에 정의된 일련의 질문으로 구성되는 구조화된 형식으로 정보를 제공해주는 사람이 포함된다. 문제목록 분석(problem inventory analysis)은 현재 존재하고 있는 문제에 초점을 맞추어 새로운 아이디어와 기회를 창출해내는 방법이다. 이러한 아이디어 도출 기법들의 가치는 개인의 사고 프로세스(thinking process), 문제해결 능력(problem solving ability) 및 의사결정(decision making)에 달려 있는데, 이 부분은 3장에서 다시 논의가 된다. 사고 프로세스는 보통 참가자들이 다양한 관점, 배경, 경험, 스킬 및 전문성을 보유하고 있으면 더 좋아진다. 이러한 사고 프로세스는 집단적 사고를 방지해주고 틀에 박힌 생각을 개선시켜 준다.

> **브레인라이팅**
> 브레인라이팅은 독일의 홀리겔(Holliger)이 1968년에 브레인스토밍에서 힌트를 얻어 만든 기법이다. 6명의 참가자가 말을 하지 않은 상태로 5분간 각각 3가지의 아이디어를 개인적 사고에서 집단적 사고로 발전시키는 기법이다. 리더는 시간 체크와 진행자의 역할만 담당한다.

혁신 프로세스

혁신은 주어진 환경에서 새로운 것을 성공적으로 실행시킨다. 혁신은 새로운 시장을 개척할 뿐만 아니라, 기존의 성숙된 세분시장에 대처하는 새로운 방식의 개발에도 적용된다. 혁신은 새로운 구성요소를 사회 단위나 제품 혹은 서비스에 소개하는 일련의 활동들이다. 현재의 프로세스나 제품을 점진적으로 소폭 조정하여 혁신이 발생할 수도 있고, 인터넷, 아이폰 및 소셜 미디어에서 발생하는 것처럼 폭발적으로 일어날 수도 있다. 조직의 입장에서 혁신은 전적으로 새롭거나 낯선 것이 아닐 수도 있지만, 혁신에는 눈에 띄는 변화가 있어야 한다. 조직 외부의 환경과 그리고 조직 내부에서의 소통 및 정보교환과 관련된 규칙, 규정, 절차 및 구조를 변화시키는 것은 매우 중요한 프로젝트이다. 조직이 이러한 중요한 신규 프로젝트를 시작하게 하는 정치적 프로세스가 혁신에 포함될 수 있다. 이러한 프로젝트를 위해서 신기술의 발명은 필요 없을지 모르지만, 조직의 변화는 필요하다.

조직의 핵심 과제는 혁신을 어떻게 장려하고 관리할 것인가의 문제이다. 혁신은 아마도 현재의 기업들이 가장 크게 부담을 느끼고 있는 도전과제일 것이다. 유명한 경영 컨설턴트인 피터 드러커(Peter Drucker)는 "혁신은 창업의 구체적 기능이다… 혁신은 창업가가 자원을 생산해내는 새로운 부를 창출하거나, 기존의 자원들이 잠재적 부의 창출을 증가시켜 주는 수단이다."[1] 본질적으로, 혁신은 경제적·사회적 환경에서 목적의식이 있고 집중적인 변화를 만들어내는 노력이다. 사우스웨스트 항공사의 허브 켈러(Herb Keller), 이베이의 피에르 오미다이어(Pierre Omidyar), 아마존닷컴의 제프 베조스(Jeff Bezos), 스카이프의 니클라스 젠스트롬(Niklas Zennstrom), 델컴퓨터의 마이클 델(Michael Dell) 및 페이스북의 마크 주커버그(Mark Zuckerberg)와 같은 창업자들은 맥도날드 프랜차이즈, 메르세데스-벤츠 딜러, 신문 가판대 혹은 컨설팅 사업같이 다소 덜 혁신적인 기업들을 설립한 창업가들에 비해서 매우 혁신적인 창업가들이다.

혁신 프로세스는 좋은 아이디어를 만들어내는 것 이상을 의미한다. 아이디어는 근원이 중요하고 창의적 사고가 아이디어의 발전에 근간이 되는 역할을 하지만, 혁신은 구조적·사회적 조건들과 관련된 역동적 프로세스이다. 혁신 프로세스에서 일련의 단계들은 일반적으로 욕구의 인식에서 시작하여 해당 욕구를 충족시킬 수 있는 혁신의 실행으로 끝을 맺는다. 하버드 경영대학원의 교수인 로사베드 모스 켄터(Rosabeth Moss Kanter)는 혁신 프로세스가 진행됨에 따라 혁신 프로세스의 논리와 특정 혁신의 과거와 거의 일치하는 주요 혁신 과업 4가지의 개요를 설명하였다.[2] 이러한 과업에는 다음과 같은 것들이 있다.

1 아이디어 창출과 혁신 원동력의 활성화.

2 아이디어를 현실로 만드는 데 필요한 제휴와 능력의 확보.

3 아이디어의 실현과 혁신 창출(이는 제품, 계획 또는 시제품을 활용하기 위해 아이디어를 비즈니스 모델로 변화시킨다).

4 아이디어의 채택, 이전 또는 확산(제품의 상용화).

기업혁신과 창의성

사내창업은 혁신과 창의성을 증진시키는 조직 내에서만 발생할 수 있다. 조직 내에서 혁신과 창의성을 촉진시키는 몇 가지 특성들은 다음과 같다.

- 혁신과 창의성에 이용 가능한 자원.
- 조직 전체에서 상호충돌 되는 의견을 가진 사람들 간의 열린 의사소통.
- 혁신 역할 모델(innovation role model)과 코치(coach)에 대해 열린 통로를 제공하는 분권화된 구조.
- 개인의 창의성을 통합하고 발전시키어 개방적이고, 건설적이고, 갈등 해결의 접근 방식을 보유하고, 응집력이 뛰어난 근로 집단.
- 낮은 이직률.
- 성공에 대한 과도한 두려움이나 실패에 대한 두려움 없이 혁신적이고 창의적인 행동들을 보상하고 동기를 부여시키는 인사 정책.
- 환경적 불확실성과 변화에 대한 적응능력을 다룰 수 있는 효과적인 시스템의 개발.

가장 성공적인 조직은 과거의 혁신 경험으로부터 획득한 지식을 자사의 전략과 미래 혁신에 포함시킨다. 그러면 이러한 것들은 조직성과의 향상과 수익성, 개발, 및 성장을 개선시킬 수 있는 주요 능력(capabilities)의 발전으로 이어진다.

혁신과 창의성에 대한 장벽

관료적 조직에서 팽배해 있는 혁신과 창의성에 대한 수많은 장벽에는 다음과 같은 것들이 포함된다.

- **전달에 대한 압박감과 행정적 부담** 어떻게 다른 방식으로 일을 할지 고민할 수 있는 시간이 제한적이기 때문에 사람들은 시간과 비용 측면에서 좀 더 효과적으로 전달할 수 있는 서비스에서 혁신을 놓치게 된다.
- **지침, 규칙 및 정책** 이런 것들은 일상적 업무 생활에 중요하긴 하지만, 시간이 지남에 따라 틀에 박힌 생각에서 벗어나는 데 걸림돌이 된다.
- **예산과 계획에 대한 단기적 시각** 업무 개선을 어떻게 할 것인가에 대한 일상적 압박감에서 벗어나서 사고할 수 있는 능력의 부재는 예산과 계획에 대한 단기적 시각에 의해 심화된다. 그렇게 되면 혁신적 전략은 즉각적 욕구에 대한 전술적 대응으로 축소된다.
- **혁신에 대한 형편없는 보상과 장려책** 성공한 혁신에 대한 보상보다 실패한 혁신에 대한 불이익이 더 많은 현상은 대규모 관료 조직의 전통이다.
- **위험 회피의 문화** 책임, 규범 및 연속성에 대한 우선순위를 두는 정형화된 양식(pattern)과 반복적 활동(routine)은 혁신과 창의성을 방해하고 가로막는 위험회피 문화를 잉태시킨다.
- **활발한 위험관리나 변화관리 분야의 스킬 부족** 기회와 동기가 있음에도 불구하고, 변화관리나 위험관리에 대한 상대적 스킬의 부족이 존재한다.
- **기술은 이용 가능하나 문화적·조직적 협의가 제한되어 있는 경우** 혁신과 창의성이 일반적으로 저해되는 이유는 혁신을 조직 문화에 이식하는 것에 대한 저항이 존재하기 때문이다. 이러한 저항은 때때로 정치권력 문제나 새로운 것을 학습하는 데 어려움이 있기에 발생한다.

혁신과 창의성에 대한 장벽의 극복

혁신과 창의성에 대한 이러한 장벽들을 극복하는 데는 다양한 방법이 존재한다.

- **관료적 관성, 지침, 규칙 및 정책의 극복** 불확실성을 포용하고 실패하더라도 그 실패가 미래의 발전과 진보를 향한 길로 이끌어준다는 점을 인식한다. 3M의 사내창업가인 아트 프라이(Art Fry)는 최초의 사용목적과는 맞지 않는 접착제를 사용하여 매우 수익성이 좋은 포스트-잇(Post-it Notes)을 발명하였다. 그는 실패한 접착제를 무시하지 않고, 대신에 다른 사용처를 찾아냈다.
- **설득과 동기부여** 개인들로 하여금 자신들의 고유한 업무 책임 이상으로 생각하게 하고 문제 해결을 위한 다른 접근 방식에 대해 탐색을 장려함으로써 혁신과 창의성이 주는 편익을 부각시킨다. 이렇게 함으로써 직원들의 시야를 확장시키고 그들이 좀 더 큰 그림을 볼 수 있게 해준다.
- **촉진** 혁신에 대한 조사와 실행을 위한 자원이 이용 가능하도록 보장한다.
- **일반적 개념**
  - 사람들을 지원할 추가적 자원들을 모색한다.
  - 혁신과 창의성에 대한 구조적 혹은 문화적 장벽들을 극복한다.
  - 지속적인 노력에 전력을 다하고 유지하도록 한다.
  - 사내에서 정치적 지원을 확보하고 제휴관계를 구축한다.

아마도 가장 핵심적인 것은 최고경영진과 관리자들의 전사적(全社的) 지원이다. 이러한 지원은 다음을 통해서 획득할 수 있다.

- 직원들이 혁신적인 방식으로 성장하도록 장려하는 조직 목표를 명확하게 수립.
- 직원들과의 의사소통과 컨설팅.
- 혁신상을 제정하고 혁신가들을 위한 비공식적 포상을 제공.

- 혁신가들에게 주어진 제약사항들의 완화.
- 자신들의 프로젝트를 시연할 수 있는 공정한 기회를 보장함으로써 혁신가들을 보호.
- 혁신가들을 위한 자원 제공.

혁신과 창의성은 효과적으로 관리되고 조직 전략과 부합해야만 한다. 혁신과 창의성은 그냥 발생하지는 않는다. 혁신과 창의성은 조직의 문화 속에 통합되어야 하고 조직 행동의 본질적인 부분이 되어야 한다.

사내창업가적 행동

사내창업가적 행동(corporate entrepreneurial behavior)은 경쟁자가 인식하지 못한 창업 기회를 조직이 활용하는 일련의 활동들이다. 사내창업은 개인적 수준, 조직적 수준 그리고 두 수준 모두에서 일어나는 현상으로서 여겨진다. 창업, 쇄신, 혁신, 위험감수 및 진취성과 같은 행동들은 대규모 조직에서 창업적인 것과 비창업적인 것을 구분해준다. 3M과 마이크로소프트는 지속적으로 높은 창업 수준을 유지하고 있는데 사내창업의 성과에 관한 연구에 따르면 창업가적 지향성이 좀 더 높은 조직은 성과 수준이 높고, 조직의 성공과 발전을 위해 사내창업을 중요하게 여긴다.

사내창업가적 태도와 행동의 5가지 측면으로는 사내벤처활동(corporate venturing), 쇄신(renewal), 혁신성(innovation), 위험감수(risk taking) 및 진취성(preactiveness)이 있다. 사내벤처활동은 조직의 기존 제품이나 서비스와 연결된 사업에 진입하여 새로운 사업을 추진하는 것이다. 쇄신은 전략 수립, 구조조정 및 조직변화를 강조한다. 혁신성은 새로운 아이디어, 실험 및 창의적 프로세스를 지원하고 그에 따라 기존의 관행과 기술에서 벗어나는 것을 나타낸다. 위험감수는 결과를 알 수 없고 실패에 대한 잠재적 위험이 높은 프로젝트에 필요한 자원을 기꺼이 몰입시키는 것을 의미한다. 진취성은 외부 환경 하에서 미래의 필요와 욕구 및 기대치 등에 대하여 예측하고 행동하는 것을 의미한다. 사내창업은 선호(preference), 목적(goal), 목표(objective), 신념(belief) 및 행동(behavior)과 관련된 특정 조직성과와 조직 관리를 포함하는 전략적 개념이다.

사내창업은 태도적 요소와 행동적 구성요소, 그 둘 모두를 포함하는 것으로서 새로운 기회를 포용하고 효과적인 창조적 변화에 책임을 지는 조직의 의지를 의미한다. 이러한 개인과 집단을 창업가적 선도자로 생각할 수 있다. 행동적으로 이러한 구성요소들은 기회를 인식하고, 사업 개념을 개발하고, 요구되는 자원을 평가하고, 필요 자원을 획득하고, 벤처관리와 투자회수 관련 필요한 일련의 행동들을 포함하고 있다. 이러한 행동들은 창업가적인 일이라고 간주된다.

창업가적 행동에 관한 연구들은 심리적·행동적 특성들에 초점을 맞추고 있다. 심리적 학파는 개인창업가와 사내창업가는 그들의 행동을 설명해주는 공통된 성격 유형을 공유하고 있다고 주장한다. 이 공통된 성격 유형은 이들 창업가들을 일반적인 모집단과 차별화시키고, 이런 차이는 그들의 성격 프로필 측면에서 설명될 수 있다. 리차드 브랜슨(Richard Branson), 마이클 델, 빌 게이츠, 스티브 잡스, 마사 스튜어트, 멕 휘트먼 그리고 마크 주커버그 같은 창업가들이 본보기이자 유명세를 가진 영웅으로서 간주된다.

이러한 이론에 기여한 중요한 사람으로 미국의 이론 심리학자인 데이비드 맥클리랜드(David C. McClelland)가 있다.[3] 그의 심리적 관점에 따르면, 이러한 창업가적 특징을 나타낼 것 같은 성취욕구가 높은 사람들을 구별시켜 주는 일단의 성격 특성들이 파악될 수 있다. 이러한 성격 특성에는 성취욕(need for achievement), 책임감(need for responsibility), 권력욕(need for power), 동기부여(motivation), 위험감수 경향(risk taking propensity), 통제의 위치(locus of control) 및 혁신(innovation) 등이 있다.

맥클리랜드는 이러한 성취욕을 "사회적 인식이나 특권을 위해서라기보다는 내적 개인 성취감을 위해 잘하고자 하는 열망"이라고 정의하면서 "일반적으로 높은 수준의 성취욕을 보유한 사회는 좀 더 많은 열정적인 창업가들을 배출하고, 결국 급속한 경제 개발을 더 많이 이루어낸다"라고 기술하였다.[4] 맥클리랜드에 따르면 창업은 욕구충족(need-achivement: nAch)과 경제성장 간의 매개변수이다. 사회 내의 욕구충족 수준을 증가시킴에 따라 그에 따르는 창업과 경제발전의 자극이 존재한다. 그는 창업가가 욕구충족이 높다는 사실뿐만 아니라, 다음과 같은 점도 발견하였다.

- 창업가는 자신의 결정에 대한 개인적 책임을 다하고자 한다.
- 창업가는 위험 수준을 감소시키는 의사결정을 선호한다.
- 창업가는 의사결정에 따른 결과를 반영하는 구체적 지식에 관심이 있다.
- 창업가는 반복적이고 일상적인 일을 싫어한다.

유사하게, 사내창업가적 태도와 행동들로는 다음과 같은 것들이 있다.

- 조직 내부에서 성취하고 경쟁하고자 하는 열망과 동기.
- 주요 프로젝트에 주인의식을 가지고 책임을 맡는 것.
- 독립적이고 자발적인 의사결정을 내리기 위해 필요한 자율성과 권한 위임을 보유하는 것.
- 새로운 정보, 새로운 사람 및 새로운 업무에 대해 유연하고 개방적이 되는 것.
- 조직경계와 외부환경 내에서 모호함과 불확실성에 대해 용인해주는 것.
- 혁신적이고 창의적인 사고, 문제해결 및 의사결정을 하는 것.
- 조직이 가지는 제약조건 내에서 기회를 관찰하고 포착할 수 있는 능력.
- 선택, 행동 및 잠재적 결과에 연결되어 있는 위험들에 대한 인식.
- 조직의 목적과 목표와 동일 선상에 있는 위험들을 관리하고 궁극적으로 감소시킬 수 있는 능력.
- 즉각적 보상이 불확실하거나 부족한 상황에서 보여주는 끈기, 낙관론 및 투지.
- 조직 전략의 일환으로서 비전을 고민하고, 토의하며 수립하는 것.
- 조직에 영향을 줄 수 있는 능력.

사내창업가는 성취하고자 하는 기회와 도전과제에 의해 움직인다. 그들은 독립적이고 자립적인 경향이 있다. 과업을 완수하고자 할 때, 그들은 주인의식을 가지고 일정 정도의 자율성과 유연성을 보유하는 것을 선호한다. 사내창업 프로세스의 특성상 사내창업가는 모호성과 불확실성에 대해 용인하는 것이 필요하다. 가장 성공적인 사내창업가는 사내창업 프로세스가 성공하는 경우, 그 성공은 초기에 예상한 경로를 벗어난 곳에서 발생한다는 것을 인지하고 있다. 유연성과 적응력이 결합된 불확실성에 대한 인내심은 사내창업 프로세스 그 자체에서 매우 중요한 부분이다.

사내창업가는 아이디어에 대한 주인의식과 아이디어의 실행에 대한 책임의식을 가지고 혁신과 창의성을 보여준다. 창의성은 단지 아이디어 창출뿐만 아니라 실행 프로세스의 핵심적인 부분의 하나로서, 이 실행 프로세스에서는 여타 장애물들의 극복을 위한 문제해결과 의사결정에 필요한 추가적인 창의성을 요구한다. 제너럴 일렉트릭(General Electric)의 주요 사업본부가 된 디지털 엑스레이(Digital X-ray) 프로젝트의 뒤에는 브루스 그리핑(Bruce Griffing)이라는 창업가가 있었다.

사내창업가들은 또한 계산된 위험을 감수하는 사람들이다. 계산된 위험의 감수는 합리적 실패 확률을 가진 행동 방침을 추구하는 것이다. 개인들은 효과적인 의사결정, 문제 해결 그리고 비상시 계획을 통하여 잠재 위험요인들을 관리하려고 한다. 사내창업가는 단호하고 지속적으로 조직의 비전과 연계된 비전을 수립한다. 그러한 기업 비전의 예로는 3M의 포스트-잇(Post-it Note)과 스카치테이프(Scotch Tape), 제너럴 일렉트릭의 전구와 가전용품 및 모토롤라의 휴대폰 등을 들 수 있다. 어떤 사내창업가는 성공하기 위해 기업의 규정을 어겨가면서까지 창업가로서 그들 책임의 한계를 넘어선다. 휴렛팩커드(Hewlett-Packard)의 찰스 하우스(Charles House)는 고품질 비디오 모니터에 계속 매달렸고, 이는 높은 매출과 이익으로 이어졌다. IBM의 필립 에스트리지(Philip Estridge)는 팀을 이끌고 사내 영업 인력과 소매시장을 통해 개인용 컴퓨터를 개발하고 출시하였다. 이는 당시의 영업 프로세스상의 주요 경영 원칙에서 벗어나는 일이었다.

직원들로 하여금 주인의식을 가지게 하고 좀 더 개방되고 유연한 방식으로 생각하게 하는 조직은 사내창업가적 행동들을 권장한다. 이런 전략은 포스트-잇이나 레이저디스크(Laser Disc)와 같은 성공적인 사내창업 제품들로 이어졌다. 1997년과 1999년 사이에 루슨트 테크놀로지(Lucent Technology)는 인터넷 소프트웨어, 네트워킹 그리고 무선 디지털 방송분야에서 19개의 신생벤처들을 만들어 냈다. 2006년 루슨트 테크놀로지는 프랑스 파리에 기반을 둔 알카텔(Alcatel)과 합병하여 알카텔-루슨트라는 이름을 가진 새로운 조직을 만들었다. 2007년 초반에는 이 새로운 회사는 3G와 4G 기술의 네트워크 개발을 진일보시키기 위해 노텔(Nortel)의 UMTS(Universal Mobile Telecommunication System) 무선 접속 사업을 인수한다고 발표하였다. 1994년부터 1997년까지 게르하르트 슐메이어(Gerhard Schulmeyer)가 이끄는 지멘스 닉스도르프(Siemens Nixdorf)는 250명의 창업가들이 신규 사업조직들을 책임지게 함으로써 새로운 창업가적 문화를 위한 변화와 전환점을 만들어 냈다. 1967년부터 1986년까지, 듀폰(Dupont)은 85개의 새로운 방향의 사업들을 만들었고 그 결과로 280억 달러의 매출과 2억 18백만 달러의 이익을 가져왔다. 1998년에 노키아는 4~5년 내에 5억 파운드의 수익 잠재력을 가진 아이디어들을 개발하기 위해 신규벤처들을 설립하였다. WAP의 상용화를 목적으로 한 노키아의 인터넷 커뮤니케이션의 초기 성공은 노키아를 한때 세계 휴대폰 업계의 선도적인 공급자로 만들었다. 도시바(Toshiba)는 일본 사내창업가의 비전, 끈기 및 지원 노력의 결과로 개인용 랩톱(laptop)과 노트북(notebook) 컴퓨터의 탄생과 성장을 일구어냈다.[5]

> **UMTS**
> 유럽에서 IMT-2000을 부르는 차세대 이동통신으로, 국제이동전화(GSM) 방식을 바탕으로 비동기식(W-CDMA) 기술방식을 이용하는 개인통신 서비스이다. 비동기식은 유럽의 국제이동전화 방식에 코드분할다중접속(CDMA) 기술을 일부 결합시켜 개발한 표준이다.
> 출처: 네이버 지식백과(두산백과)

> **WAP**
> wireless application protocol의 약자로서 무선인터넷 전송규약으로 휴대전화와 인터넷 통신 또는 다른 컴퓨터와의 응용을 위해 실시되는 국제기준을 말한다.
> 출처: 네이버 지식백과(시사상식사전, 박문각)

조직 내 창업가적 행동의 구성요소

조직 내 창업가적 행동의 3가지 주요 구성요소들로는 그림 2.1에 제시된 바와 같이 (1) 기회 인식 (2) 기회의 촉진 및 (3) 기회에 대한 열망과 동기이다. 기회 인식이란 조직 혹은 개별 관리자가 무엇인가를 새롭게 바꾸거나 새로운 무엇을 개발하기 위해 필요한 여건이나 선결과제를 깨닫는 것을 의미한다. 기회 인식은 창업가적 프로세스의 촉매제이고 구속받지 않는 관계와 네트워크, 정보 수집, 획득된 정보에 대한 접근, 의사결정을 내리고 바람직한 결과를 성취하는 데 필요한 자원들의 확보 등과 관련되어 있다. 창업 주도로 움직이는 조직의 모든 직원들은 혁신적이어야 한다고 믿고 있을 뿐만 아니라, 혁신적인 방식으로 행동하도록 허용되고 격려 받는다. 대표적인 창업가적 활동들로는 주요 인사들과의 연계, 조직 내·외부에서의 공식적·비공식적 네트워킹, 할당된 과업관련 정보에 대한 접근 그리고 사내창업의 기회를 자유롭게 인식하는 일들이 포함된다.

두 번째로, 기회의 촉진은 조직과 개별 관리자가 변화에 대한 수용을 추구하는 방식이다. 변화를 촉발하는 2가지 접근법으로는 조직이 가지고 있는 가정(assumption)과 방향성(direction)에 대한 의문을 제기하는 것과 관리자들이 권위의 상징이 아닌 코치가 되게 하는 것이다. 조직의 직원들이 다른 모든 직원들에 대해 자유롭게 도전하는 것이 장려가 되고 이에 대한 믿음이 있다면, 그들은 조직 내에서 기회를 촉진하는 데 필요한 과업에 매진할 수 있다. 기회에 대한 촉진만으로 바람직한 결과를 성취하지는 못하는데, 이는 적절한 동기부여와 보상 체제 또한 필요하기 때문이다.

마지막으로 기회에 대한 열망과 동기는 기회 추구를 위한 전반적인 의지와 연관이 있다. 보상은 창업가적 행동에 참여하고 있는 개인의 동기부여를 향상시킨다. 직원의 성공에 대해 보상하는 것에는 유형의 재무적 수익을 넘어서 표창, 피드백 및 기타 의미 있는 포상 등이 포함된다. 조직성과의 향상을 위한 노력은 일정 부분 직원들을 성공적으로 보상하고 동기부여하는 능력에 달려 있다. 창업가적 행동을 장려하는 효과적인 보상 시스템은 목적, 피드백, 개인의 책임에 대한 강조 및 결과에 따른 성과급 등을 고려해야만 한다.

기회를 인식하고 촉진할 수 있다는 것, 그 기회를 추구하기 위한 열망과 동기를 부여한다는 것 그리고 보상을 해준다는 것은 조직 내에서 창업가적 분위기를 조성시키는 것이다. 이러한 것들이 3M, 듀폰, 제너럴 일렉트릭, 휴렛팩커드, IBM, 루슨트, 마이크로소프트 및 도시바와 같은 회사들에서 뚜렷하게 나타난다.

[그림 2.1] 사내창업 활동을 고취시키는 행동들

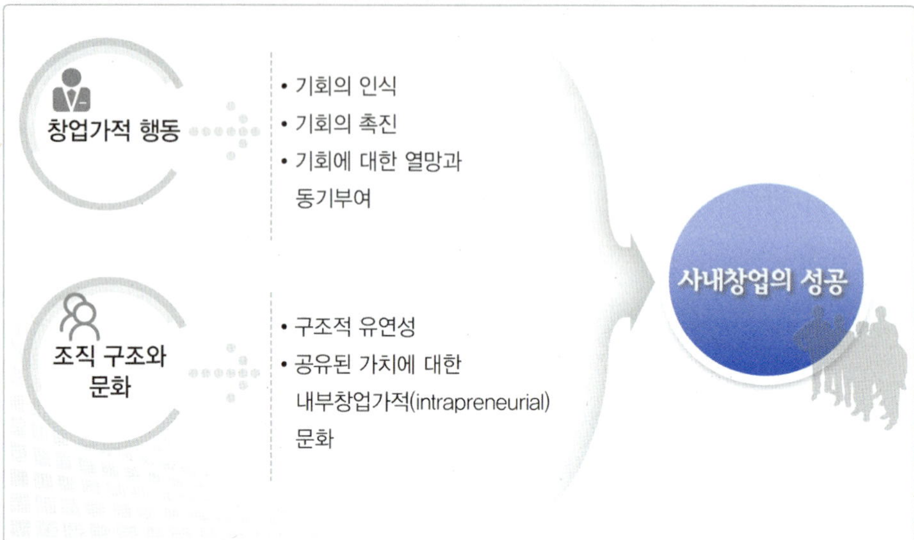

창업가적 문화

기회의 인식과 촉진을 고양시키고 이러한 기회들을 추구하고자 하는 열망을 발전시켜 주는 창업가적 문화는 사내창업 환경을 제공해준다. 이러한 문화는 혁신과 창의성을 북돋움으로써 원하는 결과를 성취해내는 관리자들을 길러낸다. 그들은 직원들로 하여금 새롭게 개선된 업무 방식을 탐색하도록 도전의식을 불러일으킨다. 또한, 다양한 성과 지표들을 측정하고, 위험과 실수를 받아들이고, 관료주의를 최소화하고 애드호크라시(adhocracy, 임시특별위원회)를 최대화하는 유연한 조직 구조를 지원하며 마지막으로 전략에 대한 기여라는 관점에서 혁신을 평가한다.

창업가적 조직행동의 개발

그림 2.2에서는 행동, 구조 그리고 창업가적 행동(기회의 인식, 기회의 촉진 및 기회에 대한 열망과 동기)을 장려하는 문화를 설명하고 있다. 창업가적 조직을 만들

기 위해서는, 기존의 관료적 조직에서 좀 더 분권화된 유기적 구조로 이동할 필요가 있다. 이러한 이동이 일어나기 위해서는 매우 높은 수준의 유연성과 적응력 및 권한과 자율성이 부여되어야 한다.

사내창업가적 행동을 지원하는 문화를 발전시키고 이를 위한 구조를 만드는 조직은 다음과 같은 특징을 가지고 있다.

[그림 2.2] 조직 내 창업가적 행동의 개발

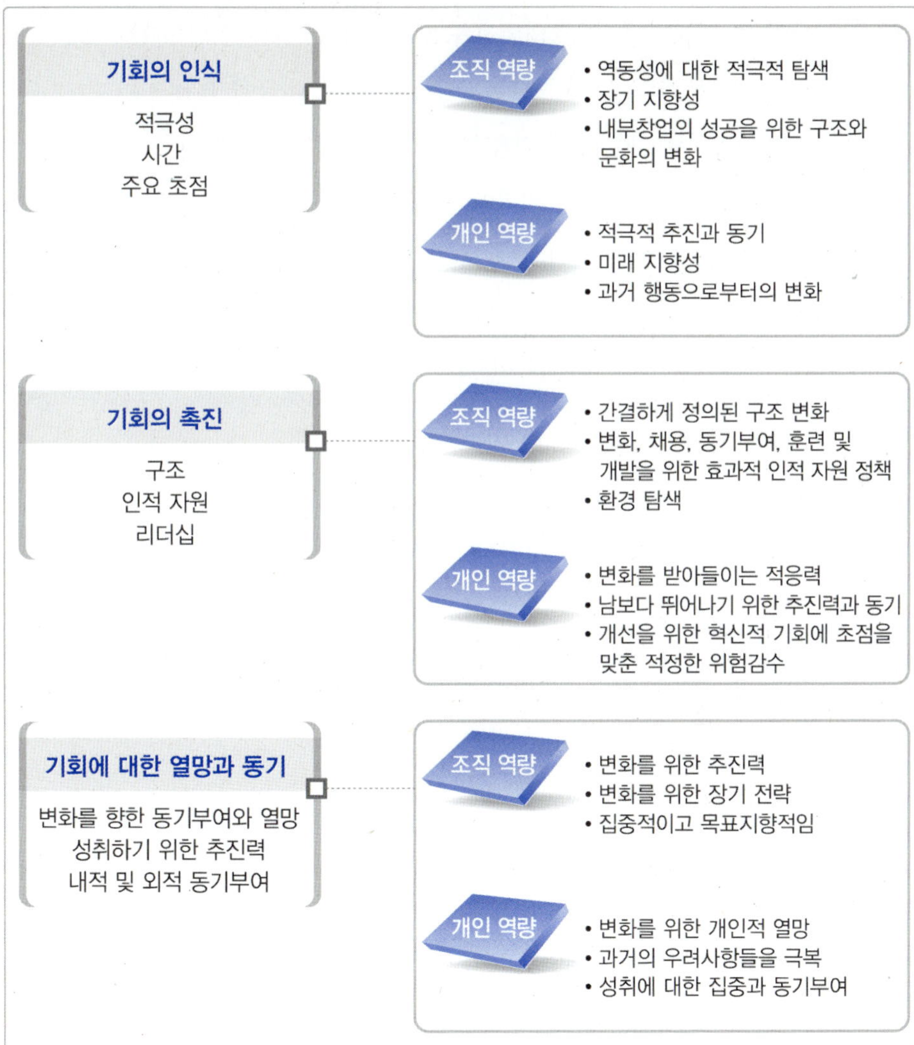

- 전체 조직에서 비전에 대한 명확한 의사소통이 이루어진다.
- 상이한 조직 수준의 전문가들에게 통제와 의사결정을 위임하는 좀 더 수평적인 조직을 채택함으로써 관료주의를 감소시킨다.
- 팀워크 문화와 참여적 관리 방식을 촉진한다.
- 조직의 비전과 일치하는 분명한 사명(mission)을 추구하기 위해 혁신을 지원하고 장려하는 시스템을 만든다.
- 자원 활용과 수행된 활동 측면에서 높은 기준과 가치를 유지한다.
- 평판, 신뢰 및 서로 간의 상호의존성을 강조한다. 계산된 위험을 감수하면서도 직원들을 혁신과 창의성을 향해 동기를 부여하며 이끌어간다.
- 지원, 촉진, 훈련 및 개발에 초점을 맞추고 성과 측정을 공식적으로 시행한다.
- 개인들이 기량을 습득하고 창의적이 되도록 요구한다.
- 결과가 아닌 과정에 집중한다.

사내창업의 개발을 위한 조직 역량에는 다음과 같은 것들이 포함된다.

- 조직 구조의 장기적 변화.
- 전략적 인적 자원 변화 정책.
- 모집, 선발, 훈련, 개발 및 배치전환에서의 변화.
- 조직 문화의 변화.
- 변화에 대한 열망과 지원.
- 환경 분석.
- 도전적인 취업 기회.

창업 개발을 위한 개인 역량에는 다음과 같은 것들이 포함된다.

- 변화를 위한 추진력, 에너지 및 동기 부여.
- 성취를 위한 추진력.
- 미래 지향적이고 변화 지향적.

- 과거에 대한 도전.
- 남보다 뛰어나기 위한 기회에 집중.
- 혁신과 창의성을 통한 핵심 역량의 활용.
- 적정한 위험감수와 선제성(proactivity).

조직이 성과를 향상시키기 위해서는, 위에서 열거한 행동들을 지원하고 촉진하는 조직과 문화를 개발할 필요가 있다. 이러한 유형의 문화는 3M, 제너럴 일렉트릭, 루슨트, 마이크로소프트 및 도시바와 같은 선도적인 사내창업가적 기업들에서 분명하게 나타난다.

요약

혁신과 창의성은 사내창업가적 행동의 근간이다. 사내창업가는 조직이 직면하는 많은 도전과 문제들에 대한 혁신적이고 창의적인 해결책을 만들어낸다. 사내창업가적 행동은 많은 형태를 띤다. 계산된 위험감수, 내적 동기부여, 내적인 통제초점, 성취 및 인정(recognition)과 같은 약간의 공통적인 행동 특성들이 있을 뿐이지, 어느 1가지에만 존재하지는 않는다.

현재의 노력과 미래의 혁신 모두에 적합한 조직을 세우는 것이 도전과제이다. 조직의 여러 수준에서 다양한 종류의 혁신을 촉진하기 위해 전략, 구조, 문화, 인력 및 프로세스의 내적 다양성이 충분하도록 기업조직을 만들 필요가 있다.

사내창업은 우연히 발생하지 않는다. 사내창업은 조직이 적절한 전략, 구조, 문화 및 시스템을 발전시키는 경영진, 개인 및 팀 간의 적절한 상호작용이 필요하다. 역동적인 환경에서 조직이 발전하고 성장하기 위해서는, 창업가적 행동들을 보여줄 사람과 이러한 행동들을 지원하고 장려하는 적절한 전략, 구조 및 문화를 채택해줄 사람이 필요하다.

Scenario 2 에릭슨(Ericsson)

1876년 이후로 에릭슨은 통신 산업부문에서 선도자로 인식되어왔다. 이 회사는 세계적인 유·무선 네트워크 운영자들에게 통신장비와 관련 서비스를 공급하는 선도적 글로벌 기업이다. 또한 해외사업부문을 설립한 최초의 기업 중 하나이다. 심지어 회사의 초창기에도 창업자인 라스 마그누스 에릭슨(Lars Magnus Ericsson)은 러시아에 생산시설을 설립하는 결정을 내렸다. 에릭슨에게 기술은 가장 중요한 것이고, 현재는 최첨단 기술의 선도자로 서기 위해 혁신과 확장을 거듭하고 있으며, 통신 서비스가 모든 이들에게 접근과 이용이 가능하도록 하기 위해 노력하고 있다. 에릭슨에게 혁신이 가장 중요한 원동력이 됨에 따라, 이 기업은 소비자의 구체적인 필요, 욕구 및 기대의 충족을 위한 맞춤식 현지화와 현지적응을 통해, 이용 가능한 기술 개선에 중점을 두고 시장 주도적 혁신전략을 받아들였다.

1900년에 에릭슨은 전 세계적으로 1,000명을 고용하였고, 50,000개의 전화기를 생산하였다. 1923년에는 최초의 500회선 스위치 서비스를 실시하였다. 1950년의 LM 에릭슨 전화교환기는 전 세계에서 처음으로 국제전화를 지원하였다. 1968년에는 첫 번째 디지털 전화교환기(AXE)를 설치하였다. 1991년에 AXE 회선은 11개국에서 3천4백만 가입자를 서비스하며 1억 5천만 회선을 넘어섰다. 2000년에 이 기업은 3G 이동통신 시스템 분야의 선도적인 글로벌 공급자가 되었다. 2005년에 에릭슨은 이탈리아와 영국에서 오퍼레이터 쓰리(Operator 3)의 네트워크를 관리하는, 당시에는 가장 규모가 큰 계약을 체결하였다. 2008년에는 실리콘밸리에 연구센터를 설립하였다. 그리고 2009년, 버라이존(Verizon)과 에릭슨은 4G 네트워크상에서의 최초 데이터 콜을 시행하기 위해 협력하였다. 에릭슨은 좀 더 효율적인 고품질 통신을 위한 차세대 기술의 개척자로서 혁신의 오랜 역사를 가지고 있다. 1878년에 에릭슨은 수신기와 스피커가 같이 붙어 있는 전화기를 개발하였다. 앞서 언급한 바와 같이, 1968년에는 최초의 디지털 전화교환기(AXE)를 설치하였고, 1981년에는 사우디아라비아에서 최초의 모바일 시스템인 노르딕 모바일 텔레폰(NMT: Nordic Mobile Telephone)의 서비스를 시작하였다. 1991년에는 최초의 지에스엠(GSM: Global System for Mobile Communications) 휴대전화가 운영되었다. 1999년에 에릭슨은 3G와 모바일 인터넷을 추진하였고, 2003년에는 초고속 광대역(WCDMA: Wideband Code Division Multiple Access) 서비스를 전 세계적으로 시작하였다. 2007년에는 유·무선 네트워크가 통합된 풀 서비스(full-service) 광대역 서비스가 도입되었다. 2008년에 에릭슨은 자신들이 일조한 이동통신 산업표준인 4G(LTE: Long Term Evolution) 서비스를 추진하였다. 그리고 2009년에 에릭슨은 화이버와 백홀 솔루션(fiber and backhaul solution)으로 아이이씨 인포비전 어워드(IEC InfoVision Award)를 수상하였다.

175개 이상의 국가에서 1,000개 이상의 네트워크들이 에릭슨의 네트워크 장비를 활용하고 있다. 에릭슨은 세계적으로 중요한 모바일 네트워크 공급자이다. 2010년에 이 기업은 전 세계에서 88,060명을 고용하였다. 에릭슨의 네트워크는 20억 명 이상의 가입자들을 지원하고 있으며, 7억 명 이상의 가입자들에게 서비스를 제공하고 있다. 그 중 미국과 중국이 가장 큰 시장이다. 에릭슨은 25,000개 이상의 특허를 보유하고 있는데, 해당 산업에서 가장 많은 특허를 보유한 기업 중 하나이다. 에릭슨은 현재 고객 커뮤니케이션과 엔터테인먼트 경험을 한 단계 더 향상시키는 차세대 LTE와 멀티미디어 전화서비스(MMTel)의 산업표준을 추진하고 있다. 에릭슨은 사람들의 작업 방식의 변화를 위한 커뮤니케이션의 중요성을 인식하였다. 에릭슨 문화의 중요한 구성요소는 혁신이다. 에릭슨은 사람, 기업 및 사회에 힘을 보태기 위하여 혁신을 사용하였다. 에릭슨은 역동적인 글로벌 환경에서 소통을 더 용이하게 만드는 커뮤니케이션 네트워크, 통신 서비스 및 멀티미디어 솔루션을 제공한다. 이러한 일들은 미래 첨단 혁신의 창출에 지속적으로 헌신하고 있는 에릭슨의 글로벌 연구진들에 의해 지원되고 있다. 에릭슨은 연구·개발 분야에 연간 50억 달러를 투자하는 재무적으로 튼튼한 글로벌 혁신의 선도자이다. 에릭슨의 연구영역은 무선 접속 네트워크, 브로드밴드(광대역) 기술, 멀티미디어 기술, 패킷 기술(packet technology), 글로벌 통신 서비스 연구, 배터리 지속성, 전자기 주파수(electromagnetic frequency) 등이다.

2001년 10월에 소니(Sony)와 텔레포낙티보라겟 엘엠 에릭슨(Telefonaktiebolaget LM Ericsson)은 50대 50의 합작회사로 소니 에릭슨(Sony Ericsson)을 설립하였다. 에릭슨의 경우 이 합작회사는 고객과의 중요한 연결고리를 제공해준다. 이 합작투자 회사는 에릭슨의 모바일 통신 전문성과 소니의 소비자 가전과 콘텐츠 전문성을 결합시켜 준다. 소니 에릭슨은 다양한 모바일 기기를 제공하는데, 여기에는 멀티미디어 애플리케이션과 기타 개인 통신 서비스를 포함하고 있다.

2008년에는 세계적으로 선도적 위치를 확보한 반도체와 플랫폼 기업들인 에스티-엔엑스피 와이어리스(ST-NXP Wireless)와 에릭슨 모바일 플랫폼(Ericsson Mobile Platform)을 하나로 합쳐 에스티-에릭슨(ST-Ericsson)이 50대 50의 합작회사로 설립되었다. 에스티-에릭슨은 광범위한 무선기술 분야에서 첨단 모바일 플랫폼과 반도체 분야를 설계, 개발 및 생산하는 산업계의 선도주자이다.

2010년 7월 에릭슨은 노텔(Nortel)의 지분을 인수하여 LG-Ericsson과 함께 한국 시장에 진출하였다. 엘지와 에릭슨의 연구·개발 역량을 결합함으로써 에릭슨은 산업 내에서 자신의 위치를 강화시키며 특색 있는 기업으로 자리매김하였다. 이는 무선, 광학 및 유선 제품을 통해 가능해졌다. 혁신적 아이디어와 네트워크 통합 기술의 결과로, 엘지-에릭슨은 정보교환을 가로막는 장애물들을 제거시키는 연계성(connectivity)을 제공하여 자신의 기업고객들이 사용자들의 잠재력을 알 수 있게 해준다.

에릭슨은 전신(telegraph)에서 전화기와 4G 통신의 출시까지 다양한 기술 진보의 주역이었다. 에릭슨은 NMT와 GSM에서 LTE까지 산업표준의 수립에 지대한 공헌을 하였다. 에릭슨은 혁신, 기술 및 지속가능한 비즈니스 솔루션을 통해 "모든 커뮤니케이션 세상에서 최고의 견인차(the prime driver in all-communicating world)”가 된다는 자사의 비전을 발전시키고 있다. 혁신이 급속하게 바뀌는 것을 인식하고, 에릭슨의 혁신센터(Innovation Center)는 소비자와 사회 모두와 직접적으로 연관된 부가가치를 제공하는 모바일 애플리케이션의 창조에 중점을 두고 있다. 에릭슨은 혁신을 상용화로 신속하게 전환시킴으로써 생생한 혁신의 문화를 만들어내고 있다.

출처

www.ericsson.com

창업 프로세스의 이해와 관리 3장

학습목표

1. 기업 내부의 기존 직원들이 보유한 창업가적 정신을 관리하는 방식을 학습한다.
2. 창업 프로세스의 단계들에 대해 학습한다.
3. 창업 프로세스 측면에서 관리자의 의사결정과 사내창업가의 의사결정 간의 차이점을 학습한다.
4. 창의적인 문제 해결 기법들을 학습한다.
5. 사내창업의 활용을 위해 창업가가 자사의 문화를 변화시키는 방안에 대해 학습한다.

창업 프로세스

구글 시나리오에서 제시된 바와 같이, 조직은 모든 직원들이 창업가적으로 행동하고, 조직 내부에서 창업 프로세스를 추구하도록 권한을 직원들에게 부여하는 환경 조성에 관심이 있다. 신생벤처를 시작하는 프로세스는 창업 프로세스에 담겨 있는데, 이 프로세스는 전형적인 관리적 위치에서 문제를 해결하는 것 이상의 일들과 관련이 있다. 이 프로세스는 확연히 구분되는 4가지 단계로 이루어져 있다. (1) 기회의 인식과 평가, (2) 사업계획서의 작성, (3) 필요한 자원의 결정 그리고 (4) 창업 프로세스의 결과로 설립된 벤처기업의 관리이다(그림 3.1 참조). 이 단계들은 점진적으로 진행되지만, 각 단계는 독립적으로 이루어지거나, 한 단계가 끝나야만 다음 단계로 넘어가는 것은 아니다.

기회의 인식과 평가

기회의 인식과 평가는 매우 어려운 작업이다. 대부분의 훌륭한 사업 기회는 갑자기 출현하는 것이 아니라, 사내창업가가 충족되지 않은 소비자의 욕구와 가능성에 대해 주의를 기울인 결과로써 발생한다. 어떤 경우에는 구글이 구글 벤처스를 활용하는 것과 같이 잠재적 기회들을 찾아낼 수 있는 시스템을 통해서 발생한다.

대부분의 사내창업가들은 사업기회를 인식하기 위한 공식적인 구조를 가지고 있지 않지만, 소비자 단체나 기업 협회, 유통 시스템 내의 구성원들 및 기술 전문가와 같은 몇 가지 유용한 기회 인식의 원천들이 있다. 특히, 소비자들은 종종 신생벤처를 위한 최고의 아이디어 원천이다. 누군가 다음과 같이 언급하는 것을 한번쯤은 들어보았을 것이다. “만약 이러한 제품이 있었다면?”과 같은 이야기는 새로운 사업을 창출시킬 수 있다. 품질 좋은 기술보고서의 작성이나 타자 서비스가 부족하다는 많은 기업 임원들의 불평에 대한 이유를 평가해본 후, 한 사내창업가는 이러한 욕구를 충족시켜 줄 사업 부문을 만들었다.

최종 소비자와 아주 가까이 있기에, 유통경로상의 구성원들 또한 특정 제품에 대한 소비자의 욕구를 관찰할 수 있다. 다수의 사내창업가는 소매상, 도매상 또는 제조업체의 담당자들과의 논의를 통해 사업기회들을 인식해 왔다.

마지막으로, 기술 지향적인 사람들은 다른 프로젝트를 수행하는 도중에 사업기회를 자주 개념화시킨다. 어느 사내창업가는 새로운 유형의 팔레트를 개발하고 제조하는데, 플라스틱 수지 화합물을 적용하는 것을 보고 신규 사업을 만들어냈다. 당시 그는 회사 내에서 전혀 연관성이 없는 분야인 관에 사용되는 주조물(casket molding)에 합성수지를 적용하는 방법을 개발 중이었다.

[그림 3.1] 창업 프로세스의 단계

기회의 인식과 평가	사업계획서 작성	요구되는 자원	기업의 설립과 관리
• 기회의 창출과 지속성 • 기회의 실제 가치와 지각된 가치 • 기회의 위험과 보상 • 기회 vs 개인스킬과 목적	• 제목 페이지 • 목차 • 사업개요 • 사업 분석 • 산업 분석 • 마케팅계획 • 재무계획 • 생산(외주) 계획 • 조직계획 • 운영 계획 • 요약 • 부록(그림)	• 창업가의 기존 자원 • 자원 격차(resource gap)와 활용 가능한 공급업자 • 필요자원에 대한 접근성	• 성공적인 벤처의 출범 • 관리 유형 • 핵심 성공 변수의 이해 • 잠재적인 문제점들의 파악 • 통제 시스템의 실행 • 성장 전략의 개발

사업 기회가 소비자, 기업협회, 유통경로의 구성원, 조직화된 경연대회(구글의 코드 잼 사례와 같이), 또는 기술 전문가들로부터 얻어진 조언 등을 이용하여 인식된 것이든 아니든, 각각의 기회들을 신중하게 선별하고 평가해야 한다. 이러한 기회의 평가는 아마도 창업 프로세스의 가장 중요한 구성요소인데, 그 이유는 기회의 평가를 통해서 사내창업가들은 특정 제품이나 서비스에 필요로 하는 자원과 비교해서, 그 기회로부터 보상을 얻을 수 있는지 여부를 판단할 수 있기 때문이다. 그림 3.1에 제시된 바와 같이, 이러한 평가 프로세스는 기회의 지속성, 기회가 제공하는 실질적인 그리고 지각된 가치, 기회가 가지는 위험과 보상, 사내창업가의 개인 스킬과 목적에 대한 기회와의 적합성 그리고 경쟁 환경 속에서 해당 기회가 가지고 있는 독특성과 차별화 우위 등을 살펴보는 것과 관련이 있다.

시장의 크기와 기회의 창(window of opportunity)의 지속성은 위험에 따른 보상을 결정하는 기반이 된다. 위험은 시장, 경쟁, 기술 및 투여되는 자본량을 반영한다. 나무와 관목 밑 부분의 장식을 위해 일반 사용자와 사업자들에게 바크멀취(bark mulch: 나무의 껍질을 파쇄기로 잘게 부수어 나무 밑동에 뿌려주는 덮개)를 공급하던 어느 회사는 양토(필요한 성분이 골고루 든 비옥한 흙)와 조개껍데기를 자사의 제품군에 추가하였다. 이러한 제품(후속제품)들은 동일한 유통 시스템을 통하여 동일한 고객층에게 판매가 되었다. 후속제품은 기업이 특정 유통경로에서 확장이나 다양화를 하는 데 중요하다.

마지막으로, 기회는 사내창업가의 개인적 기량과 목적에 적합해야 한다. 사내창업가는 벤처의 성공에 필수적으로 요구되는 시간과 노력을 모두 바치는 것이 특히 중요하다. 사내창업가는 기회에 대한 믿음을 가지고 그 기회를 발전시키기 위한 필요한 희생을 감내할 필요가 있다.

기회의 분석, 또는 기회평가서(opportunity assessment plan)라고 자주 불리는 이러한 방식은 기회를 평가하는 방식 중 하나이고 5장에서 논의될 예정이다.

사업계획서의 작성

훌륭한 사업계획서는 정의된 기회를 활용하기 위해 작성되어야 한다. 이는 창업 프로세스 중 시간이 매우 많이 소요되는 단계이다. 사내창업가는 종종 과거에 사업계획서를 준비해본 경험이 없고 사업계획서를 훌륭하게 작성하는 데 필요한 자원도 보유하지 못하는 경우가 있다. 사업계획서의 준비는 이 책 9장의 중점 논의 사항이므로, 여기서는 사업계획서의 3가지 중요한 부분과 연관된 기본적인 것들에 주목하는 것이 중요하다(그림 3.1 참조). 훌륭한 사업계획서는 기회를 개발하고, 필요한 자원을 결정하고 획득하는 데 필수적이다.

필요한 자원의 결정

기회에 접근하는 데 필요한 자원이 결정되어야 한다. 핵심 자원들은 단지 도움만 되는 자원들과는 구분되어야 한다. 요구되는 자원의 수량과 종류를 과소평가하지 않도록 주의해야 한다. 불충분하고 부적절한 자원으로 일어날 수 있는 부정적 위험 또한 평가되어야 하는데, 즉 최악의 상황을 염두에 두어야 한다는 의미이다.

기업의 설립과 관리

필요한 자원을 획득한 후, 사내창업가는 이 자원들을 사업계획서의 실행에 사용하여야 한다. 기업을 성공적으로 출범시킨다는 것은 매우 어려운 일이다. 문제가 되는 어떠한 분야도 신속하게 발견하고 해결될 수 있도록 통제 시스템이 갖추어져야 한다.

관리적 의사결정 vs 사내창업의 의사결정

일반적인 관리와 사내창업 간의 차이는 5개의 주요 사업 차원에서 살펴볼 수 있다. 이 5개는 전략적 지향성, 기회에 대한 몰입, 자원의 몰입, 자원의 통제 그리고 관리구조이다.

전략적 지향성

사내창업가적 전략적 지향성은 기회의 인식에 달려 있다. 이 지향성은 다른 기회들이 기술, 소비자 경제, 사회적 가치 또는 정치적 규제 분야의 급격한 변화로 인해 수확체감의 상황에 놓여 있을 때 매우 중요하다. 반면에, 전략적 지향성이 기존 자원의 통제를 위한 성과 측정뿐 아니라, 기획 시스템(planning system)의 활용과 연관되어 있는, 관리적 영역(managerial domain)에서도 유효하다.

기회에 대한 몰입

두 번째 핵심사업 차원인 기회에 대한 몰입의 측면에서, 이 몰입의 기간에 따라 2가지 영역이 크게 다르다. 창업가적 영역(entrepreneurial domain)은 행동의 필요성, 짧은 의사결정 기간, 위험감수에 대한 의지 및 의사결정권자 수의 부족 때문에 압박을 받는다. 이는 기회의 몰입이라는 측면에서 기간을 단축시킨다. 관리적 영역은 기회에 대한 행동을 취하는 것이 느릴 뿐만 아니라, 행동이 취해지더라도 기회에 몰입하는 데 보통 오랜 기간이 소요된다. 또 어떤 경우에는 너무 오래 걸리기도 한다. 또한, 자원에 대한 초기의 몰입을 재평가하거나 멈출 수 있는 시스템이 수립되어 있지 않는 경우가 있다.

자원의 몰입

사내창업가는 도달해야 할 특정 과업이나 목표에 기초해서 일정한 주기로 자원을 몰입하는 데 익숙해져 있다. 이러한 프로세스는 사내창업가로 하여금 효율성을 높은 수준으로 끌어올리는 데 필요한 모든 자원을 최대한 활용하게 만든다. 자원 공급자들(벤처 투자가나 개인 투자가들)은 이러한 여러 단계의 몰입을 통해 각각의 사업개발 단계에서 위험에 대한 노출을 가능한 최소화하고 기존의 실적들을 지속적으로 추적·관찰할 수 있게 한다. 자금 조달은 관리적 영역의 단계에서 실행되지만, 자원의 몰입은 필요한 전체 금액을 위한 것이다. 관리 지향적인 사람은 제공되는 보상의 원천에 반응을 하고, 자신의 통제 하에 자원들을 효과적으로 관리함으로써 얻어지는 개인적 보상을 받는다.

자원의 통제

자원의 통제도 유사한 패턴을 따른다. 관리자는 효과적인 자원관리에 의해 보상을 받기 때문에 가능한 많은 자원을 소유하거나 축적하고자 하는 충동이 있다. 관리자는 권력, 지위 및 재무적 보상의 압박 때문에 자원을 빌리거나, 필요할 때만 자원을 그때그때 사용하는 것을 피하려고 한다. 반대로, 자원의 부족, 노후화의 위험, 유연성의 필요 및 관련 위험과 같은 압박 속에 처한 사내창업가는 필요에 따라서 자원을 빌리거나 그때그때 사용한다.

관리구조

마지막 사업 차원인 관리구조 또한 2가지 영역에서 크게 다르다. 관리적 영역에서는 권한과 책임의 한계를 명확하게 정의할 필요성이 반영되어, 그 성격상 조직 구조는 공식화되어 있고 수직적이다. 사내창업가는 독립성이 강하기 때문에 보통 소수의 직원들로 구성된 작은 회사를 소유하고, 비공식적 네트워크를 갖춘 수평적 조직 구조를 사용한다.

사내창업에 대한 관심의 원인

사내창업가적 분야와 관리적 영역 간의 이러한 차이들은 사내창업에 대한 관심의 증가에 공헌해 왔다. 이러한 관심은 사회적, 문화적 및 사업적 수준에서 발생하는 다양한 사건들로 인해 증가해 왔다. 사회적 수준에서는 "자신만의 일을 하는 것(doing own your thing)"과 자신의 방식대로 그 일을 해내는 것(doing it in your own way)에 대한 관심이 증가되었다. 자신만의 재능에 대한 믿음이 있는 사람들은 새로운 도전 그리고 위험과 싸워보고자 하는 욕구가 수반되어 새로운 것의 창조를 열망한다. 그들은 책임지고 싶어하고, 자신들의 작업 환경 속에서 개인적 표현을 하고자 하는 강한 욕구를 가지고 있다. 이러한 자유가 존재하지 않으면, 좌절감으로 인해 사람들은 생산성이 감소하거나 다른 곳에서 자기실현을 성취하기 위해 조직을 떠나기도 한다. 의미에 대한 새로운 탐색은 인내심 부족과 결합되어, 최근에는 구조화된 조직 내에서 그 어느 때보다 더 많은 불만족을 야기했다. 구글의 구글 벤처스의 사례와 같이, 사내창업(기존 조직 내에서 창업 정신을 개발하는 것)은 무언가 중요한 일이 다른 방식으로 더 낫게 이루어질 수 있다고 믿는 조직 내부의 개인들을 자극시키고 그들을 활용하는 방법 중 하나이다.

대부분의 사람들은 제록스(Xerox)를 관료적인 포춘 100대 대기업으로 생각한다. 그러나 제록스는 1989년에 스티브 잡스가 애플 컴퓨터(Apple Computer, Inc.)를 설립하기 위해 회사를 떠난 것처럼 자사의 창의적인 인재들이 회사를 떠나지 않게 하기 위한 노력의 일환으로 독특한 일들을 해냈다. 제록스는 제록스 내부의 유망한 기술에 투자하여 이익을 창출하기 위해 제록스 테크놀로지 벤처스(XTV: Xerox Technology Ventures)를 설립했는데, 만약 설립이 되지 않았다면 제록스의 내부 기술들 상당수는 간과되었을 것이다. XTV의 사장인 로버트 아담스(Robert V. Adams)에 다르면 제록스는 "기술이 회사 외부로 새어나가지 않도록 방지하는 시스템"을 보유함으로써 과거의 실수를 피하고 싶어했다.

제록스의 이 펀드는 25년 간 제록스의 직원이었던 데니스 스티멀(Dennis Stemmle)의 작품인 쿼드 마크(Quad Mark)와 같은 많은 신생 기업들을 지원하였다. 스티멀의 아이디어는, 노트북과 함께 서류가방에 들어갈 수 있는, 건전지로 작동하는 일반용지 복사기를 만드는 것이었다. 제록스의 운영위원회는 10년 동안 이 아이디어를 승인하지는 않았지만, XTV와 대만의 어드밴스드 사이언티픽 코퍼레이션(Advanced Scientific Corporation)은 이 아이디어에 자금을 지원하였다. XTV가 자금을 조달해준 다른 기업들의 경우와 마찬가지로 쿼드 마크의 설립자와 핵심 직원들은 그 회사의 지분을 20% 소유할 수 있었다. 지분을 확보할 수 있었기 때문에 데니스 스티멀과 직원들은 기술 기반 벤처의 설립을 위해 제록스를 떠나지 않아도 되었다.

XTV는 자사의 모기업인 제록스에게 재무적 편익과 비재무적 편익 모두를 제공한다. 자금 지원을 받은 기업들은 설립자와 직원들뿐만 아니라 모기업에게도 이익을 제공해준다. 제록스의 경영진들은 회사 내의 기존 기술뿐만 아니라 직원들의 아이디어에도 더 많은 주의를 기울이고 있다. XTV는 성공한 것일까? 누군가 이 제도를 복제한다면 대답은 “네”이다. XTV의 개념에는, 신규 벤처를 설립한 제록스 직원들이 그 신규 벤처에 실패한다면, 실패 후 그 직원들에게 관리직을 보장하지 않는다. 이러한 위험요소가 회사 내에서 설립된 대부분의 다른 신규 벤처들과 XTV를 차별화시킨다. 이러한 위험과 고용에 대한 보장이 없다는 측면이 XTV를 모방한 펀드인 에이티앤티 벤처스(AT&T Ventures)의 기반이 되었다.

또한, 제록스가 깨달은 것은 수백 명의 임원들이 자신들의 조직 내에서 깨닫기 시작한 것들이다. 그것은 바로 “혁신과 성장을 위해서는 조직 내에서 창업가정신을 가지는 것이 중요하다”는 점이다. 대규모 조직에서는, 창의성과 혁신을 좌절시키는 문제들이 자주 발생한다. 특히, 해당 조직의 주력 사업과 직접적으로 연관되어 있지 않은 활동에서 자주 발생한다. 유연성과 창의성에서 나오는 성장과 다양성은 미래의 기업들에게 특히 중요하다.

사내창업은 조직 내 최고경영진의 지향성에서뿐만 아니라 창업가적 활동에서도 매우 잘 반영되어 있다. 이러한 사내창업가적 열정은 다음의 4가지 활동들로 이루어져 있다. 신생벤처활동(new business venturing), 혁신성(innovativeness), 자기 쇄신(self-renewal) 및 진취성(proactiveness)이다. 가끔 사내창업이라고도 불리는 신생벤처활동(new business venturing)은 기존 조직 내부에 신생 기업을 만드는 것을 의미한다. 이 창업가적 활동은 기업의 현재 제품과 서비스를 재정의하고, 신시장을 개발하거나 좀 더 공식적인 자율적 혹은 준(準) 자율적인 사업 단위나 기업을 설립함으로써, 새로운 가치를 창조하는 것이다. 새로운 사내벤처의 설립은 사내창업의 가장 두드러진 징후이다. 창업가적 노력의 두 번째 핵심 요소인 조직 혁신성(organizational innovativeness)은 기술의 개발과 혁신에 중점을 둔 제품 혁신과 서비스 혁신을 지칭한다. 신제품 개발, 제품 개선 및 새로운 생산 방식과 절차를 포함한다.

자기 쇄신(self-renewal)은 자신의 기반인 핵심 아이디어를 쇄신함으로써 조직을 변신시키는 것을 의미한다. 자기 쇄신은 전략적 변화와 조직적 변화의 의미를 가지고 있으며 혁신을 증가시키기 위한 사업 개념의 재정의, 구조조정 및 시스템적 변화를 포함한다.

진취성(proactiveness)은 최고경영진의 지향성과 활동에 특히 반영되어 있는 경쟁적 적극성과 대담성을 키우면서 주도권을 쥐고 위험을 감수하는 것과 관련된다. 진취적인 조직은 기회를 추구하는 데 있어 실험을 감행하고, 주도권을 쥐고, 대담하고 공격적이 됨으로써 위험을 감수하는 경향이 있다. 이러한 진취적 정신을 가진 조직은 새로운 제품이나 서비스의 도입, 기술의 운영 그리고 관리 기법과 같은 핵심영역에서 경쟁자를 따라가기보다는 선도하려고 한다.

관리적 문화 vs 사내창업 문화

사업 여건들과 사회적 여건들이 새로운 시대, 즉 창업가 시대의 모태가 되었다. 좀 더 작고, 적극적이며 창업가적으로 움직이는 기업들이 좀 더 새로운 제품들을 개발 중이고, 이러한 기업들이 선별된 시장에서 주요한 변수가 되어가고 있다. 다른 대기업의 직원들이 이러한 "창업가적 열병(entrepreneurial fever)"에 걸렸을 때 일어나는 결과들을 인식하자, 현재 많은 기업들이 자신들의 조직에서 동일한 창업 정신, 문화, 도전 그리고 보상을 만들어보려는 시도를 하고 있는 중이다. 그렇다면, 일반적인 기업문화와 창업가적 문화 간의 차이점들은 무엇인가? 관리자, 창업가 그리고 사내창업가 간의 차이점들은 무엇인가?

전형적인 기업문화는 보수적 의사결정을 선호하는 분위기와 보상 제도를 가지고 있다. 합리적 결정의 근거로서 대량의 데이터를 수집하지만, 그 뒤에 의도한 결과가 발생하지 않은 경우 결과를 정당화하기 위해 그 데이터를 중요하게 사용한다. 사실 관계를 충분히 수집할 수 있게 되거나 "미지의 것을 밝혀줄 수 있는" 컨설턴트가 고용될 때까지 위험한 결정들은 연기가 된다. 잘못된 방향 전환이 전체 기업과 개인의 경력에 부정적인 영향을 미칠 수 있는 가능성이 있기에, 조심성이 새로운 기회보다 더 높은 가치를 지닌다. 개인적 책임을 아무도 지지 않는 대규모 프로젝트에서 대해서는 요구하는 승인 절차가 많고 복잡하다. 몇몇 기업문화에서는 하향식 위계적 조직으로부터 나오는 의사결정의 주도권을 강조한다. 이러한 문화에서는 창업가적 변화를 이끌 수 있는 권력과 책임을 가진 사람이 거의 없다.

전통적 기업문화는 사내창업 문화와 매우 다르다. 전통적 기업문화의 지배적 원칙들은 다음과 같다. 최고경영진으로부터 주어진 지시에 충실한다. 어떠한 실수도 범하지 않는다. 실패하지 않는다. 주도적이 되지 말고 지시를 기다린다. 자신의 영역을 벗어나지 않는다. 마지막으로, 직접적인 책임을 회피함으로써 자신을 보호한다. 물론 이러한 제한적인 환경은 사내창업의 중요한 원칙인 창의성, 유연성, 독립성, 주인의식, 또는 위험감수로 전혀 이어지지 않는다. 반면에, 이러한 환경은 현재의 자원 효율성을 촉진시키는 것을 지향하는 환경이다.

또한 두 문화는 공유가치와 규범에서 차이점들이 있다. 전통적 기업은 태생적으로 위계적이고, 기존의 절차, 보고 시스템, 권한과 책임의 한계, 지시 그리고 통제 시스템을 가지고 있다. 이러한 것들은 현 시점의 기업문화를 지원할 뿐, 새로운 제품/서비스 또는 벤처의 창출을 장려하지 않는다. 사내창업가적 기업문화는 전통적 기업문화와 극명한 대비를 이룬다. 위계적 구조 대신에, 사내창업가적 분위기는 네트워킹, 팀워크, 후원자와 멘토를 장려하는 수평적이고 유동적인 조직 구조를 가지고 있다. 밀접한 업무 관계는 비전과 목적 달성을 촉진시키는 신뢰 분위기를 조성하는 데 도움을 준다. 업무는 단지 하기 싫은 일이 아니라, 일을 마치기 위해 필요한 많은 시간을 기쁘게 보내는 참여자들로 이루어진 맞춤형 이벤트이자 재미로 여겨진다. 또 자신의 영역을 보호하기 위해 장벽을 치는 대신에, 개인들은 기능별 부서와 본부를 넘나들며 제안을 하고 그 결과로 아이디어의 상호교류가 일어난다. 이러한 접근 방식은 여전히 장벽들이 존재하는 내부적인 경쟁 환경을 만들어낼 수도 있는데, 그 이유는 마이크로소프트의 문화에서처럼 특정 프로젝트나 기능별 부서들이 최고의 아이디어를 창출하기 위해 경쟁하기 때문이다.

이러한 2가지 문화는 서로 다른 종류의 인재를 선발하고 육성시킨다. 또한 상이한 관리 방식을 가지고 있다. 전통적 관리자, 창업가와 사내창업가를 비교하면 몇 가지 차이점들이 드러난다(그림 3.1 참조). 전통적 관리자는 주로 승진과 기업의 전형적인 보상을 통해 동기부여가 되지만, 창업가와 사내창업가는 독립성과 창조능력을 즐긴다.

3개의 그룹에서 서로 다른 시간 지향성이 존재한다. 관리자는 단기를 강조하고, 창업가는 장기를 강조하며, 사내창업가는 그 둘의 중간 어딘가에 놓여 있다. 마찬가지로, 사내창업가들의 주요 활동방식은 관리자의 위임 활동과 일반적인 독립 창업가의 직접적 개입 간의 중간에 위치한다. 사내창업가와 창업가는 적정한 위험감수자들인 반면에, 관리자는 어떠한 위험이던지 간에 위험감수에 매우 조심스럽다. 기업 내에서 개인의 경력과 영역을 보호하는 것이 대다수의 전통적 관리자들의 삶의 방식이고, 그들은 어떠한 비용을 치루더라도 위험한 활동을 회피한다.

전통적 관리자들은 조직의 상층부에 있는 사람들에 대해 신경을 많이 쓰는 경향이 있지만, 창업가들은 자신과 자신의 고객들을 위해 일하고, 사내창업가는 거기에다 후원자를 추가한다. 이러한 점은 3가지 유형 각각의 배경이 반영된 것이다. 창업가와 사내창업가들이 하는 방식대로 자신들 주변의 사람들과 강력한 관계를 구축하는 대신에, 관리자들은 조직도에 명시적으로 그려져 있는 관계를 따라가는 경향이 있다.

[표 3.1] 전통적 관리자, 창업가 그리고 사내창업가의 비교

	전통적 관리자	창업가	사내창업가
주요 동기	승진과 사무실, 비서 및 권력과 같은 기타 전통적 보상	독립성, 창조의 기회 및 금전	독립성과 더 많은 기업 보상을 받는 능력
시간 지향성	단기. 할당량과 예산을 지켜야함. 주별, 월별, 분기별, 연도별 기획 범위	생존과 5년에서 10년간의 사업 성장	창업가적 관리자와 전통적 관리자 간 중간 정도의 시간지향성을 가지며, 스스로 정한 일정과 모기업의 일정을 얼마나 빨리 맞추느냐에 달림
활동	직접적 개입보다는 위임하고 감독함	직접 개입	위임보다는 직접 개입
위험	조심스러움	적정한 위험감수	적정한 위험감수
상태	사회적 신분의 상징에 관심을 둠	사회적 신분의 상징에 관심 두지 않음	기업의 사회의 전통적 신분에 관심을 두지 않음, 독립성을 갈구함
실패와 실수	실수와 이변을 피하려고 함	실수와 실패에 맞섬	준비가 될 때까지 다른 사람의 시야에서 위험한 프로젝트를 숨기려고 함
의사결정	보통 상위 관리자들의 의견에 동의함	스스로 결정하고 자신의 꿈을 추구	타인의 동의를 통해 꿈을 성취
섬기는 대상	타인	자신과 고객	자신, 고객 및 후원자
가족력	가족 구성원이 대규모 조직을 위해 일했음	창업가적 소기업, 전문직, 또는 농촌 경험 배경	창업가적 소기업, 전문직 또는 농촌 경험 배경
타인과의 관계	위계적 관계가 기본	거래와 계약 체결이 기본 관계	조직위계 내에서의 거래

출처: A modified version of a table in G. Pinchot, *Intrapreneurship*, New York: Harper & Row, 1985, p. 54-56.

사내창업의 측면

조직별로 매우 다양한 사내창업의 여러 측면들이 있을 수 있지만, 사내창업의 발생 수준에 영향을 미치는 가장 중요한 4가지 측면들이 아래의 공식에 제시되어 있다.

$$L = I + O + C^2$$

L = 사내창업의 수준(Level of Corporate Entrepreneurship)

I = 혁신(Innovation)

O = 주인의식(Ownership)

C = 창의성(Creativity)

C = 변화(Change)

다음에는 혁신, 주인의식, 창의성 그리고 변화라는 4개의 측면들이 각각 논의된다.

혁신

혁신은 그 자체로 가치가 높고 고위 관리자들의 연설문이나 혁신에 투자된 많은 비용에서 유추할 수 있듯이, 대부분의 조직에서 중요한 측면이다. 그러나 2장에서 언급한 바와 같이, 혁신에 투자한 비용 대비 수익이 만족스러운 기업은 많지 않다. 보스톤 컨설팅 그룹(Boston Consulting Group)이 전 세계 3,000명의 임원들을 대상으로 실시한 기업혁신 관련 설문조사에 따르면, 혁신은 조사 대상 기업들의 가장 중요한 의제이거나 그에 준하는 것으로 나타났다. 이 조사에서 43%의 응답자가 혁신을 자신들의 전략적 우선순위에서 가장 중요한 3가지 요소 중 하나라고 생각한다고 응답했으며, 23%는 혁신을 그들의 최우선 과제로 생각한다고 응답하였다.

그러나 혁신이 가지는 우선순위에도 불구하고, 혁신에 지출한 비용 대비 수익에 대한 만족도는 2006년 52%에서 2007년 46%와 2008년 43%로 각각 감소되었다. 또한 이러한 지출 대비 수익에 대한 불만족 때문에 2006년 72%에서 2007년 67% 그리고 2008년 63%로 혁신에 대한 지출 금액이 감소하였다.

혁신에 대한 지출 대비 수익 관련 불만족은 산업을 불문하고 다수 조직의 모든 계층에서 발생한다. 비창업가적 문화, 위험에 대한 회피, 상용화에 적합한 올바른 아이디어 선택 능력의 부재, 내부 조정의 결핍, 아이디어에서 출시까지의 오랜 개발기간(5장에서 다시 논의됨), 아이디어를 활용하기 위한 "모범사례(best practice)"를 제도화하는 능력의 부재, 마지막으로 항상 성공해야 한다는 욕심 같은 많은 요인들이 이러한 형편없는 수익에 영향을 미친다. 마지막 요인 같은 경우는 틀린 가정(assumption)이 반영된 것이다. 벤처 캐피탈리스트들의 실적을 보면, 일반적으로 10개의 투자 중에 1개는 대성공, 2개는 성공적, 4개는 그저 그런 상태(투자된 금액이 회수된다면 언제든지 빠져나가고 싶은 상태), 마지막으로 3개는 실패작이다.

이러한 측면에서 가질 수 있는 시각 중 하나는 2장에서 논의한 바와 같이, 창출된 혁신의 유형별 성격을 이해하는 것이다. 그림 3.1에 제시된 바와 같이, 대다수의 혁신적 사건들은 평범한 혁신들이다. 업무가 이루어지는 일반적인 방식으로부터 약간의 변화를 만드는 혁신을 의미한다. 예를 들어, 제품의 외관, 맛, 기능,

[그림 3.2] 혁신 도표

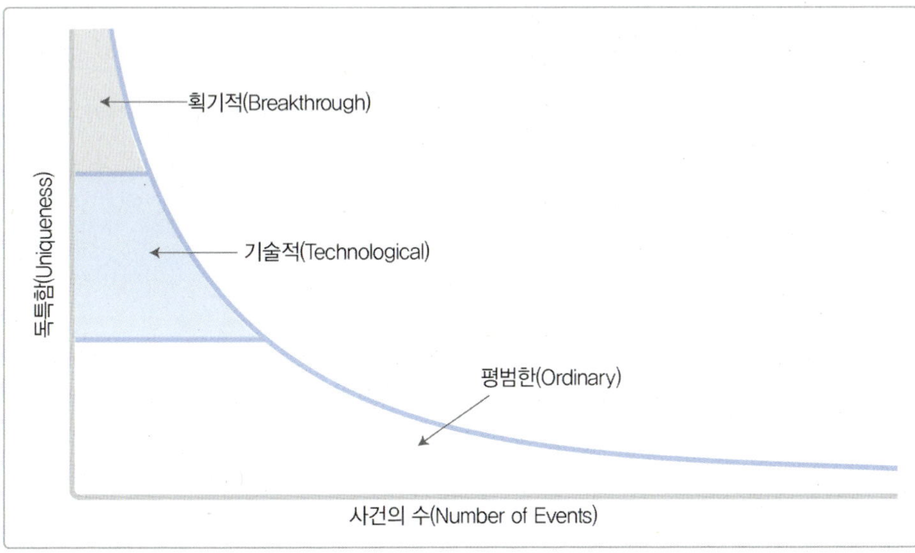

심지어는 포장 등에서의 변화를 의미한다. 그 다음으로 빈번하게 발생하는 경우는 기술 혁신이다. 현재 시장에서 일어나고 있는 기술보다 좀 더 발전된 기술적측면을 가진 혁신을 의미한다. 이러한 혁신들은 대개의 경우 특허나 저작권으로 보호가 된다. 큰 성공은 주로 획기적인 혁신(breakthrough innovation)에서 발생하고 혁신적 사건 중 극소수를 차지하는데, 시장에서 현재 일어나고 있는 일에 급진적 변화가 발생함으로써 이루어진다. 개인용 컴퓨터, 휴대폰, 사회적 네트워크 및 인터넷 등이 획기적 혁신이다. 조직의 관리자는 자신들의 기대치를 관리할 필요가 있고, 획기적인 혁신과 그에 따른 큰 성공을 거두더라도 자신의 조직 내 대부분의 혁신은 기술 혁신이나 평범한 혁신일 것이라는 점을 깨달을 필요가 있다. 그러나 그러한 혁신들 또한 의미 있는 편익과 결과를 가져다 줄 수 있다.

주인의식

또한 조직 내부의 사내창업에 있어서 주인의식은 필수적이고, 전반적인 조직 환경이나 문화를 반영한다. 이런 점에서, 주인의식은 누군가가 업무를 소유하고 그에 대한 책임감을 느끼는 것이고, 가장 효율적이고 효과적인 방식으로 업무를 수행하고자 하는 열망을 가지는 것이며, 간단히는 일하러 가는 것이 즐거운 것을 의미한다.

주인의식의 발생을 장려하는 훌륭한 창업가적 환경의 전반적인 특성들은 아래에 요약되어 있다. 첫 번째는 조직이 첨단 기술을 바탕으로 운영되도록 보장하는 것이다. 신속한 투자 수익률과 대규모 판매량을 필요로 하는 기업들은 빈번하게 새로운 아이디어를 좌절시킨다. 그러나 연구·개발은 성공적인 신제품 아이디어의 핵심 원천이기 때문에, 기업은 새로운 아이디어들을 장려하고 지원하면서 특정 산업의 최신 기술을 기초로 운영이 이루어져야 한다.

사내창업 환경

- 기술의 최첨단에서 조직 운영.

- 새로운 아이디어의 장려.
- 시행착오의 장려.
- 실패의 허용.
- 기회에 제한을 두지 않음.
- 접근과 활용이 가능한 자원.
- 학제 간 팀워크 접근 방식.
- 장기적 안목.
- 자발적 프로그램.
- 적절한 보상제도.
- 후원자와 챔피언.
- 최고경영진의 지원.

두 번째로, 실험, 즉 시행착오를 권장한다. 성공적인 신제품이나 서비스는 보통 완전하게 개발된 상태로 나타나지 않는다. 대신, 그러한 제품이나 서비스는 진화를 겪고, 그 와중에 시간과 자금이 요구된다. 최초의 시장성 있는 컴퓨터가 출현하기 전까지 시간이 걸렸고, 몇몇 제품들은 실패하였다. 사내창업가정신을 수립하고자 하는 기업은 혁신적인 신제품 개발과 관련된 실수와 실패를 허용하는 환경을 만들어야 한다. 사내창업가의 실패는 성공적인 혁신 제품을 위한 간접 투자로 인식되어야 한다. 이러한 관점은 기존 조직의 전통적인 경력과 승진 체제와는 정반대에 위치해 있다. 그러나 조직 내에서 실패할 기회가 주어지지 않는다면, 사내창업벤처는 발전이 안 되고, 발전한다 하더라도 극소수일 것이다. 거의 모든 창업가는 성공적으로 벤처를 설립하기까지 최소한 한 번의 실패는 경험하게 된다.

세 번째로, 조직은 초기부터 기회에 제한을 두어 신제품 개발의 창의성을 가로막는 일이 없도록 확실히 해야 한다. 조직에서는 빈번하게 다양한 자신만의 "영역(turf)"들을 보호하는데, 이러한 보호막은 새로운 벤처를 설립하려는 잠재적 사내창업가들의 시도를 좌절시킨다.

포춘 500대 기업 중 한 곳에서는, 사내창업 환경을 조성하려는 시도들이 문제에 직면했고, 잠재적인 사내창업가의 제안이 다른 사업부서의 영역이라 불가능하다는 이유로 거절하면서 결국 실패하였다.

네 번째로, 기업이 자사의 사내창업가들을 지원하기 위해서는, 기업의 자원들에 대해 접근과 사용이 쉽도록 해야 한다. 어떤 창업가가 말했듯이 "회사가 새로운 벤처 기업을 설립하기 위해, 나로 하여금 시간, 노력 및 경력단절의 위험을 감수하기 원한다면, 회사는 이를 위해 시간과 인적 자원을 투자할 필요가 있다." 종종 무언가 새로운 것을 창조하기 위해 자금이 배분되는 것이 아니라, 순이익에 직접적인 영향을 주는 문제들을 해결하기 위해 할당된다. 제록스(Xerox), 3M, 에이티앤티(AT&T) 같은 일부 기업들이 이러한 문제를 인식하고 외부의 벤처뿐만 아니라 내부 벤처의 자금 조달을 위한 독립된 벤처 캐피탈(창업투자회사) 부문을 설립하였다. 이러한 점에 대해선 11장에서 논의된다. 심지어 자원들이 이용 가능하더라도, 너무 많은 보고서를 작성해야 하는 의무로 인해 사내창업가는 필요한 자원을 획득하는 데 자주 어려움을 겪는다.

다섯 번째, 기업은 학제간 협업이 바탕이 된 팀 접근 방식을 장려할 필요가 있다. 분야에 상관없이 필요한 사람들의 참여로 이루어진 이러한 개방적 접근 방식은 일반적인 기업 조직 구조와는 반대이다. 성공적인 사내창업 사례들에 대한 한 평가에 따르면 성공에 중요한 1가지 요인은 관련된 사람들을 모두 포함시키는 "**스컹크웍스**(skunkworks)"라는 것을 보여준다. 사내창업팀 구성원의 승진과 경력이 신생벤처를 설립하는 데 기여한 사람들의 노력에 기초를 둔 것이 아니라, 기존 조직 내 그 사람의 현재 직위에서 나온 성과에 기초한다는 사실 때문에 신생벤처에 필요한 팀워크를 발전시키는 일이 좀 더 복잡해진다.

> **스컹크웍스**
> 스컹크웍스는 2차 세계대전 중에 비전통적인 방식으로 프로젝트(전투기 개발)를 수행하는 소수의 사람들로 이루어진 그룹을 의미한다. 미국의 방위산업체인 록히드(Lockheed)사에서 운용하던 연구·개발 팀의 별명이다. 이 팀은 다양한 분야의 연구 인력을 모아서 기존의 본사 인력과 물리적으로 거리를 두고 새로운 방식으로 프로젝트를 신속하게 수행하는 것을 목표로 하였다.

팀워크를 장려하는 것 이외에, 개별 벤처의 성공뿐만 아니라 전체 프로젝트의 성공을 평가할 때 장기적 안목을 가지는 기업 환경이 만들어져야 한다. 사내창업에서 투자에 대해 인내하는 태도는 벤처캐피탈리스트들이나 기타 투자가들이 창업가적인 노력에 투자할 때 활용하는 투자회수기간과 동일한 개념이다.

여섯 번째, 사내창업가정신은 개인에게 강제할 수 없고 자발적으로 함양되어야 한다. 기업적 사고와 사내창업가적 사고에는 차이가 있어서, 어떤 사람은 한쪽 부분에서, 다른 사람은 그 반대쪽에서 더 업무를 잘 수행한다. 대부분의 관리자들은 성공적인 사내창업가가 될 능력이 없다. 만일 그러한 능력이 있는 사람이 있다면 그에게 프로젝트를 완성할 수 있는 기회와 그에 따른 보상을 제공해야 한다.

일곱 번째 특성은 보상제도이다. 사내창업가는 새로운 벤처를 만드는 데 사용된 모든 에너지, 노력 및 위험감수에 대해 적정하게 보상받을 필요가 있다. 보상은 정해진 성과 목표의 달성 여부에 기초해야 하며, 이러한 점은 10장에서 논의된다.

여덟 번째, 사내창업에 호의적인 기업 환경은 조직 전체에 걸쳐 창조적 활동을 지원하는 것뿐만 아니라, 또한 새로운 목표와 방향을 수립하기 위한 기획의 유연성을 가진 챔피언과 후원자를 보유하고 있다.

마지막으로 아마도 가장 중요한 것으로, 사내창업 활동은 최고경영진들의 의해 진심으로 지원되고 포용되어야 한다. 여기에는 최고경영진의 실제적 참여와 인적·금전적 자원에 대한 이용 가능성을 확약하는 것 모두가 필요하다. 최고경영진의 지원 없이는 성공적인 환경이 만들어질 수 없다.

창의성

성공적인 사내창업의 세 번째 측면은 창의성이다. 창의성이라 함은 무언가 독특하고 독창적인 상상을 현실로 만드는 누군가의 능력인데, 매우 중요하지만 2장에서 논의한 바와 같이 많은 조직에서 결여되어 있다. 가장 빈번하게 사용되는 창의적 문제해결 기법 중 8가지가 아래와 같이 열거되어 있다.

창의적인 문제해결 기법 8가지

- 브레인스토밍(Brain storming).
- 역 브레인스토밍(Reverse brainstorming).

- 체크리스트 기법(Checklist method).
- 자유연상(Free association).
- 집단적 기록법(Collective notebook method).
- 속성나열법(Attribute listing).
- 빅드림 접근법(Big-dream approach).
- 파라미터 분석(Parameter analysis).

브레인스토밍(Brain storming)

첫 번째 기법인 브레인스토밍은 아마도 창의적 문제 해결과 아이디어 창출을 위해 가장 잘 알려져 있고 광범위하게 사용되는 방법이다. 창의적 문제 해결 측면에서, 브레인스토밍은 참여자들의 즉흥적인 의견제시를 통해 제한된 시간 내에 문제에 대한 아이디어들을 도출해낼 수 있다. 훌륭한 브레인스토밍 회의는 문제 기술서(problem statement)를 가지고 너무 광범위하지도 또는 너무 협소하지도 않게 문제들을 기술하는 것으로 시작한다. 너무 광범위하게 문제를 기술하면 아이디어들이 너무 분산되어 구체적인 아이디어가 나오기 어렵고, 너무 협소하면 참여자들의 반응이 제한될 수 있다. 문제 기술서가 준비되면, 6~12명 정도 되는 사람들을 참여자로 선발한다. 서로 다른 배경을 가진 다양한 종류의 사람들을 찾으면 브레인스토밍 회의에 추가적인 통찰력과 가치를 더할 수 있다. 참여자들의 반응을 방해하지 않기 위해서는, 참여자는 해당 문제 관련 분야에서 잘 알려진 전문가가 아니어야 한다. 참여자들은 브레인스토밍 회의 중에 나오는 아이디어들이 아무리 비논리적이라도 비난이나 평가를 하지 않고 모두 기록하여야 한다. 이러한 점을 염두에 둔다면, 최초 브레인스토밍 회의에서는 특정 고위 경영진을 배제하는 것이 그들이 끼칠 수 있는 부정적 영향에 대한 우려와 압박감을 줄이는 효과적인 방법이 될 수 있다.

역 브레인스토밍(Reverse brainstorming)

역 브레인스토밍은 비판이 허용된다는 점을 제외하고는 브레인스토밍과 유사하다. 사실, 이 기법은 "이 아이디어가 실패하는데 얼마나 많은 방법들이 존재하는가?"라는 질문을 함으로써 오류를 찾아내는 것에 기초한다. 제품, 서비스 및 아이디어의 부정적 측면들에 초점이 맞추어졌기 때문에, 참여 그룹의 사기를 유지할 수 있도록 주의해야 한다. 역 브레인스토밍은 혁신적 사고를 자극하기 위한 다른 창의적 기법들보다 먼저 사용하면 좀 더 효과적일 수 있다. 보통의 경우 역 브레인스토밍의 프로세스는 아이디어에 관련된 잘못된 것들을 모두 발견하고, 이러한 문제들을 극복하기 위한 방안들을 논의하는 것이 포함된다. 사람들은 새로운 아이디어를 생각해내는 것보다는 아이디어에 관해 비판하는 것을 좀 더 쉽게 생각하기 때문에, 역 브레인스토밍은 대개 상당히 가치 있는 결과를 만들어낸다.

체크리스트 기법(Checklist method)

체크리스트 기법에서는, 새로운 아이디어를 연관된 주제나 제안들을 열거함으로써 발전시킨다. 사내창업가는 완전히 새로운 아이디어를 개발하거나 아이디어의 구체적인 부분에 집중하는 방향으로 이끌어가기 위해 문제 목록이나 서술 목록을 사용할 수 있다. 체크리스트는 다양한 형식으로 작성될 수 있고 길이에 제한이 없다. 대표적인 체크리스트는 다음과 같다.

- **다른 사용처는?** 있는 그대로 다르게 사용할 있는 방법은? 수정한다면 다른 사용처는?
- **적응?** 비슷하지만 다른 점은? 이것이 제시하는 다른 아이디어는? 과거의 제안 중 유사한 기회를 줄 수 있는 것은? 무엇을 모방할 수 있나? 본보기로 삼을 수 있는 사람은 누구인가?
- **수정?** 새로운 방향 전환? 의미, 색상, 동작, 냄새, 형식, 모양의 변경? 기타 변경사항?
- **확대?** 추가할 것은 무엇인가? 좀 더 많은 시간이 필요한가? 더 잦은 빈도? 더 강하게? 더 크게? 더 두껍게? 추가적인 가치? 도움이 되는 성분? 복제? 증식?

과장?

- **축소?** 무엇이 대체하는가? 더 작게? 집약적으로? 소형화? 낮출 것인가? 더 짧게? 경량화? 제거? 유선형으로? 분할하기? 절제하기?
- **대체?** 대신할 사람이 누구인가? 대체품은 무엇인가? 다른 성분은? 다른 소재는? 다른 처리프로세스는? 다른 동력은? 다른 장소는? 다른 접근법은? 다른 말투?
- **재배치?** 상호호환 부품은? 다른 유형? 다른 배치는? 다른 순서로? 원인과 결과를 바꿔볼 필요는? 경로의 변경? 스케줄의 변경?
- **뒤집기?** 음양의 전환? 반대로 해보기? 뒤에서부터 시작? 위와 아래를 바꿔보기? 반대 역할? 입장을 바꿔서? 상황의 전환? 반대로 시도해보기?
- **결합?** 혼합해보고, 섞어보고, 종합해보고, 아래위 한 벌로 만들어 보는 것은? 단위들을 결합해보는 것은? 프로세스를 결합해보는 것은? 매력적인 부분들을 결합해보는 것은? 아이디어들을 결합해보는 것은?

자유연상(Free association)

새로운 아이디어를 끄집어내기 위해 사내창업가가 사용할 수 있는 가장 간단하지만 가장 효과적인 방법들 중 하나는 자유연상 기법이다. 이 기법은 문제에 대해 완전히 새로운 견해를 발전시키는 데 도움이 된다. 첫째, 진행 중인 사고 프로세스에 대해 무언가 새로운 것을 추가하기 위해 각각의 새 단어들을 가지고 문제와 연관된 단어나 문구를 계속해서 적는다. 그렇게 함으로써, 새롭게 떠오르는 제품 아이디어로 귀결되는 일련의 아이디어들을 만들어낸다. 그룹에서 나온 아이디어들이 아이디어의 개인별 도출을 방해할 수 있기에, 첫 번째 자유연상은 개인별로 하는 것이 좋다. 그런 뒤에 참여자들을 모아 그룹으로 자유연상을 다시 실시한다.

집단적 기록법(Collective notebook method)

집단적 기록법에서는 문제에 대한 기술, 메모가 가능한 빈칸 및 관련 배경자료가 담긴 조그만 포켓용 공책을 나누어준다. 참여자들은 최소한 하루에 한 번은 (하루 3회가 바람직하다) 아이디어들을 기록하면서, 문제와 해당 문제에 대한 가능한 해결방안을 생각한다. 주말에 여러 의견을 반영하여 최선의 아이디어 목록을 정리한다. 또한 이 기법은 집단적으로도 사용될 수 있다. 이는 모든 자료들을 요약하고, 언급된 빈도에 따라 아이디어의 전체 목록을 작성하는 중앙 관리자가 참여자들의 공책을 회수하는 방식이다. 추가적으로, 대부분의 사람들은 처음에는 일반적인 해결책을 먼저 생각해본 다음 좀 더 창의적이고 가치 있는 아이디어들을 나중에 발전시키기 때문에, 아이디어들을 중요도에 따라 순서를 매기는 것이 빈도순으로 순서를 매기는 것보다 더 도움이 될 수 있다. 요약본은 그룹 참여자들이 참가하는 창의적인 포커스 그룹(focus group)의 최종 토의 주제가 된다.

속성나열법(Attribute listing)

속성나열법은 항목이나 문제의 속성들을 열거한 뒤, 다양한 관점에서 각각을 살펴보는 것으로써 사내창업가가 아이디어를 발견하게 하는 기법이다. 이러한 과정을 통하여, 원래는 연관되어 있지 않던 대상들이 새로운 조합을 만들고 욕구를 좀 더 잘 충족시키는 새로운 쓰임새를 위해 하나로 합쳐질 수 있다.

빅드림 접근법(Big-dream approach)

새로운 아이디어를 생각해내기 위한 빅드림 접근법은 사내창업가가 특정 문제와 그에 대한 꿈을 꾸는 것이 필요하다. 다른 말로, 크게 생각하는 것이다. 모든 연관된 부정적 사항이나 요구 자원에 개의치 않고, 모든 가능성을 기록하고 조사해야 한다. 아이디어가 실행 가능한 형태로 발전되기까지 어떠한 제약도 없이 개념화되어야 한다.

파라미터 분석(Parameter analysis)

새로운 아이디어를 개발하는 마지막 방법인 파라미터 분석은 파라미터 분석(parameter analysis)과 창의적 합성(creative analysis)의 2가지 측면으로 구성되어 있다. 첫째 단계인 파라미터 분석은 변수들의 상대적 중요성을 결정하기 위해 특정 상황에서의 변수들을 분석하는 것이 포함된다. 이러한 변수들은 다른 변수들을 고려하지 않은 상태에서 조사의 중심이 된다. 주요한 문제가 식별된 후, 근본적인 문제들을 설명해주는 파라미터들 간의 관계가 검토된다. 파라미터와 그들 간의 관계에 대한 평가를 통해 하나 이상의 해결책이 개발된다. 이 해결책의 개발을 창의적 합성(creative synthesis)이라 부른다.

변화

조직 내에서 사내창업가가 번창하기 위해서는, 성공 방정식의 마지막 "C", 즉 변화(change)가 지속적으로 허용되고 장려되어야 한다. 조직 변화는 이상적으로는 시간에 걸쳐 발생하는 작은 단계(변화)들이 축적되어 나타난 결과이어야 한다. 아담 스미스(Adam Smit)의 도덕 감정론(Theory of Moral Sentiments)에서는 이러한 점을 점진적 위대함(gradual greatness)으로 소개하였다. 사람은 변화의 각 단계들을 직접 관찰하고 천천히 경험할 수 있는 경우에 변화를 좀 더 잘 받아들이는 경향이 있다. 신기술, 전략, 구조 또는 신속한 사업 확장은 소규모의 실험적 단계들로부터 시작되고, 조직 내부에서의 지식 이전과 지속적 실행이 반영된다.

조직 내 변화가 갑자기 발생하기보다는 점진적이고 집단적으로 발생한다는 생각은 창업가적 조직이 핵심사업 주변에서 지속적으로 실험하고 수정해야 한다는 것을 시사한다. 변화, 발견 그리고 쇄신은 이러한 유형의 조직이 가지는 근본적인 측면들이다. 이러한 것들이 좀 더 명백해지면, 관리자는 특정 문제에 대해 창의적이고 개인주의적인 접근법과 예기치 않았던 해결책을 개발하도록 장려된다. 이러한 점은 카리스마 넘치는 개인적 리더십과 독창적이고 창의적인 의사결정으로 이어진다. 그러나 이러한 과정을 시작하기 위해서는 필요한 기량이 없거나, 이러한 기량들을 발전시키고자 하는 열의도 없는 기존의 관리자 중 일부를 해고할 필요도 있다.

조직 변화를 도입하고 제도화하는 접근법 중 하나는 다음의 항목에 제시되어 있는 9단계 접근법이다. 코터(Kotter)가 개발한 이러한 단계적 프로세스는 조직을

탈바꿈시키기 위한 체계적 접근법이다.[1]

조직을 탈바꿈시키기 위한 9단계

1 위기감의 조성

- 시장과 경쟁 현실에 대해 검토한다.
- 위기, 잠재적 위기 혹은 기회를 인식하고 논의한다.
- 시간에 대한 적절한 지침을 개발한다.
- 조직의 현재의 자원 범위 내에서 실행이 가능해야 한다.

2 변화를 선도하는 강력한 연합팀의 결성

- 변화 노력을 선도하기 충분한 힘을 가진 그룹을 결성한다.
- 그러한 그룹이 팀으로서 같이 일하는 것을 허용하고 장려한다.
- 다른 사람들의 도움을 얻어낼 수 있도록 기존의 리더들로 구성된 팀을 조직하고, 또한 개인적 사유로 인해 과업이 방해받지 않도록 하고 조직의 목표를 향해 일한다.

3 최종 결과에 대한 비전의 창조

- 변화 노력을 안내하는 비전을 창조한다.
- 그러한 비전을 달성하기 위한 전략 기획(사명, 목적/목표, 전략/전술)을 개발한다.

4 비전의 소통

- 새로운 비전과 전략을 전달할 수 있는 모든 수단을 사용한다.
- 변화를 선도하는 연합팀의 사례에 따른 새로운 행동양식에 대해 교육한다.
- 최종 목표에 대한 측정 프로세스는 가시적이고 지속적으로 모든 사람과 공유되어야 한다.

5 챔피언 선발

- 선봉에 서서 변화를 지원할 수 있는 챔피언을 선발한다.

- 챔피언은 강력한 방식으로 비전을 소통할 필요가 있다.

6 비전에 따라 행동하기 위해 다른 사람에게 권한 부여

- 변화에 대한 장애물들을 제거한다.
- 비전을 약화시키고 위험감수를 막는 시스템을 변화시킨다.
- 회사 내 전체에서 창의적 사고와 실행에 대해 보상한다.
- 성공에 책임을 지는 사람은 다름 아닌 직원들이라는 것을 인식한다.

7 단기적 승리의 창출과 그를 위한 계획

- 가시적 성과 개선을 위한 계획을 수립한다.
- 개선에 참여한 직원들은 형식적인 보상을 넘어서 그 이상으로 표창하고 보상한다.
- 단계별 성취: "전쟁에서 승리하기" 위한 소규모 전투에서의 승리.
- 최종 목표로 이어지는 성과를 만들고, 그러한 성과에 가치를 부여하는 사람들에게 보상한다.

8 개선의 통합과 한층 더 많은 변화의 창출

- 시스템, 구조 및 정책을 변화시키기 위해 높아진 신뢰성을 활용한다.
- 비전을 시행할 수 있는 직원을 채용하고 승진시키며 개발한다.
- 직원들에게 변화를 시작할 수 있는 기회를 제공한다.

9 새로운 접근법의 제도화

- 새로운 행동양식과 성공 간의 연결을 분명히 밝힌다.
- 리더십 개발을 확보하기 위한 방안들을 발전시킨다.
- 모든 미래 변화의 주도권을 위해 프로세스를 표준화한다.

위기감의 조성과 변화를 선도하는 강력한 연합팀을 구성하는 것이 첫 번째 단계이다. 조직은 외부적 환경과 경쟁상황으로 인해서 변화에 대한 욕구가 부재한 채 단기적 결과에 초점이 맞추어졌기 때문에, 조직을 유지하는 적정한 기간의 설정이 어렵다. 그리고 충분한 힘과 신뢰성을 보유한 그룹이 형성되지 않는다면, 아무것도 실행될 수가 없다.

사내창업 그룹은 비전과 전략적 계획을 세우고(3단계), 그러한 것들을 가능한 모든 방법을 통해 전 조직에 걸쳐 소통해야 한다(4단계). 챔피언을 식별해내고 선발한 후에는(5단계), 장애요소를 제한하고, 적절한 시스템을 세우며 모든 창의적인 사고에 대해 보상한다(6단계). 다음 단계(7단계)는 첫 번째 시도가 가시적 성과 개선으로 성공하게끔 보장하는 것이다. 이러한 단계는 실패가 발생하였을 때 실패를 좀 더 쉽게 다룰 수 있게 해주는데, 사실 실패는 일어나기 마련이다. 큰 변화보다는 작은 변화를 성공시키는 것이 더 쉽다. 궁극적으로, 조직 내에서 제도화된 변화에 대한 접근법과 태도를 가지고(9단계) 더 많은 변화를 창출하기 위해 새로운 변화들이 통합될 필요가 있다(8단계). 이러한 절차는 내부창업가적 방식과 연관된 변화의 어려운 측면들을 성공적으로 실행되도록 해준다.

요약

이번 장은 사내벤처의 설립을 이해하고 관리하는 데 초점을 맞추었다. 사내창업 프로세스의 4가지 측면(기회의 인식과 평가, 사업계획서의 작성, 요구되는 자원의 결정, 벤처의 시작과 관리)에 주목하였다. 특정 기업문화가 사내창업을 촉진하도록 하기 위해서는 이러한 사내창업 프로세스를 수정하여 사용할 필요가 있다. 관리적 의사결정과 사내창업 의사결정의 차이점들이 5가지의 사업상 결정(전략적 지향성, 기회에 대한 몰입, 자원에 대한 몰입, 자원의 통제, 관리 구조)이라는 측면에서 논의되었다. 사내창업에 대한 높아진 관심의 이유에 대해 논의한 후, 기업문화와 사내창업 문화의 차이점들을 제시하였다.

그런 다음, 조직 내 사내창업의 4가지 주요한 측면들(혁신, 주인의식, 창의성, 변화)을 명확하게 표현하였다. 여기에는 가장 빈번하게 사용되는 창의성 관련 일부 기법들에 대한 논의가 포함되어 있다(브레인스토밍, 역 브레인스토밍, 체크리스트 기법, 자유연상, 집단적 기록법, 속성나열법, 빅드림 접근법, 파라미터 분석).

Scenario 3 구글 벤처스(Google Ventures)

구글은 스탠포드(Stanford)에 입학을 고려하고 있던 래리 페이지(Larry Page)가 당시 재학생 캠퍼스 방문 도우미인 세르게이 브린(Sergey Brin)을 만나면서 시작되었다. 그들이 처음 만났을 때, 이 두 사람은 모든 것에 대해 의견이 달랐다. 그러나 1년 후 그들은 검색 엔진의 개발을 함께했고, 1997년에 자신들의 프로젝트를 10의 100제곱, 즉 1 뒤에 0이 100개 달린 숫자를 의미하는 수학용어인 구골(googol)을 변형시켜 구글(Google)이라 명명하였다.

이 회사는 역사상 가장 놀랄 만한 기업 성장률 중 하나를 기록하였다. 1998년 12월 브린과 페이지가 같이 일하기 시작한 지 1년 후, 피시 매거진(PC Magazine)은 구글을 1998년 100대 최고 웹사이트 중 하나에 포함시켰다. 이 잡지는 구글이 연관도가 아주 높은 검색 결과를 제공하는 측면에서 매우 예외적인 성공을 거두었다고 밝혔다. 1999년 2월경, 8명의 구글 직원은 초창기 자동차 차고에 차린 사무실을 벗어날 만큼 성장하여, 미국 캘리포니아에 있는 팔로알토(Palo Alto)의 사무실로 이전한 후, 같은 해 8월에 실리콘 밸리(Silicone Valley)로 이전하였다. 2000년 구글 직원들은 13개의 서로 다른 언어 버전으로 만들어진 구글을 출시하였고, 그 해 말에 구글 애드워즈(Google AdWords)라는 다른 프로젝트에 착수하였다. 이 서비스는 잠재 소비자들이 상품 검색 시, 크고 작은 회사들을 온라인상에서 찾아낼 수 있는 **페이퍼클릭**(pay-per-click) 서비스이다. 2000년 9월에는 구글 애널리틱스(Google Analytics)라는 프로그램을 출시하였는데, 이 프로그램은 기업들이 애드워즈(AdWords)의 광고 효과를 측정할 수 있게 해주고 웹사이트의 유효성도 측정할 수 있게 해주었다. 애드워즈 프로그램은 2006년과 2008년 사이에 구글의 이익이 63억 달러에서 131억 달러로 2배 성장하는 데 일조하였다.

> **페이퍼클릭**
> PPC라고도 불리며 클릭한 수에 따라 광고비를 지불하는 방식으로서 키워드 광고와 배너 광고가 대표적이다.

2001년에 구글은 26개의 다른 언어로 검색이 가능해졌고, 구글의 이용자들은 색인이 붙여진 30억 개의 문서들을 이용할 수 있게 되었다. 2002년 초에 구글의 언어 버전은 72개의 언어(클링곤[Klingon] 언어까지 포함해서)로 늘었고, 2003년 1월에 미국 방언협회(American Dialect Society)는 "구글"을 2002년에 가장 많이 사용된 단어로 선정하였다. 2004년 초에 구글은 60억 개에 색인을 붙였고, 직원들이 대학교 캠퍼스와 같은 환경에서 일할 수 있게 본사를 좀 더 큰 사무실로 확장 이전하였다. 그 후 이용자들이 지역 내에서 빠르게 서비스를 찾아낼 수 있는 지역 내 검색 서비스가 가능한 구글 로컬(Google Local: 후에 구글 플레이스로 명칭이 바뀜)이 출시되었다. 구글 맵(Google Maps)은 2005년 초에 시작되었고, 그해 4월경 구글은 위성 모드를 도입하고 길 찾기 기능을 제공하였다. 사실, 이러한 기능들은 컴퓨터에서만 가능한 것이 아니라 휴대폰에서도 가능하다. 놀랍게도 구글 사용자들은 SMS를 통해 자동차의 경로를 파악할 수 있게 되었다!

클링곤
클링곤은 미국 영화 스타트렉(StarTrek)에 나오는 호전적인 가상의 외계 종족이다.

초기에 구글은 모든 직원들이 자기 자신의 근무 시간 중 20%를 개인 프로젝트에 사용하도록 허용하는 정책을 만들었다. 이 정책은 실수를 처벌하는 것이 아니라 혁신을 위한 자연적인 프로세스로서 실수를 받아들이는 정책이다. 예를 들어, 폴 부하이트(Paul Buchheit)는 자신의 "20% 시간"을 활용하여 2001년에 전자우편(e-mail) 서비스인 지메일(Gmail)을 개발하였다. Gmail에 사용자들을 끌어들이기 위해, 전자 우편 서비스에 초대 받은 사람들만 신규가입이 가능하도록 정책을 수립하였다. 잠재적 사용자들이 Gmail 계정을 열기 위해서는 이미 계정을 가지고 있는 기존 사용자의 초대를 받아야만 계정을 열 수 있었다. 이 똑똑한 아이디어는 사용자로 하여금 어떤 배타적인 그룹의 일원이라는 느낌을 받게 하였고 2008년 9월 Gmail은 2,600만 개의 계정을 확보하였다. 2009년 말에 Gmail 계정 수는 마이크로소프트의 핫메일(Hotmail) 계정 수를 넘어섰다. 서비스가 거듭 개선됨에 따라, 2006년에 구글 챗(Google Chat)이 도입되어 Gmail 사용자들은 자신들의 전자우편에 로그인 한 상태에서 서로 대화가 가능해졌다.

2009년 7월 현재, 직원들이 만든 구글의 프로그램과 발명에는 다음과 같은 것들이 있다. 구글 보이스(Google Voice), 구글 어스(Google Earth), 구글 번역

(Google Translate), 구글 북 서치(Google Book Search), 오픈 소셜(Open Social), 구글 로맨스(Google Romance), 구글 독스(Google Docs), 구글 파이낸스(Google Finance), 피카사(Picasa), 구글 리더(Google Reader), 구글 학술검색(Google Scholar), 구글 크롬(Google Chrome), 프루글(Froogle: Google Product Search로 명칭 변경) 등이다. 2006년 판 옥스퍼드 영어 사전에 구글이란 단어는 공식적으로 동사로써 등재되었다.

구글의 성장 기간 내내, 구글은 느긋하고 우호적인 분위기를 유지했다. 사무실에 애완견을 데려올 수 있고, 사내 요리 경연대회에 참가하며, 장학금이 지급되고, 4월 1일 만우절의 거짓말이 전통이 되었다. 이 회사는 또한 사람과 프로젝트에 대한 투자의 중요성과 자사의 사용자와 깊은 관계를 맺는 것의 중요성을 알고 있었다. 2005년에 시작된 한 프로그램은 컴퓨터 공학 분야의 학생들을 교육시키는 데 초점을 맞추었다. 여기에는 코딩 여름캠프(Summer of Code) 같은 것이 있는데, 참가자들에게는 연구·개발이나 라이선싱과 같은 주제들을 다루는 기술 기반의 프로젝트에 대한 코딩 과제가 주어진다. 기타 활동으로, Gmail 사용자에게 Gmail의 전 세계 이동경로를 분석시키기도 한다. 구글은 65개국에 걸친 사용자들로부터 1,100개의 환상적인 비디오 응답을 얻어냈다. 구글은 추가적으로 2002년 10월에 최초의 코드 잼(Code Jam)을 도입하였다. 코드 잼은 프로그래머들이 자바(Java), 씨플러스플러스(C++) 또는 비주얼베이직닷넷(VB.NET)으로 이루어진 복잡한 코딩 문제를 풀어야 하는 경연대회이다. 이 경연대회의 목적은 전 세계의 정보 인프라스트럭처(information infrastructure)를 다시 쓸 최고의 프로그래머를 선발하는 것이었다. 코드 잼은 정기적으로 계속해서 열렸다. 2006년 1월 무렵, 13,000명이 중국에서 개최된 경연에 참가하였고, 2010년 7월경에는 유럽에서 10,000명이 참석하였다. 이 경연대회는 구글의 과거 프로그래밍 문제에 대한 효과적인 해결책을 계속해서 제시하였고, 이러한 해결책들은 온라인을 통해 교육용으로 제공되고 있다.

구글(Google, Inc.)은 2004년 주식시장에 상장되었고, 시가는 주당 85달러였다.

2008년 5월, 주가는 주당 580달러에 이르렀지만, 2009년 불경기로 인해 400달러로 하락하였다. 이러한 믿을 수 없는 주가 상승의 대부분은 구글의 창업가적 환경에 기인하는데, 이러한 환경 속에서 자율적이고 창업가적인 직원들이 신제품과 발명들을 창조하였다. 2009년 구글은 새롭고 혁신적인 아이디어의 좀 더 원활한 흐름을 촉진시키기 위해, 구조조정에 대한 옵션들을 고려하기 시작했다.

구글은 벤처캐피탈(Venture Capital) 회사들의 전략과 기법을 모방하기 위한 목적으로 2009년에 구글 벤처스(Google Ventures)를 설립하였는데, 구글의 기술 전문성을 접목시키고 혁신을 확산하는 것이 그 목적이다. 첫해에 구글 벤처스는 자사의 기존 창업가들뿐만 아니라 외부 기술 기업들까지도 포함해서 약 1억 달러의 투자를 예상하였다. 가장 중요하게 고려한 점은 전략적 결정이 아닌 예상 투자수익률(ROI: Return On Investment)이었다. 관심 산업 분야는 소비자 인터넷, 소프트웨어, 하드웨어, 청정기술, 생명공학 및 의료분야 등이었다. 이 회사의 목적은 창의적이고 혁신적인 방식으로 문제의 해결책을 제시하는 기업들에게 투자하는 것이었다.

매우 우호적인 대화체 단어로 써져 있는 4페이지짜리 웹사이트를 가진 구글 벤처스는 창업 초기 단계(seed and early stage)의 벤처에 투자했다. 최초의 투자 포트폴리오 기업은 픽사자(Pixazza)와 실버 스프링 네트워크스(Silver Spring Networks)였다. 2008년에 최초 설립된 픽사자는 웹사이트의 이미지 위에서 마우스를 움직이면 관련 상품에 대한 태그가 나타나 구매로 연결해주는 서비스를 제공하는 업체이다. 실버스프링 네트워크스는 “스마트 미터기(Smart meter)”를 통해서 수도·가스·전기 등을 공급하는 공공기업들이 자사의 사업에서 효율성, 신뢰성 및 고객 서비스를 개선하는 데 도움을 주는 변화를 일으킬 수 있도록 실시간 네트워크를 구축하는 업체이다.

궁극적으로 구글은 자사의 혁신이 미래에도 훌륭하게 지속되고 다음의 큰 기회에 활용될 수 있기를 기대하고 희망하고 있다.

출처

www.google.com/ventures/faq.html

www.techcrunch.com/2009/04/04/the-google-ventures-cheat-sheet/

http://pixazza.com/

www.silverspringnetworks.com/

www.businessweek.com/technology/content/sep2007/tc20070831_697591.htm

www.informationweek.com/news/internet/google/showArticle.jhtml?articleID=213300662

http://methainternet.wordpress.com/2009/04/04/google-formsventure-group-to-find-next-big-thing/

www.google.com/corporate/history.html

기회의 인식, 평가 및 선택 4장

학습목표

1. 새로운 아이디어 창출의 원천과 창출방법에 대해 학습한다.
2. 기회 분석이 조직의 새로운 아이디어의 창출과 평가에 어떻게 도움이 되는지 학습한다.
3. 사내창업 프로세스에서 제품계획과 제품개발의 역할에 대해 학습한다.
4. 기업의 혁신 사례에 대해 학습한다.

들어가면서

아트 프라이(Art Fry)가 한 것과 같이 충족되지 않은 욕구를 인식하고 해결하는 일은 전 세계 도처에 있는 조직에서 매일 일어난다. 그러나 이러한 사내창업가 정신(corporate entrepreneurial spirit)을 인식하고 활용하는 프로세스가 없다면, 이와 같은 혁신적 기회들을 자주 놓치게 된다. 이러한 기회들은 성장을 가속화시키고, 매출 혹은 효율성을 증가시키며, 어떤 경우에는 수익성을 높이기 위해 꼭 필요한 아이디어 획득을 위해서 조직 내·외부의 자원을 빈번하게 사용한다. 이번 장은 새로운 아이디어를 창출하고 트렌드(trend)를 파악하는 원천들과 기법들을 먼저 다룸으로써, 위에서 언급한 중요한 측면들에 초점을 맞춘다. 그 뒤를 이어 이러한 아이디어들에 대한 평가와 기회분석(opportunity analysis) 및 기회분석 계획서(opportunity analysis plan)를 만드는 것에 관해 논의한다. 추가적으로, 이번 장에서는 제품계획과 개발 프로세스에 관한 부분이 포함되었다. 이번 장의 결론은 일부 기업의 혁신적 아이디어 전략에 관한 논의로 끝을 맺는다.

새로운 아이디어의 원천

좀 더 자주 사용되는 아이디어의 원천으로는 고객, 기존 제품 및 서비스, 공급사슬 시스템(supply chain system), 정부 그리고 연구·개발 등이 있다.

고객

고객과 그들의 구매 습관에 대해 세심한 주의를 기울일 필요가 있다. 이러한 모니터링은 고객을 관찰함으로써 비공식적으로 잠재적 아이디어를 모니터링하는 형태를 띠거나, 좀 더 공식적으로는 고객이 자신들의 의견을 표현할 수 있는 기회를 주선하는 형태일 수 있다.

기존 제품과 서비스

시장에서 경쟁력 있는 제품과 서비스들도 또한 평가해볼 필요가 있다. 이러한 기존 제품/서비스의 분석을 통해 기존 제품/서비스를 개선할 수 있는 방법들을 발견할 수 있고, 그 결과로 기존 제품/서비스보다 더 시장성이 있고, 더 많은 매출과 이익 잠재력을 가진 새로운 제품/서비스를 출시할 수 있다.

공급사슬 시스템

공급사슬의 구성원들은 서로 다른 생산단계별로 시장의 욕구에 대해 잘 알고 있기 때문에 그들 또한 새로운 아이디어의 훌륭한 원천이 된다. 공급사슬의 구성원들은 완전히 새로운 제품에 대해 의견을 제시할 뿐만 아니라, 해당 기업이 새로 개발된 제품을 마케팅하는 데 도움을 준다.

정부

정부는 2가지 방식으로 신제품 아이디어의 원천이 될 수 있다. 첫 번째, 미국의 경우 연방특허청(USPTO: the U.S. Patent and Trademark Office)의 보고서는 수많은 신제품에 대한 가능성을 담고 있다. 이러한 특허 자체는 실현 가능성이 적을 수 있지만, 시장성 있는 제품과 관련된 좀 더 많은 다른 아이디어들에 대해 시사점을 제공한다. 몇몇 정부 기구나 간행물들은 특허 신청을 모니터링하는 데 도움을 준다. 미 연방특허청(USPTO)이 매주 발간하는 오피셜 가제트(Official Gazette)는 승인이 난 각각의 특허를 요약해주고 라이선스나 구입이 가능한 특허들의 전체 목록을 보여준다. 또한, 미 연방특허청은 1976년 이후의 모든 특허들에 대해 온라인으로 접속할 수 있게 해주고 있다(www.uspto.gov).

두 번째로, 신제품 아이디어는 정부 규정의 변화에 대응하는 과정에 개발될 수 있다. 예를 들어, 직업안전보건법(OSHA: the Occupational Safety and Health Act)은 3명 이상의 직원을 고용하는 상업용 작업장의 경우 응급처치함의 구비를 의무화하고 있다. 이 응급 처치함에는 기업별 혹은 산업별로 서로 다른 특정 의약품들이 구비되어 있어야 한다.

연구·개발

새로운 아이디어의 가장 큰 원천은 기업 고유의 공식적 혹은 비공식적 "연구·개발(R&D)" 노력이다. 포춘 500대 기업인 힐렌브랜드 인더스트리(Hillenbrand Industries)의 한 연구원은 신제품인 플라스틱 주형의 모듈식 컵 팔레트의 근간이 된 새로운 플라스틱 수지(resin)를 개발하였다.

아이디어 창출 기법

매우 다양한 종류의 아이디어 원천이 있고, 이용 가능하지만 신생벤처의 기반이 되는 아이디어를 생각해내는 일은 여전히 골칫거리이다. 몇 가지 기법들이 아이디어를 생성하고 테스트하는 데 도움을 주는데, 여기에는 포커스 그룹(focus group), 브레인스토밍(brainstorming) 그리고 문제목록 분석(problem inventory analysis)이 포함된다.

포커스 그룹

포커스 그룹에서는 진행자가 단순히 참여자의 반응을 구하기 위하여 질문을 던지기보다는 개방적이고 심층적인 토론을 통해 사람들을 이끌어 나간다. 신제품 분야의 경우, 진행자는 지시적(directive) 혹은 비지시적(nondirective) 방식으로 집단 토의에 초점을 맞춘다. 시장의 욕구를 채워줄 신제품 아이디어를 창의적으로 개념화하고 개발하는 데 있어서 8명에서 14명의 참여자로 구성된 포커스 그룹은 그룹 구성원간의 의견 제시와 수렴으로 활성화가 된다. 여성용 슬리퍼 시장에 관심이 있는 한 기업은, 다양한 사회경제적 배경을 가진 12명의 뉴욕 지역 여성으로 구성된 포커스 그룹으로부터 "오래된 신발처럼 잘 맞는 따스하고 편리한 슬리퍼"라는 신제품 콘셉트를 도출하였다. 그 후에, 이 콘셉트는 시장에서 성공을 거둔 새로운 여성 슬리퍼로 개발이 되었다. 심지어는 광고의 주제도 포커스 그룹의 구성원들이 제안한 의견을 받아들였다.

새로운 아이디어 창출이라는 측면에 추가하여, 포커스 그룹은 아이디어와 콘셉트를 초기에 검색하는 경우에 최상의 기법이다. 여러 단계를 거침으로써 결과가 좀 더 계량적으로 분석될 수 있고, 이를 통해 포커스 그룹은 신제품 아이디어 창출을 위한 유용한 기법이 될 수 있다.[1]

브레인스토밍

포커스 그룹으로부터 창출된 아이디어들 대부분이 더 발전되지 않는다 해도,

브레인스토밍 기법을 통해 가끔 좋은 아이디어들이 떠오른다. 브레인스토밍 노력이 특정한 제품이나 일부 시장에 집중하는 경우에 좋은 아이디어가 나올 확률이 높다. 브레인스토밍의 규칙은 3장에서 논의하였다.

대규모 한 상업은행이 자기 은행의 법인고객들에게 고급 정보를 제공할 수 있는 정기간행물을 개발하는 데 브레인스토밍 기법을 성공적으로 사용하였다. 재무 관련 임원들 간의 브레인스토밍은 시장 특성, 정보 콘텐츠, 발행주기 및 은행을 위해 제안된 새로운 정기간행물의 홍보 가치에 초점을 맞추었다. 전체적인 형태와 발행주기가 결정되자, 포춘지 1,000대 기업들의 재무 관련 부사장들로 이루어진 포커스 그룹이 새로운 정기간행물의 형태와 그들에게 제공하는 가치와의 연관성을 논의하기 위해, 3개 도시(보스턴, 시카고 및 댈러스)에서 모였다. 이들 포커스 그룹들의 결과는 새로운 재무 관련 정기간행물이 시장에 안착하는 기초를 제공하였다.

문제목록 분석

신제품 아이디어를 창출하기 위한 문제목록 분석은 포커스 그룹과 유사한 방식으로 사람들을 활용한다. 그러나 고객들이 새로운 아이디어를 스스로 만들어내는 대신에, 그들은 일반적인 제품 범주들이 가진 문제들이 적힌 문제목록을 제공 받는다. 그 후에, 그들은 문제가 있는 해당 범주의 제품들을 파악하고 논의를 한다. 완전히 새로운 제품 아이디어를 혼자서 만들어내는 것보다 알려진 제품을 제시된 문제점과 연관시켜 신제품 아이디어에 도달하는 것이 좀 더 쉽기 때문에 이 기법은 종종 효과적이다. 이 기법을 활용하는 데 가장 어려운 점들 중 하나는 완벽한 문제목록을 개발하는 것이다.

문제목록 분석에서 나온 결과들은 신중하게 평가되어야 하는데, 그 이유는 도출된 결과들이 새로운 사업기회를 실질적으로 반영하지 못할 수도 있기 때문이다. 예를 들어, 기존 포장이 부엌 선반에 잘 맞지 않는 문제를 해결하기 위해서 제너럴 푸드(General Food)는 작은 시리얼 포장을 도입했지만 성공하지 못했다. 그 이유는 포장 크기의 문제가 실제 구매행동에 영향을 주지 못했기 때문이다.

트렌드(Trend)

트렌드는 조직 내에서 새로운 벤처 부문을 시작하는 데 일반적으로 종종 좋은 기회를 제공한다. 다음 세기의 7가지 트렌드가 아래에 제시되어 있다.

다음 세기의 트렌드

- 환경 트렌드(Green Trend).
- 청정에너지 트렌드(Clean Energy Trend).
- 유기적 지향성 트렌드(Organic orientation Trend).
- 경제적 트렌드(Economic Trend).
- 사회적 트렌드(Social Trend).
- 건강 트렌드(Health Trend).
- 웹 트렌드(Web Trend).

환경 트렌드

환경 분야는 전 세계에 걸쳐 기회가 넘쳐나고 있다. 물은 사업기회가 많은 환경 트렌드의 한 측면인데, 특히 골프장, 공원 및 스마트 관개 시스템(smart irrigation system)을 위한 개간사업과 같은 관개분야에서 기회가 많다. 물 사용의 효율성을 높이는 방안을 찾는 것도 또한 기회이다. 친환경 프린팅, 재활용 및 친환경 청소 서비스와 같은 다른 사업들도 눈여겨볼 가치가 있다. 환경 트렌드는 기업들의 친환경적 행동이 소비자를 위한 장기적 절약이나 비용절감과 연결될 때 특히 효과적이다.

청정에너지 트렌드

소비자들이 가장 시급하게 생각하는 환경적 관심사 중 하나는 청정에너지이다. 많은 사람들이 21세기의 동력원은 태양, 바람, 지열 등으로부터 나올 것이라고 생각하고 있다. 이 분야에서 소상공인들과 주택보유자들은 개발이 덜된 중요한 시장이다. 예를 들어, 건설 산업에서는 주택보유자들의 냉·난방비를 절감시켜주는 단열재와 창문의 개선과 같은 최근 트렌드들이 존재한다.

유기적 지향성 트렌드

특히, 식품분야에서 유기농 식품과 비유기농 식품 간의 가격 격차가 줄어듦에 따라서 탄력을 받아 유기적 지향성이 상당히 확대되고 있는 중이다. 육류, 유제품, 과일, 채소 빵 및 과자류를 포함한 모든 유기농 식품에서의 매출 성장은 연평균 25%에 달한다. 식품을 제외한 유기적 제품의 매출 또한 증가하고 있으며, 특히 의류산업에서 두드러지게 나타나고 있다.

경제적 트렌드

신용경색, 은행의 실패, 집값의 하락 및 압류 등의 충격은 소비자들이 자신의 소비를 좀 더 신중하게 만들었다. 소비 절제가 늘어남에 따라 원예 작물, 비즈니스 코칭, 할인 소매업, 서비스, 자산·부채 관리, 사이버 회의, 아웃소싱 그리고 자가 조립(DIY: do-it-yourself) 문화와 같은 영역에서 새로운 기회들이 생겨났다. 비즈니스 타임스(Business Times)에 따르면, 저가의 자가 조립 가구용품 아울렛인 이케아(IKEA)는 경기 침체기임에도 불구하고 2008년과 2009년 사이에 기록적인 매출(1.4% 성장)을 기록하였다.

사회적 트렌드

네트워킹을 위한 이벤트와 기회들이 늘어남에 따라 전 세계 도처에서 사회적 트렌드가 확연히 나타난다. 이러한 것들에는 기업용 소셜 네트워킹뿐만 아니라 페이스북(Facebook), 마이스페이스(Myspace), 링크드인(LinkedIn) 및 트위터(Twitter)와 같은 것들이 포함된다. 기존의 관계를 유지하는 것에 덧붙여, 온라인으로 새로운 관계를 시작하는 트렌드가 있다. 온라인을 통한 사회화의 또 다른 방식은 게임 산업을 통해 나타난다. 게임에서 사람들은 스스로 생성한 캐릭터를 통해 초면인 사람들을 만나서 그룹을 지어 게임을 즐긴다. 사회적 트렌드는 또한 재무 설계와 여행 관련 분야에서도 기회를 제공한다. 사람들은 재무적 상환능력을 갖춘 상태에서 수명연장의 시대에 홀로 생존 가능한 능력을 보유하고 싶어하고, 자신들의 아이들 및 손자들과 새로운 장소를 여행하는 편익을 누리고 싶어하기 때문이다. 예를 들어 론저비티 얼라이언스(Longevity Alliance)와 같은 회사는 장기 요양과 재무 설계 관련한 자문을 제공하는 원스톱 서비스(one-stop service) 기업이다.

건강 트렌드

자신의 건강 유지와 의료서비스 공급에 대한 관심은 현재뿐만 아니라, 세계 인구의 고령화와 기대수명의 증가로 음 세기에도 지속될 가장 큰 트렌드 중 하나이다. 이러한 트렌드는 **바이브런트 브레인**(Vibrant Brains)의 "브레인 짐(brain gym)"과 같은 심적 능력의 증진(mind expansion), 미용시술, 개인 의료 포털, 현장 진단검사 시설(point-of-care testing facilities), 영양 전문가, 피트니스 센터, 핏플랍(Fit-Flops) 및 위핏(Wii Fit) 주변기기와 같은 최신 건강 완구(Fit Toys), 다이어트 식품(fit food), 간편 의료 진료소(convenient care clinics) 및 건강 코치(Wellness Coach) 등과 같은 다양한 기회들을 제공해준다.

> **바이브런트 브레인**
> 이 회사는 모든 연령층에 걸쳐 사고력, 기억력, 언어, 추론, 주의력, 집중력 및 공감각 스킬을 연마하고자 하는 사람들을 위한 프로그램을 디자인하여 제공한다.
> 출처: http://www.vibrantbrains.com/programs/

웹 트렌드

웹 트렌드는 새로운 형식의 의사소통과 구매 잠재력을 많이 만들어내고 있는데, 이는 엄청나게 크고 새로운 기회들을 열어가고 있다. 진입장벽 비용이 낮은 이러한 기회로는 많은 앱을 가진 새로운 아이폰뿐만 아니라 웹2.0 컨설팅, 블로그, 온라인 비디오, 모바일 앱 및 와이파이 앱(Wi-Fi app) 등이 포함된다. 또한 조직들은 지속적으로 변하는 자사 고객에 대한 최신의 관련 정보를 필요로 하기 때문에, 온라인 활동에서 편익을 얻는 B2B 고객들도 있을 수 있다.

아이디어의 평가

국내 벤처와 국제 벤처를 성공적으로 설립할 수 있는 열쇠는 대규모 시장이 가진 욕구를 만족시키는 문제들을 해결하거나, 또는 제품에 폭넓은 가치를 추가하여, 그 결과로 틈새 전략에서의 이익률을 신장시키는 아이디어를 개발하는 것이다. 3장에서 개발된 창의성과 아이디어에 따른 결과로 고객의 시장 욕구를 충족시켜 준다는 측면이나, 또는 어떤 사내창업가가 말한 것처럼 "고객이 이익을 좀 더 얻게 하는 것"으로서 생각해야 한다.

이익이 될 만한 것은 제품/서비스에 대한 아이디어별로 다르고, 특히 아이디어가 B2B 시장 아니면 B2C 시장에 속하느냐에 따라 달라진다. 아이디어의 독특함, 경쟁우위 및 시장의 규모/특성들은 기회분석(측정)의 개발을 통해 결정된다.

기회분석 계획서를 개발하면 보통 기회분석이 가장 잘 이루어질 수 있다. 기회분석 계획서는 사업계획서가 아니다. 사업계획서와 비교해볼 때, 기회분석 계획서는 아래와 같아야 한다.

- 간략해야 한다.
- 기업이 아니라 기회에 집중해야 한다.
- 재무계획, 마케팅계획 혹은 조직계획이 포함되어 있지 않다.
- 기회에 대해 행동을 취할지 아니면 다른 더 좋은 기회가 나타날 때까지 기다릴지에 대한 의사결정의 근간이 되어야 한다.

기회분석 계획서는 2개의 주요 부분과 2개의 기타 부분, 총 4개의 부분으로 이루어져 있다. 첫 번째 주요 부분은 제품/서비스 아이디어를 개발하고, 경쟁 제품과 서비스를 분석하며, 독특한 판매제안(USP: unique selling proposition)이라는 측면에서 아이디어의 차별성을 파악하는 것이다. 이 부분에는 다음과 같은 것들이 포함된다.

- 해당 제품/서비스에 대한 시장의 욕구.

- 해당 제품/서비스에 대한 서술.
- 해당 제품/서비스의 구체적인 측면(가능한 세세하게).
- 이미 시장에서 이러한 욕구나 특징들을 충족시켜 주는 경쟁 제품.
- 이러한 제품들을 현재 시장에서 제공하고 있는 기업.
- 경쟁의 관점에서 새로운 제품/서비스의 독특한 판매제안(USP).

경쟁과 시장 크기의 판단을 위한 일부 자료원은 9장의 “사업계획서 작성”에서도 사용 가능하다.

기회분석 계획서의 두 번째 부분은 시장(크기, 트렌드, 특성 및 성장률)에 초점을 맞춘다. 여기에는 다음과 같은 사항들이 포함된다.

- 충족시켜야 할 시장의 욕구.
- 이러한 시장 욕구의 저변에 깔려 있는 사회적 조건.
- 이러한 시장의 욕구를 보여주는 모든 이용 가능한 시장 조사 자료.
- 국내시장과 국제시장의 크기와 특성.
- 시장 성장률.

세 번째 부분은 스킬과 경험이라는 측면에서 사내창업가와 경영진에 초점을 맞춘다. 여기에는 아래와 같은 질문들에 대한 해답이 담겨 있어야 한다.

- 이 기회가 왜 나를 흥분시키는가? 사업이 어려워지더라도 계속해서 나를 정진하게 하는 것은 무엇인가?
- 이 제품/서비스 아이디어가 나의 경험과 배경에 어떻게 적합한가?
- 나는 투입자본으로서 제공할 수 있는 어떠한 사업상의 스킬을 보유하고 있는가?
- 어떠한 사업상 스킬이 필요한가?
- 이러한 필요 스킬들을 어디에서 찾을 수 있는가?

기회분석 계획서의 마지막 부분은 성공적으로 벤처를 출범시키고, 아이디어를 생존 가능한 사업주체로 만드는 데 필요한 단계들을 표시해주는 일정표(timeline)를 만드는 것이다. 이 부분에서는 다음 사항들에 초점을 맞춘다.

- 각 단계를 인식한다.
- 활동들의 순서를 정하고, 중요 단계들을 예상 순서대로 연이어 배열한다.
- 각 단계별 필요 시간과 금액을 결정한다.
- 필요한 총 시간과 총 금액을 결정한다.
- 현재 필요 자금이 없다면 이를 조달할 수 있는 원천을 파악한다.

제품 계획과 개발 프로세스

일단 아이디어들이 떠오르고 기회분석 계획서를 통하여 분석이 되었다면, 추가적인 개발과 개선 프로세스가 필요하다. 이러한 제품 계획과 개발 프로세스의 개선 과정은 5개의 주요한 단계들로 구분된다. 아이디어 단계, 개념 단계, 제품개발 단계, 마케팅 테스트 단계 그리고 상용화 단계이다. 이러한 단계들은 제품수명주기(product life cycle)의 시작 부분이 된다(그림 4.1 참조).

평가 기준의 수립

제품계획과 개발 프로세스의 각 단계에서 제품과 프로세스의 평가를 위한 기준을 수립할 필요가 있다. 시장 기회, 경쟁, 마케팅 시스템 및 재무와 생산요소들 측면에서 새로운 아이디어를 평가하도록 기준이 수립되어야 한다.

[그림 4.1] 제품 계획과 개발 프로세스

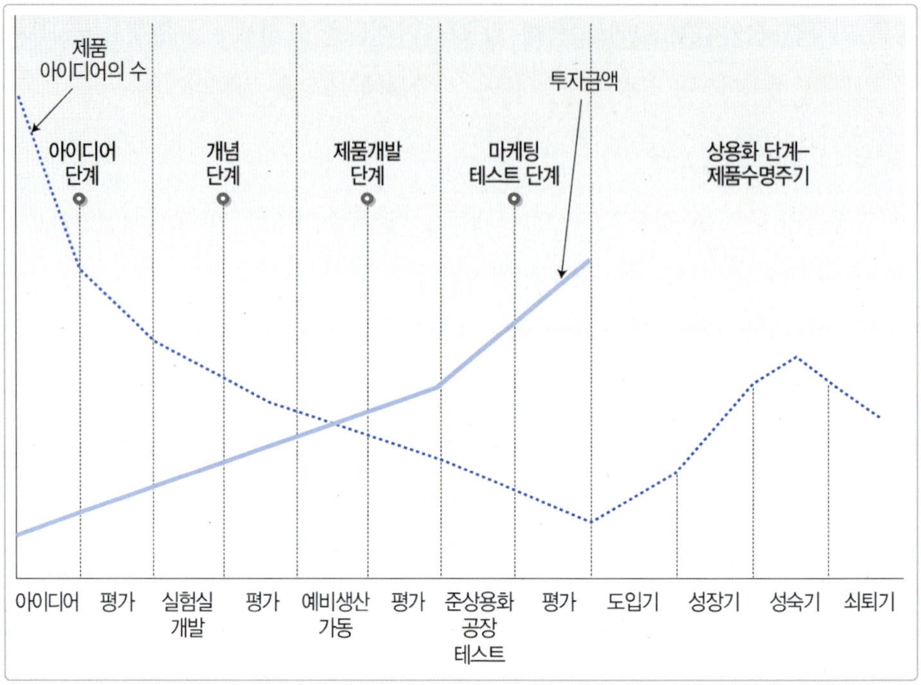

시장 기회는 제품 아이디어에 대한 현재 혹은 새로운 욕구의 형태로 존재한다. 시장 수요의 결정은 신제품 아이디어 제안에서 매우 중요한 기준이다. 시장 기회와 크기의 평가에는 다음과 같은 사항들을 고려해야 한다.

- 제품을 구매하는 소비자나 산업의 특성과 태도.
- 금액과 수량으로 측정된 이러한 잠재 시장의 크기.
- 제품수명주기에서 각 단계별 시장의 성격(성장시장 또는 쇠퇴기 시장).
- 해당 제품이 차지하는 합리적인 시장 점유율.

현재 경쟁중인 생산자, 가격 및 마케팅 노력들 또한 평가되어야 한다. 새로운 아이디어는 현재와 미래의 예상 가능한 경쟁에 맞설 수 있거나 극복할 수 있는 기능들을 보유함으로써 시장에 이미 존재하는 제품/서비스와 성공적으로 경쟁할 수 있어야 한다. 새로운 아이디어는 동일한 시장에서 동일한 고객의 욕구를 충족시켜 주는 모든 경쟁 제품 또는 서비스에 대한 평가에 기초하여 독특한 차별화 우위를 상당히 가지고 있어야 한다.

새로운 아이디어는 기업이 보유한 기존의 역량 및 마케팅 전략과 시너지(synergy)가 있어야 한다. 기업은 이러한 신제품 활동에서의 마케팅 경험과 기타 전문성을 사용할 수 있어야 한다. 예를 들어, 제너럴 일렉트릭(General Electric)은 프록트 앤드 겜블(Proctor & Gamble)보다 훨씬 더 쉽게 새로운 조명장치를 자사의 제품 범주에 추가할 수 있다. 적합도를 평가하는 데에는 몇 가지 요인들을 고려해야만 한다. 현재 영업조직의 능력(ability)과 시간이 신제품으로 전환될 수 있는 정도, 기업의 기존 유통경로를 통해 신제품을 판매할 수 있는 능력의 정도 그리고 신제품의 도입에 필요한 광고와 홍보를 기존의 광고/홍보에 "편승(piggyback)"시킬 수 있는 능력의 정도를 고려해야 한다.

제안된 제품/서비스 아이디어들은 합리적인 시간 내에 기업의 재무적 건전성에 의해 지원을 받을 수 있어야 하고, 또한 기여를 할 수 있어야 한다. 단위당 생산원가, 마케팅 비용 및 자본금은 제품의 손익분기점과 장기적인 수익 전망치와 함께 결정되어야 한다. 경영진은 또한 기존의 공장, 기계 및 인력에 대한 신제품 생산요구조건의 능력을 평가해야 한다. 신제품 아이디어가 기존 생산 프로세스에 통합될 수 없다면, 공장이나 기계에 드는 초기 투자비가 좀 더 많이 발생하게 되며, 이러한 투자비는 잠재적인 장기적 이익으로 고려해야 한다. 이러한 전반적인 평가는 각 단계의 마지막에 진행을 할지, 하지 말지에 대한 결정으로 이어진다.

아이디어 단계

아이디어 단계에서는 미래가 밝은 새로운 제품/서비스 아이디어가 식별되고 비현실적인 아이디어들은 제거되어야 한다. 이를 통해 기업의 자원을 최대한 활용할 수 있다. 이 단계에서 성공적으로 활용되는 기법 중 하나는 체계적 시장평가 검사 항목인데, 이를 통해 아이디어의 주요 가치, 장점 및 편익의 측면에서 각각의 새로운 아이디어가 표현된다. 새로운 제품/서비스 대안을 추구할지, 폐기할지를 결정하기 위해 다수의 새로운 제품/서비스의 가치들을 소비자에게 제시한다. 왜곡된 결과를 피하기 위해서는, 회사가 제공하는 프레젠테이션 때문에 소비자들이 제품 가치에 대해 편향되지 않도록 주의를 기울여야 한다.

기업의 입장에서 새로운 아이디어의 가치뿐만 아니라, 그 아이디어에 대한 욕구를 판단하는 것 또한 중요하다. 새로운 아이디어에 대한 욕구가 없다면, 또는 그 아이디어가 회사에게 어떠한 가치나 이익도 없다면, 그러한 제품/서비스에 대한 새로운 아이디어를 개발해서는 안 된다. 새로운 아이디어에 대한 욕구를 정확하게 판단하기 위해서, 타이밍, 만족, 대안, 편익과 위험, 미래에 대한 전망, 가성비 특성, 시장의 구조와 크기 그리고 경제적 조건들의 측면에서 시장의 잠재적 욕구를 정의하는 것이 도움이 된다. 이런 욕구 판단 과정에서 도움을 주는 서식이 표 4.1에 제시되어 있다. 이 표의 요인들은 잠재적 신제품/서비스의 특성뿐만 아니라 새로운 제품 혹은 서비스의 경쟁 측면에서 평가가 이루어져야 한다.

새로운 제품/서비스가 기업에게 주는 가치를 결정하기 위해서는, 현금유출, 현금유입, 이익기여도, 투자수익률과 같은 재무적 일정(financial scheduling)을 투자대안 측면뿐만 아니라 다른 제품/서비스 아이디어 측면에서도 평가할 필요가 있다. 표 4.2를 사용하여 새로운 아이디어에 필수적인 각각의 고려사항들에 대한 금액을 가능한 정확하게 결정하고, 당연히 아이디어가 발전됨에 따라 이 금액에 대한 수정이 이루어져야 한다.

개념 단계

새로운 제품/서비스 아이디어가 아이디어 단계에서 평가를 통과한 후에, 해당 아이디어를 소비자와의 상호작용을 통해서 더 발전시키고 개선해야 한다. 이러한 제품 혹은 서비스 개념 단계에서는, 소비자 수용(consumer acceptance)을 판단하기 위해 개선된 아이디어를 테스트해야 한다. 잠재 고객이나 유통경로상의 구성원들로부터 제품/서비스 개념에 대한 초기 반응을 모으는 것이 적절하다. 소비자 수용을 측정하는 방법 중 하나는 구두로 인터뷰를 하는 것인데, 여기서 선발된 참여자

[표 4.1] 새로운 제품/서비스 아이디어에 대한 욕구의 판단

아이디어 요인	고려할 측면	경쟁 역량	신제품 역량
욕구의 유형 지속적 욕구 감퇴하는 욕구 부상하는 욕구 미래 욕구			
욕구의 타이밍 욕구의 지속기간 욕구의 빈도 수요 주기 수명주기상의 위치			
욕구를 충족하기 위한 경쟁 방식 경쟁 방식 없이 견디기 현재의 경쟁 방식을 사용 현재의 경쟁 방식을 개조			
지각된 편익/위험 소비자 효용 매력적인 특성 소비자 기호와 선호 구매동기 소비습관			
가성비 특징 가격 대비 수량 수요탄력성 가격 안정성 시장 안정성			
시장크기와 잠재력 시장 성장 시장 트렌드 시장 개발에 필요한 사항 시장 위협			
사용 가능한 고객의 자금 일반적인 경제 조건 경제적 트렌드 소비자 소득 금융 기회			

출처: Robert D. Hisrich and Michael P. Peters, *Marketing Decisions for New and Mature Products,* 2nd edition, Upper Saddle River, NJ: Pearson Education, Inc., 1991, 186. Reprinted by permission.

들은 해당 제품/서비스 아이디어의 물리적 특성과 속성을 반영한 기술서를 검토하게 된다. 또한 이 기술서는 주요한 특징들을 경쟁자와 비교할 수 있게 해준다. 검토 중인 제품/아이디어 개념과 주요 경쟁적인 제품/아이디어 개념들 모두를 대상으로 특징, 가격 및 홍보의 측면에서 평가가 이루어진다. 소비자 반응을 분석함으로써 비선호되는 제품 특징과 선호되는 특징 모두를 발견할 수 있다. 이러한 과정을 통하여 선호되는 특징들을 새로운 제품/서비스에 포함시킨다.

제품개발 단계

제품개발 단계에서는, 물리적 제품/서비스와 연관되어 소비자 반응이 결정된다. 이 단계에서 자주 사용되는 기법은 일단의 잠재 고객들에게 샘플을 제공하는 소비자 패널(consumer panel)이다. 참가자들은 제품에 대한 자신의 사용 후기를 기록하고 좋은 점과 부족한 점에 대해 의견을 제시한다. 이러한 기법은 제품 아이디어에 좀 더 적합하지만, 일부 서비스 아이디어에도 사용 가능하다.

또한 잠재 고객 패널들에게 제품 샘플과 좀 더 경쟁적인 제품의 샘플 모두를 동시에 줄 수도 있다. 이 경우, 소비자 선호를 발견하기 위해서 여러 브랜드의 비교, 위험 분석, 재구매 수준 또는 선호 강도 분석과 같은 몇 가지 방법들 중 하나를 사용할 수 있다.

마케팅 테스트 단계

제품개발 단계의 결과에 따라 최종 마케팅계획의 기반이 만들어지지만, 성공적인 상용화의 확실성을 높이기 위해서 시장성 테스트(market test)가 이루어질 수 있다. 평가 과정에서 마지막 단계인 이러한 마케팅 테스트는 소비자의 수용도를 나타내 주는 실제 판매 결과를 제공해준다. 긍정적인 테스트 결과를 가지고 성공적인 제품 출시와 회사 설립의 가능성 정도를 알 수 있다.

외국시장의 선택

국제시장을 고려하는 경우, 중요한 이슈 중 하나는 정확한 시장 선택이다. 몇 가지 시장 선택 모형이 있지만, 효과적인 기법 하나는 5단계 접근 방식을 사용한다. (1) 적절한 지표의 개발, (2) 자료의 수집과 비교 가능한 지표로의 변환, (3) 각 지표에 대한 적절한 가중치 부여, (4) 자료 분석, (5) 시장 순위에 따른 적절한 시장의 선택의 5단계이다.

[표 4.2] 새로운 제품/서비스의 가치 결정

고려해야 할 가치	비용
현금유출 연구·개발 비용 마케팅 비용 자본설비 비용 기타 비용	
현금유입 신제품 매출 기존 제품의 추가적 매출 효과 잔존가액	
순현금흐름 최대 위험노출(maximum exposure) 최대 위험노출 시간(time to maximum exposure) 위험노출 기간(duration of exposure) 총투자(total investment) 단일 연도 최대 순현금(maximum net cash in a single year)	
이익 신제품에서 발생한 이익 기존 제품의 추가적 매출에 영향을 미치는 이익 기업의 총이익에서 차지하는 비율	

고려해야 할 가치	비용
상대적 수익률	
자기자본이익률(ROE)	
투자수익률(ROI)	
자본비용	
현재가치(PV)	
할인된 현금흐름(DCF)	
자산수익률(ROA)	
매출수익률(ROS)	
다른 투자대상과의 비교	
다른 제품 기회와의 비교	
다른 투자 기회와의 비교	

출처: Robert D. Hisrich and Michael P. Peters, *Marketing Decisions for New and Mature Products*, 2nd edition, Upper Saddle River, NJ: Pearson Education, Inc., 1991, 196. Reprinted by permission.

1단계에서는 과거의 거래실적, 경쟁 조사, 관련 경험 및 경영진 간의 논의에 기반을 둔 적절한 지표를 개발할 필요가 있다. 3가지 일반적인 영역에서 기업의 구체적인 지표를 개발할 필요가 있다. 전반적인 시장 지표, 시장 성장 지표 및 제품 지표가 그것들이다. 시장규모 지표는 일반적으로 인구, 1인당 소득, 특정 제품의 시장, B2C 제품 시장, 기업 유형과 유형별 매출을 위한 시장, 특정 B2B 제품의 이익에 중점을 둔다. 시장 성장 측면에서 벤처의 특정 시장의 성장률뿐만 아니라 전반적인 국가 성장(GDP, 국내총생산)도 염두에 두어야 한다.

2단계에서는 이러한 각각의 지표들을 위한 자료 수집과 적절한 비교를 위하여 자료의 변환이 이루어진다. 이 단계에서 조직은 1차 자료(특정한 필요에 의해 수집된 원천 정보)와 2차 자료(기존 간행물에서 채집한 정보) 모두를 수집할 필요가 있다. 일반적으로, 1차 조사를 통해 어떠한 정보를 추가적으로 입수할지 파악하기 위해 2차 자료를 먼저 수집한다. 국제적으로 2차 자료를 수집하는 경우, 각 국가의 경제 개발 단계에 따라 달라지는 몇 가지 문제들이 존재할 수 있다.

이러한 문제들로는 (1) 비교 가능성(한 국가에서 수집된 자료가 다른 국가에서 수집된 자료와 동일하지 않은 경우), (2) 이용 가능성(일반적으로 경제개발 단계가 반영되면, 어떤 국가는 다른 국가에 비해 더 많은 국가 자료를 보유), (3) 정확도와 신뢰성(어떤 경우에는 자료들이 엄격한 기준에 따라 작성되지 못한 경우도 있고, 심지어는 해당 국가의 정부 이해관계에 따라 편향될 수도 있음), (4) 비용(미국의 경우, 정보공개법[Freedom of Information Act]에 의해 국가안전이나 국방과 관련 없는, 미국 정부가 수집한 모든 정보는 모든 사람들이 무료로 이용 가능하다. 그러나 이러한 정보 중 일정 부분은 대부분의 다른 나라에서는 비용을 지불해야만 이용 가능하다).

에이치비 어소시에이츠(HB Associates)란 한 기업은 모스크바(Moscow)에 최초의 서구식 헬스클럽을 개장하는 데 관심이 있었다. 이 회사는 2종류의 요금을 계획했었다. 외국인에게는 좀 더 비싼 경화(hard currency)로 결제시키는 요금인데, 러시아 및 과거 소련연방의 국민에게는 좀 더 저렴한 루블화로 결제시키는 요금이다. 이 회사는 최적의 입지를 결정하기 위해 외국인들이 가장 많이 사는 도시지역을 찾아내는 것이 중요했다. 상당한 어려움을 겪으면서 검색한 결과, 과거 KGB(구소련의 정보기관)로부터 필요한 자료를 수집할 수 있었다.

외국시장을 조사하는 경우, 조직은 일반적으로 인구, 국내총생산, 1인당 소득, 물가상승률, 문맹률, 실업률 및 교육 수준과 같은 경제 자료와 인구통계학적 자료를 원한다. 정부기구, 웹사이트, 대사관 그리고 정부 간 연합체 등이 이런 많은 외국 정보의 원천들이다. 예를 들어, 아프리카 대륙은 기업 환경 측면에서 알려진 것이 많지 않고, 서구 세계에게는 익숙지 않은 환경이기에 위험한 투자처로 자주 인식되었다. 그러나 아프리카연합(AU, African Union), 동아프리카연합(EAC, East African Union), 남아프리카개발공동체(SADC, Southern African Development Community) 및 서아프리카경제공동체(ECOWAS, Economic Community of West African States)와 같은 정부 간 조직과 연합체들은 기업 활동을 좀 더 용이하게 하고, 아프리카의 외국인 투자 유치를 활발하게 하기 위해 점차적으로 관련 정보를 축적하는 중이다. 이러한 정보들 대부분은 웹사이트와 뉴스 기사를 통해 쉽게 접근이 가능하다.

일반적인 자료원 중 중요한 하나는 미 상무부(U.S. Department of Commerce)

가 운영하는 국가 무역 자료 은행(National Trade Data Bank)이다. 여기서는 정기적으로 국가별 보고서(Country Reports), 국가별 분석 요약(Country Analysis Briefs), 국가별 상무지침(Country Commercial Guides), 식품시장보고서(Food Market Reports), 국제 검토보고서(International Reports and Reviews), 국무부 배경 노트(Department of State Background Notes) 그리고 수출입 보고서(Import/Export Reports)와 같은 아주 많은 국제보고서를 공개한다.

관련된 자료의 기타 원천으로는 각국 대사관 무역협회가 있다. 무역협회는 국내 자료와 국제 자료의 훌륭한 자료원이지만, 가끔은 각국의 경제 관련 산업담당 공무원이나 국내·외 대사관의 경제 관련 담당관들을 직접 접촉하면 더 많은 정보를 얻을 수 있다.

수집된 자료는 각각의 선별된 지표가 포인트 점수화되도록 변환을 시킬 필요가 있다. 이렇게 함으로써, 각국의 개별 지표는 다른 나라에 대해 산술적으로 순위가 매겨질 수 있다. 중요한 것은 동일한 것과 비교하기 위해 자료를 표준화하는 것이다. 이러한 목적을 달성하기 위해 다양한 방식들이 사용되는데, 각각의 방식에는 글로벌 창업가에 의한 판단이 일부 포함된다. 또 다른 방식은 각각의 지표에 대한 국가자료를 글로벌 표준과 비교하는 것이다.

3단계는 지표에 대한 가중치를 부여하는 것이다. 병원용 침대를 생산하는 한 기업의 경우, 병원의 수와 유형, 병원과 그에 따른 침대의 연식 그리고 해당 국가의 의료분야와 사회보건시스템(socialized health system)에 대한 해당 정부의 지출 규모 등이 외국 시장을 선택하는 데 가장 적정한 국가 지표들이라고 할 수 있다. 이러한 과정에는 지표 간의 상대적 중요성이 반영된 가중 지표가 따라온다.

4단계는 결과 분석이 포함된다. 자료를 살펴볼 때, 실수를 하거나 간과하기 쉽기 때문에 결과에 대해 심사숙고하고 의문을 제기해야 한다. 또한, 가중치를 변경하거나 결과의 분산을 측정해봄으로써 "만약 ~이면(What if)"이라는 가정하의 분석이 실행되어야 한다.

마지막 5단계는 외국시장의 선택이다. 조직이 시장 계획을 개발하기 위해서는 후속시장에 대한 옵션뿐만 아니라 목표 시장을 위한 알맞은 진입 전략을 선택하는 것이 중요하다. 창업자이자 CEO인 스테판 맥켄지(Stephen McKenzie)에 따르면 중국, 독일, 인도 및 아일랜드는 화상회의 공급업자인 아이씨유 글로벌(ICU Global)의 목표 국가들이다. 이 회사는 영국에서 현재 6명을 고용하며 2012년에 약 3백만 파운드의 이익을 거두었다. 맥켄지에 따르면 기업규모가 작음에도 불구하고 문제가 되고 있는 국가들을 선택한 이유는, 이들 국가들이 ICU Global에 가장 큰 기회를 제공하기 때문이다. 그는 "독일에 근거지를 만드는 것이 좋은 이유는 나머지 유럽시장에 진출하기 용이하기 때문이다"라고 말했다.

기업 내부지표

몇 가지 기업 내부지표들은 외국시장 지표를 개발하는 데 사용할 수 있다. 이러한 내부 지표들로는 경쟁 정보, 다른 글로벌 사내창업가의 친구, 과거의 영업단서나 판매 경험에서 나온 정보 그리고 무역전시회 관련 정보 등이 포함된다. 잠재력이 큰 외국시장 관련 강력한 지표는 때로는 해당 기업의 경쟁자들이 진입한 시장들이다.

외국시장에 대한 지표를 만들기 위해 필요한 기타 효과적인 내부 방식은 경쟁관계에 있지 않은 글로벌 기업들과 다양한 시장에 대해 논의하는 것이다. 비경쟁관계에 있는 기업들이 외국에서 있었던 시간과 경험은 아주 우수한 내부 지식을 공급해줄 수 있고 심지어는 멘토링 관계를 구축할 수도 있다. 이러한 관계를 더 확장하고 양자가 편익을 받으려면, 자신의 전문 영역을 현재 또는 미래의 멘토 기업에 제공하는 것을 주저하면 안 된다.

시장 지표를 개발하기 위한 세 번째 원천은 자사의 과거 거래와 영업 단서이다. 국내에서 영업하지만, 해외 시장에서 나온 영업 단서와 실제 거래 기록은 외국시장의 잠재성에 대한 가장 훌륭한 지표이다. 외국에 대한 실제 거래 기록은 또 다른 중요한 사항이다. 왜냐하면 최소한 그 해외 국가에서 하나의 고객에게는 자사의 제품이 경쟁력이 있다는 것을 의미하기 때문이다.

외국시장 지표를 개발하기 위한 마지막 원천은 국내·외 무역전시회의 영업 단서이다. 무역전시회는 대부분의 모든 산업과 전 세계 모든 국가에서 개최된다. 컴퓨터 산업의 무역 전시회 중 일부에는 Computer Assisted Radiology and Surgery Trade Show, Vietnam Computer Electronics World Expo 그리고 WSEAS International Conference on Computers가 포함된다. 선물용품, 게임 및 취미용품 분야의 전시회로는 Babytime, Sibtoy, South of England Postcard Fairs, D&K Craft Fairs, Malaysia International Gift and Premium Fair, Kuwait International Trade Fair 그리고 Bucklers Craft Fair 등이 있다. 50개 이상의 산업 분야의 무역 전시회와 박람회를 Trade Show News Network 웹사이트(www.TSTN.com)에서 찾아 볼 수 있다. 여기에는 농업, 원예업 및 영농 분야부터 산업용과 제조업, 여행업과 관광호텔 및 리조트 산업까지 다양한 전시회 정보들이 있다. 이러한 무역전시회들은 보통 기업들과 구매자들에게 특정 제품 영역에 관한 중요한 정보를 공급해주고, 경쟁 정보와 더불어 다양한 국가에서 시장 잠재력을 판단하는 데 사용되는 시장 정보를 모을 수 있는 큰 기회를 제공한다.

기업혁신 아이디어 전략

아래에는 몇 개 기업들이 사용한 혁신 전략들이 제시되어 있다.[2]

사우스웨스트 에어라인(Southwest Airlines)

혁신적 아이디어의 인식은 종종 내부적으로 발생하는데, 사우스웨스트는 일단의 직원들을 선발하여 이 사람들로 하여금 매주 10시간씩 모여서 브레인스토밍을 하게 조치하였다. 이 프로젝트의 의도는 사우스웨스트의 항공기 운용에 끼치는 영향이라는 측면에서 실현 가능한 가장 중요한 변화들을 뽑아내는 것이었다. 이 브레인스토밍 모임은 6개월간 지속되었고, 구성원들이 정비, 운항관리, 지상 근무 및 기내승무원이 포함된 다양한 부서에서 선발되었기에 이 모임은 기능별로 다양했다. 그 결과 109개의 아이디어 목록을 작성해서 고위 경영진에게 제공할 수 있었다. 제시된 아이디어 중, 3가지가 항공기 운용측면에서 중요한 큰 변화를 가져왔는데, 여기에는 기계적 문제가 발생했을 경우 비행기를 교체하는 "swap" 과정의 간소화에 도움을 준 아이디어가 포함되어 있다.

노키아(Nokia)

다수의 첨단기업들은 혁신 전략을 촉진하기 위하여 특허에 의존한다. 직원들이 보유한 특허 수를 늘이기 위해, 노키아는 클럽10이라는 10개의 특허를 획득하는 순간 가입이 되는 전용 클럽을 만들어 자사의 기술자들을 동기부여시켰다. 매년 이 클럽에 소속되는 사람들에게 공개적으로 영예를 부여하는 공식적인 시상식을 통해 이 클럽의 명성이 올라갔다.

3M

창업가적 분위기를 더욱 촉진하기 위하여, 3M은 자사의 제너시스 그랜트(Genesis Grant)를 외부 프로젝트에서 일을 하고 싶은 선발된 연구자들에게 수여한다. 대략 60여 명의 과학자와 기술자들이 매년 이 지원금에 신청을 하고, 20여 명의 선임 과학자들이 이 응모자들을 검토한다. 12명에서 20명의 사람들이 5만 달러에서 10만 달러에 이르는 금전적 보상을 받는다. 이 자금은 추가적인 지원 인력을 고용하거나 보급품을 구입하는 데 주로 사용된다.

스타벅스(Starbucks)

일반적으로 고위 임원들은 자사의 사업을 가능하게 해주는 최종 소비자들을 매일 직접적으로 만날 일이 없다. 이러한 트렌드를 알고 있는 스타벅스는 고객의 트렌드와 통찰력을 고위 임원들과 소통하기 위해 바리스타에 의존한다. 심지어 스타벅스는 시행 중인 프로세스, 바리스타의 관점 및 고객의 욕구를 이해하기 위해 특정 고위 임원이 바리스타로서 며칠간 일할 것을 요구한다. 추가적으로, 스타벅스는 또한 개발 부서가 다른 시설들을 방문하도록 현장체험을 지원한다. 이 아이디어는 직원들로 하여금 고객과 트렌드에 대한 통찰력을 가지게 하고 영감을 얻어 본사로 돌아오게 하는 것이다. 예를 들어, 한 팀은 지역 문화와 생활 방식에 대해 더 잘 이해하기 위하여 파리, 뒤셀도르프 및 런던으로 여행을 떠났다. 그들은 책을 읽거나 강의를 통해 얻을 수 없는 완전히 다른 인식과 독특한 이해를 가지고 돌아왔다. 또한, 이러한 실천들을 통해 스타벅스가 자사의 직원들에게 기꺼이 투자할 수 있는 금액이 얼마인지, 스타벅스가 얼마나 그들의 의견을 가치 있게 여기는지를 증명하였다.

인포시스 테크놀로지(Infosys Technologies Ltd.)

젊은 세대들과 지속적으로 소통하면, 광범위한 특정 세분시장에 가까이 있으면서도 아주 뛰어난 아이디어가 나올 수도 있다. 자사의 인적 자원들이 가진 모든 장점들을 활용하기 위해서 인포시스의 회장인 나라야나 무르티(N.R. Narayana Murthy)는 고위 임원을 혁신에 직접적으로 포함시키는 젊음의 소리(Voice of Youth)라는 프로그램을 만들었다. 인포시스는 최고의 젊은 직원 9명을 선발하고 그들로 하여금 매년 개최되는 8번의 고위 경영자 위원회에 참여하게 하였다. 이 젊은 직원들은 최고경영진들과 자신의 아이디어를 제시하고 논의할 수 있도록 장려하였기 때문에 자신들의 목소리를 공유할 수 있는 기회를 얻었다.

BMW

거리, 시간대 그리고 전화기를 제거함으로써 의사소통이 단순화될 때 혁신이 향상된다. 이 전략에 따라 BMW는 조직 여기저기서 200명에서 300명의 직원들을 연구·혁신센터(Research and Innovation Center)로 3년에서 5년간 이동시킨다. 이러한 교대근무는 BMW가 새로운 프로젝트를 착수했을 때 일어나는데, 이는 변화를 둘러싼 갈등의 수를 감소시키고, 자동차 모델의 불량 가능성을 줄이고, 효과적 의사소통을 가속화 시킨다.

도요타(Toyota Motor Corporation)

일본 자동차 제조업체인 도요타는 자사의 생산 프로세스를 혁신하고 개선하기 위해 상당한 노력을 기울인다. 도요타는 새롭고 혁신적인 프리우스(Prius)를 출시한 후에 이러한 노력을 더욱더 진전시켰는데, 그 결과 이 회사는 단지 공정 혁신가로서가 아닌 제품의 혁신가로서의 존경을 얻었다. 덧붙여, 도요타는 비용 감소뿐만 아니라 전체 디자인 공정을 개선하기 위해 자사의 공급업자들과 팀을 이루기 시작했다. 도요타는 이러한 접근 방식을 "가치 혁신(Value Innovation)" 전략이라고 이름 지었다.

요약

이번 장에서는 사내창업 기업의 설립에 관한 중요한 구성요소들(기회의 인식, 평가 그리고 선택)에 초점을 맞추었다. 고객, 기존 제품/서비스, 공급사슬시스템, 정부 그리고 연구·개발이 포함된 다양한 아이디어의 원천들이 논의되었다. 4장에서는 또한 아이디어 창출을 위한 몇 가지 기법들(포커스 그룹, 브레인스토밍 그리고 문제목록 분석)을 제시한다.

다음 세기에 기회를 제공해줄 중요한 트렌드 일부를 파악하였다. 여기에는 환경 트렌드, 청정에너지 트렌드, 유기적 지향성 트렌드, 경제적 트렌드, 사회적 트렌드, 건강 트렌드, 웹 트렌드가 포함되어 있다.

기회를 평가하는 기법인 기회분석 계획서를 자세히 기술하였고, 여기에는 필요한 정보들의 원천이 포함되어 있다. 제품계획과 개발 프로세스의 4단계(아이디어 단계, 개념 단계, 제품개발 단계 그리고 마케팅 시험 단계)를 논의한 후, 이번 장은 외국시장 선택과 다양한 몇몇 유명 기업들의 혁신 아이디어 전략들에 대한 서술로 결론을 지었다.

Scenario 4 3M 포스트-잇(Post-it Notes)

여론 조사기관인 갤럽(Gallup Organization)에 따르면, 1998년 기준으로 미국의 직장인들은 하루에 평균 약 11개의 포스트-잇에 적힌 메모를 받는다고 한다. 1970년 중반에 실수로 발명된 제품치고는 놀랄 만한 통계이다. 그러나 좀 더 인상적인 것은 3M이 만들고 장려하는 독특한 사내창업 문화이다.

3M의 연구원인 아트 프라이(Art Fry)는 포스트-잇의 공동 발명으로 명성을 얻었다. 1931년 미국 미네소타(Minnesota)주에서 태어난 그는 시골 교실의 한 칸짜리 학교에서 초등 교육을 받았다. 초창기에 그는 여기서 공학에 대한 관심을 나타냈다. 1950년대 초반, 그는 미네소타 주립대(University of Minnesota)에서 화학공학을 전공하고, 1953년에는 신제품 개발 연구원으로 3M에 채용되었다.

1925년, 그림을 그리거나 도료를 분사할 때 나머지 부분을 보호하는 테이프인 마스킹 테이프(masking tape)의 발명은 3M을 유명 회사로 성장시키고 자리매김하는 데 도움을 주었다. 이러한 새로운 아이디어와 혁신의 상시적인 유입을 확실히 하기 위해, 3M은 설립 초기부터 "혁신 기업들의 7가지 습관(Seven Habits of Highly Innovative Corporations)"이라는 7개의 핵심 축에 초점을 맞추는 독특한 기업문화를 주입해왔다.

첫 번째 축은 금전적 자원을 투자함으로써 혁신에 몰입하는 것과 관련이 있다. 2008년에 3M은 자사 매출의 5.5%에 해당하는 14억 달러를 연구·개발에 지출하였는데, 이 금액은 동종 산업의 평균 연구·개발비보다 더 많은 금액이다. 이 회사의 제너시스 그랜트(Genesis Grant)라는 프로그램은 5만 달러에서 10만 달러 사이의 보조금을 회사 외부에서 프로젝트를 하고 싶어하는 과학자들에게 12개에서 20개 정도 제공한다. 선발된 연구자들은 추가적인 보조 인력을 고용하거나 장비를 구입하는 데 사용한다.

두 번째 축은 기업문화를 활발하게 유지하는 것과 관련이 있다. 3M은 모든 직원들이 조직의 일원이라고 느껴야 한다고 믿는다. 이러한 점을 확실히 하기 위해, 이 회사는 우수한 인력을 고용하고, 회사의 역사를 가르치고, 자신만의 방식으로 자신들의 일을 수행할 수 있는 독립성을 직원들에게 부여하고 그리고 실수를 용납해준다.

세 번째 축에서는, 3M은 자신의 기술적 노하우를 회사 전체 부서에 전파한다. 이 회사는 42개의 서로 다른 기술에서 전문성을 확보하고 있고 그러한 전문성을 전 부서에 걸쳐 소통함으로써 확장시킨다.

네 번째 축은 연구원들 간의 공식적/비공식적 네트워킹을 장려한다. 이러한 네트워킹과 정보 공유는 개별 연구실이 주최하는 각종 회의와 웹캐스트(webcast), 지속적인 세미나 및 모든 3M 직원들이 모두 모이는 연례 심포지엄 등을 통해 촉진된다. 이러한 행사의 목적은 연구자로 하여금 특정한 질문을 위해 누구를 접촉할 것인가 혹은 언제 조언이 필요한가를 알 수 있게 해주는 것이다.

다섯 번째 축은 각각의 개별 직원에 대한 기대치를 설정하고, 이를 뛰어넘는 업무성과에 대해 적절하게 보상하는 것과 관련이 있다. 회사 내에서 직원들은 모든 특별한 사람으로 대우받고 상위 20위 안에 드는 우수한 성과를 거둔 사람들은 자주 포상을 받는다. 여기에는 배우자나 친구 등과 함께 휴가를 보낼 수 있는 포상제도가 포함되어 있다.

여섯 번째 축은 적정한 수익성이 있는 제품들을 만들기 위한 연구·개발 노력을 상시적으로 평가하기 위해 계량화에 초점을 맞추고 있다. 3M은 지난 4년간의 연구 가치를 신제품 개발에서 발생하는 이익과 비교함으로써 연구자금이 반드시 효과적으로 사용되도록 한다.

마지막 일곱 번째 축은 고객에게 초점을 맞추고 있다. 3M 직원들은 기존 제품의 부적합한 부분들과 고객의 충족되지 않은 욕구들을 알아내기 위해 상당한 양의 시간을 고객과 상호작용하는 데 사용한다. 그들은 관찰한 내용과 일치하고 고객의 욕구를 현실로 바꿀 수 있는 제품을 개발하기 위해 연구실로 복귀한다.

최소한 프라이(Fry)의 포스트-잇 발명이라는 측면에서는 3M의 혁신적 성공의 가장 중요한 측면은 아마도 "**부트레거**(bootlegger)" 규칙일 것이다. 3M은 연구원들에게 자신의 근무시간 중 15%를 "자신이 생각하기에 회사에게 도움이 될 만한

> **부트레거**
> 원래 킹 조지3세 치하에서 밀수꾼들에게 붙여진 명칭이다. 국왕의 해안경비대를 속이기 위해 선원들이 자신의 큰 부츠에 귀중품을 가지고 몰래 들어오는 관습에 유래된 말이다. 출처: https://en.wiktionary.org/wiki/dedicate

독특한 아이디어"를 발전시키는 데 사용하도록 허용하였다. 프라이(Fry)는 이러한 시간을 포스트-잇이 가지는 가능성, 기회, 개발 및 촉진을 위한 방안들을 탐색하기 위해 사용하였고, 포스트-잇은 각종 상을 휩쓸었다.

1968년에 3M의 화학자 중 1명인 스펜서 실버(Spencer Silver) 박사는 살짝 붙였다가 위치를 바꿀 수 있는 접착제의 화학식을 개발하였다. **마이크로스피어**(미소구, microsphere)로 인해 접착제와 **기질**(基質) 간의 접촉면 부분이 매우 적기 때문에 이러한 현상이 발생한다. 그러나 그는 이 접착제에 걸맞은 사용처를 찾을 수가 없었고 이 제품은 실패로 여겨졌다. 아트 프라이(Art Fry)는 미네소타(Minnesota)에서 살았고, 거기서 주말이면 교회 성가대에서 활동을 하고 있었다. 그는 찬송가 페이지를 표시하기 위해 책갈피로 사용하던 종잇조각이 찬송가집에서 계속 떨어지는 것이 불만족스러웠다. 그는 만약 찬송가 페이지에 붙일 수 있지만 뗄 때는 그 페이지를 훼손시키지 않는(마치 접착테이프처럼) 종잇조각을 발견할 수 있다면, 자기의 문제에 대한 해결책이 될 수 있을 것이라고 생각했다. 프라이는 실버 박사의 세미나 중 하나를 곰곰이 생각하기 시작했는데, 그는 3M의 개방적 의사소통 정책에서 시작된 이 세미나에 참가했고, 그곳에서 실패한 접착제에 대해 알게 되었다. 다음날, 프라이는 실버 박사의 접착제 샘플을 요청하고 그의 여유시간(bootlegging time)을 자신이 필요로 했던 것을 만드는 데 사용하였다. 끝부분에 약간의 접착제가 붙어 있어 찬송가책을 손상시키지 않고, 붙였다 떼었다 할 수 있는 종잇조각이 바로 그것이었다.

> **마이크로스피어(미소구, microsphere)**
> 직경 0.01~100μ m 가량의 미립자. 그중 직경 1μ m이하인 것을 나노입자, 1μ m 이상인 것을 미소입자라고도 한다.
>
> **기질(基質)**
> 효소의 작용을 받아 화학 반응을 일으키는 물질을 말한다.

프라이가 자신의 발명품이 단지 책갈피 이상의 용도를 가지고 있다는 사실을 깨닫는 데는 그리 오래 걸리지 않았다. 또한, 무언가를 정리하고 의사소통하는 데 이 종잇조각을 사용할 수 있다는 것을 알게 되었다. 초기에 그는 이 발명이 가져다주는 편익을 이해 못한 임원에게 이 제품을 소개하였다. 자신의 아이디어에 대한 흥미를 유발하기 위해, 그는 이 접착 노트에 메모를 남기는 방식으로 그의 상사와 의사소통을 시작했다. 그는 3M의 모든 본사 사무실 직원들에게 나누어 줄 정도로 충분한 생산을 시작하였다. 사람들은 빠르게 이 제품에 중독되었고 계속해서 더 제공받기를 원했다.

직원들의 긍정적 피드백에 고무되어 1997년 3M은 이 접착 노트를 "포스트-잇-노트(Post-it Notes)"라 명명하고 1978년에 아이다호(Idaho)주 보이시(Boise)에서 테스트 판매를 시작하였다. 시장에서의 테스트는 대성공이었다. 포스트-잇을 사용해본 사람 중 90%가 재구매 의사를 밝혔다. 추가적인 실험 결과로 3M은 1981년에 전국적으로 포스트-잇을 출시할 수 있을 정도로 자신감을 얻었고, 1990년에는 캐나다와 유럽으로 진출하였다.

3M은 아트 프라이와 스펜서 실버 박사를 간과하지 않았다. 3M의 기업 가치에 따라, 1980년과 1981년에 걸쳐 포스트-잇 팀 전체는 3M의 최고 영예인 골든 스텝 어워드(Golden Step Award)를 수상하였다. 1986년 아트 프라이는 최고연구책임자(Corporate Research Officer)가 되었고, 3M 칼톤 소사이어티(Carlton Society)와 테크니컬 엑설런스 모임(Circle of Technical Excellence)의 회원이 되었다.

현재 포스트-잇은 8개의 표준형 크기, 25개의 모양 및 60개의 색상으로 100여개국 이상에서 팔리고 있으며, 출시부터 재활용이 가능한 제품이었다. 이 제품은 현재 포스트-잇 플래그(Post-it Flags), 포스트-잇 노트패드(Post-it Note Pads), 포스트-잇 라벨링앤커버업(Post-it Labeling & Cover-up)과 포스트-잇 팝업노트와 전용용기(디스펜서) 등 많은 제품들로 변형되어 출시되고 있다.

출처

www.inventhelp.com/articles-for-inventors-art-fry.asp

www.businessweek.com/innovate/content/may2006/id20060510_682823.htm

www.3m.com

제2편 사내창업의 조직화

조직 내 벤처의 발굴 5장

학습목표

1. 기업이 직원들의 사내창업가정신을 인식하고 개발하는 방법에 대하여 학습한다.
2. 사내창업 프로그램을 개발하는 방법을 학습한다.
3. 사내창업에서 어떠한 보고 시스템을 보유해야 하는지 학습한다.

들어가면서

이번 장의 끝에 제시된 Scenario 5에서와 같이, 사내창업은 위험하고 비용이 많이 드는 기업 자원을 투자하는 것일 수 있다. 그러나 사내창업이 정확하게 정의되고 적용이 된다면, 사내창업은 기업의 가치와 성장 기회를 크게 향상시킬 수 있는 잠재력을 가지고 있다. 아메리칸 익스프레스의 사내창업 성공은 이 회사가 사내벤처활동의 몇 가지 중요한 측면들을 이해하고 있음을 시사한다. 첫째, 조직의 내·외부 모두에서 변화하는 시대에 적응해야 할 필요성, 둘째, 기업의 핵심사업에서 너무 많이 벗어나지 않는 것의 중요성, 셋째, 신생벤처의 발굴 시 신중한 선택 등이다.

아메리칸 익스프레스는 창업가적 문화를 주입하고 재무적 이익을 거두어 성공한 기업의 아주 훌륭한 사례이다. 고객의 소리에 귀를 기울이고, 글로벌하게 확장하고, 회사의 핵심사업에 근접해 있고, 신생벤처를 신중하게 선택하는 것은 사내창업의 성립에 매우 중요한 구성요소이다.

이번 장에서는 새로운 창업가적 활동을 발굴한다는 측면에서 사내창업 프로세스의 3가지 측면을 다루고 있다. 이번 장은 첫 번째로 조직 내의 사내창업에 대한 장벽들에 대해 설명하고 다양한 구조에 대하여 논의한다. 실행 절차에 대한 논의가 이루어진 후, 조직 내 창업가적 분위기에 대한 지표들로 이번 장을 끝맺는다.

사내창업에 대한 조직적 장벽

사내창업을 조직 문화 속에서 성공적으로 시행하고 실천하기 위해서는 극복해야 할 몇 가지 장벽들이 존재한다. 첫 번째는 대규모 조직이 가진 내재적인 일부 특성이다. 창업가적 기업들은 수평적 구조를 가진 1명 또는 3명 정도로 이루어진 신생기업인 반면에, 대규모 조직은 용이한 성장을 위해 일반적으로 광범위한 절차와 보고 시스템들을 가지고 있다. 이러한 절차와 보고 시스템은 변화와 창의성을 억제할 정도로 심하게 강요되지 않는 한 크게 문제가 되지 않는다. 절차와 보고 시스템의 경직성은 자신들의 고유한 입지와 조직 자체의 운영을 창의적으로 생각하게끔 직원들에게 권한을 부여하는 데 장벽이 된다.

두 번째 장벽은 조직이 단기 목표를 달성해야 할 필요성과 관련이 있다. 조직을 성공적으로 운영하는 것에 덧붙여 수익을 내기 위해서는, 사내창업 문화의 시행과 수립에 시간과 내부 자원이 필요하다. 이 책의 저자 중 한 명은, 고위 경영진이 5년의 기간과 사내창업 프로세스를 촉진하기 위해 매년 지출하고자 하는 구체적인 금액을 약속하지 않는 이상, 사내창업 컨설팅 프로젝트를 수주하지 않는다. 장기적 관점은 대부분의 조직에서 필요로 하는 단기 기대치와 결과를 충족시켜 주지 못한다. 매 분기마다 매출과 이익을 보고해야 하는 상장기업들이 사내창업의 장기적 아이디어에 진지하게 투자한다는 것이 얼마나 어려운가 생각해볼 필요가 있다.

사내창업 인재의 부족은 세 번째 장벽이다. 조직이 성장하고 확장됨에 따라, 창업가적 방식보다는 관리적 프로세스를 더 많이 강조한다. 기업이 클수록 그리고 사내창업 요소가 부재한 상태에서 활동한 기간이 길수록, 남아 있는 사내창업가들의 수는 더 적어지고 사내창업가적 사고방식을 주입시키는 것은 더 어렵다.

사내창업 인재를 발굴하기 위해서는 성공적 사내창업가를 이루는 특정한 개인 특성들을 파악하는 것이 중요하다. 아래에 요약해 놓은 바와 같이, 여기에는 환경의 이해, 비전과 유연성의 확보, 경영 옵션의 창출, 팀워크의 증진, 공개적인 토론에 대한 지원, 일단의 지원자들의 규합 그리고 끈기와 같은 특성을 포함된다.

사내창업가적 리더십 특성

- 환경의 이해.
- 비전과 유연성의 확보.
- 경영 옵션의 창출.
- 팀워크의 증진.
- 개방적 토론에 대한지지.
- 사내창업을 지지하는 사람들의 규합.
- 끈기.

사내창업가는 현재와 미래의 환경 측면을 이해할 필요가 있다. 이러한 능력의 일부는 개인의 창의성 수준에 반영되어 있고, 일반적으로 이러한 창의성의 수준은 대부분의 사람들의 경우 나이가 들거나 교육을 많이 받을수록 감소한다. 사내창업 벤처를 성공적으로 설립하기 위해서는 반드시 기업의 내적·외적 측면을 폭넓게 이해하면서 창의적이어야 한다.

성공적인 신규 사내창업벤처를 세우고자 하는 사람은 또한 비전을 가진 리더(leader)여야만 하는데, 큰 꿈을 꾸는 사람을 의미한다. 리더십에 대한 다양한 정의들이 존재함에도 불구하고, 사내창업에서 필요로 하는 것을 정확하게 묘사하는 말은 "리더는 정원사와 같다(A leader is like a gardner)." 누군가 토마토를 원한다면, 그는 비옥한 땅에 씨를 뿌리고 부드러운 손길로 조심스럽게 물을 주어야 한다. 토마토는 제조할 수는 있는 것이 아니라 길러내는 것이다. 또 다른 훌륭한 정의는 "리더십은 위대한 일들을 꿈꾸는 능력이고, 사람들이 꿈의 일부분이 된다는 것에 대하여 yes라고 답하는 방식으로 위대한 일들을 알리는 것이다." 마르틴 루터 킹 주니어(Martin Luther King Jr.)는 "나는 꿈이 있어요(I have a dream)"이라는 연설에서 비전을 가진 리더에 의해 살아난 꿈들이 압도적인 장애물에도 불구하고 수천 명의 사람들을 따르도록 고무시킨다는 것을 보여줬다. 성공적인 신생벤처를 설립하기 위해서, 사내창업 리더는 장애물들을 극복하고 추종자들을 계속해서 고무시킬 수 있는 정도의 강력하고 명확한 꿈을 제시해야 한다.

세 번째로 필요한 특성으로 사내창업가는 유연해야만 하고 경영 옵션들을 만들어내야 한다. 사내창업가는 "일에 전념(mind the store)"하기보다는 오히려 변화에 개방적이고, 심지어 변화를 장려해야 한다. 사내창업가는 조직의 믿음과 가정(assumption)에 대한 도전을 통해, 조직 구조 내에서 무엇인가 새로운 것을 창조하기 위한 기회를 가진다. 이러한 열망은 변화와 함께 찾아오는 불확실성에 맞서는 긍정적 태도와 결부되면 특히 효과적이다. 따라서 사내창업가는 문제에만 집중하는 것이 아니라, 변화를 새로운 기회와 성장의 기회로서 바라본다.

사내창업가에게는 네 번째 특성이 필요한데, 이는 학제 간 접근 방식으로 팀워크를 장려하는 것이다. 이는 기존 조직 구조에서 운영되고 있고 대부분의 경영대학원에서 가르치는 조직 관행에서 벗어나는 것이다. 신생벤처를 설립하기 위해, 다양한 스킬들을 하나로 모은다는 것은 기존의 부서별 구조와 보고 시스템을 서로 교차시키는 것이 필요함을 의미한다. 사내창업가는 혼란을 최소화하기 위해 훌륭한 외교관이 될 필요가 있다. 세타 테크놀로지(Xeta Technology Inc.)는 성공적인 벤처를 출범시켰는데, 그럴 수 있었던 가장 큰 이유는 사내창업가로 하여금 영업 관리자가 시장의 반응을 바탕으로 정리한 기술 변화 관련 지혜를 엔지지어가 공유할 수 있도록 하였기 때문이다.

무언가 새로운 것을 만들기 위한 효과적인 팀을 개발하기 위해서는 개방적 토론을 장려할 필요가 있다. 다수의 기업 관리자들은 교육과정의 일부로서 솔직하고 개방적인 토론과 의견 충돌에 대하여 망각하고 있었다. 대신, 그들은 보호주의적 장벽을 구축하고 기업이라는 왕국에서 자신들을 스스로 격리시켜 왔다. 최선의 해법에 도달하기 위해서는 참여하는 팀이 특정 아이디어에 대해 동의하지 않고 비판할 수 있는 자유를 느끼게 해야만 성공적인 신규 사내창업벤처를 설립할 수 있다. 팀 구성원 간의 개방성 수준은 사내창업 리더가 가진 개방성의 수준에 달려있다.

개방성은 또한 강력한 지원자와 격려자로 구성된 연합이 이루어지게 한다. 사내창업가는 각각의 팀 구성원들을 격려하고 그들에게 확신을 줄 필요가 있는데, 어려운 시기에는 특히 그러하다. 새로운 창업 벤처를 설립하는 데 회사 생활에서의 일반적인 동기부여 방법과 고용 안정성은 사용될 수 없기 때문에 이러한 격려는 매우 중요해진다. 성공적인 사내창업가는 모든 사람을 영웅으로 만들고, 이는 다시 불확실한 시기에 이러한 지원 시스템에 의존할 수 있게 해준다.

마지막이기는 하나 소홀히 해서는 안 될 것이 바로 끈기이다. 신생 사내창업 벤처를 설립하는 동안 내내 좌절감과 장애가 발생한다. 성공적인 상용화 결과를 만들어낼 수 있는 신규 벤처의 설립은 사내창업가와 관련된 지원부서의 끈기를 통해서만이 가능하다.

조직 내 사내창업에 대한 마지막 주요 장벽은 사내창업가를 위한 적절한 보상 시스템의 부재이다. 이는 2가지 이유 때문에 아마도 가장 극복하기 어려운 장벽일 것이다. 첫째 이유는, 사내창업가의 기대치를 관리할 필요가 있기 때문이다. 조직 내에서 개인이 무언가 새롭고 창의적인 일을 하긴 하지만, "조직 내부"에서 일하고 있다는 점을 이해해야만 한다. 조직은 보통 자원, 전문성, 시장 지식, 기존 고객층 및 기존 유통 시스템에 대해 걱정하는데, 이러한 것들은 일반 창업가가 조직 밖에서 신규벤처를 설립할 때 가지고 있지 않은 자원들이다. 따라서 사내창업가는 대다수의 성공한 일반 창업가들이 받는 높은 수준의 보상을 기대해서는 안 되는데, 그 이유는 사내창업가는 일반 창업가들이 지는 위험(특허, 재무적 위험)과 동일한 수준의 위험을 감수하지 않고, 자신이 속한 기존 조직의 자원들을 추가적으로 활용할 수 있기 때문이다.

두 번째 문제는 실제로 사내창업가를 어떻게 보상해야 하고, 보상 수준과 보상 시스템을 어떻게 균등하게 유지하는지에 대한 것이다. 기대치를 관리하고 동등하게 유지하는데 있어서 사내창업가적 행동과 리더십을 보상하기 위한 여러 창의적인 접근법이 사용될 수 있고, 이 점은 10장에서 논의가 된다. 이러한 방법들은 전용 주차 공간을 제공하는 것에서 "오늘의 혁신가(Innovator of the Day)"와 같은 상을 시상하거나, 분배금을 적립하거나, 현금 절약분의 15%나 연매출의 3%를 적립해주는 시스템까지 다양하다. 조직 내부의 사내창업가들을 위한 대규모의 금전적 성과급 제도를 보유하는 것보다 모든 사내창업가를 중요하게 여기고 일정 부분의 성과급을 확실히 받도록 하는 것이 더 중요하다는 점을 잊으면 안 된다. 일반적으로 자율성은 가치가 있다고 생각하기 때문에, 회사 내에서 개인의 독립성을 더 많이 확보해주는 보상방식도 훌륭한 동기부여 방법이 될 수 있다.

사내창업의 다양한 구조

사내창업은 아주 다양한 종류의 구조를 통해 조직의 일부분이 될 수 있다. 가끔은 자율적인 벤처캐피탈 부문의 설립도 포함된다. 11장의 "벤처에 대한 자금 조달"에서 더 논의가 되지만, 이러한 조직 내부의 벤처캐피탈 부문은 또한 일반적인 벤처캐피탈의 기준에 부합하는 내·외부의 투자 제안들에 대해서도 투자를 할 수 있다. 사내창업을 위해 사용되는 4가지 주요한 구조로는 인적 자원관리 부서 내의 팀, 신제품 자회사, 신제품 사업부, 혹은 조직 전체에서 발생하는 프로세스 등이 있다.

일부 조직에서는 사내창업에 전념하는 팀을 만듦으로써, 사내창업에 대해 좀 더 신중하게 접근한다. 인적 자원관리 부서 내부의 이 팀은 사내창업 관련 회의에 관리자를 파견하거나 훈련을 시키는 데 집중하므로 보통은 조직성과에 최소한의 영향만을 미친다. 이렇게 훈련된 관리자들은 나중에 사내창업을 촉진하는 데 활용할 수 있는데, 그 이유는 사내창업 인재의 부족이라는 앞서 논의했던 장벽들 중 하나가 제거되기 때문이다.

대개의 경우, 사내창업은 서로 다른 문화와 작업 방식을 초래하기 때문에, 일부 조직에서는 신제품 자회사를 통해 기업 활동을 분리시킨다. 조직의 나머지 부분들과 분리되어 있긴 하지만, 이 자회사는 전체 조직의 구성원들이 제안한 내용들을 평가한다. 평가 후 승인된 제안서는 새로운 자회사로 넘어가고, 제안자는 자회사의 지원과 자원을 받으며 해당 아이디어를 더 발전시킨다.

심지어 좀 더 공식화된 사내창업 구조는 여러 분야를 아우르는 신제품 사업부이다. 이 사업부는 보통 부사장 수준에서 공식적으로 설립되고 창의성과 새로운 제품/서비스 아이디어들의 제안을 장려한다. 자신의 제안이 채택된 사람들은 프로젝트를 더 발전시킬 수 있는 시간과 자원을 가지게 된다. 조직 내부에서 이렇게 높은 수준에서 사업부를 설립함으로써, 모든 직원들에게 사내창업이 매우 중요한 계획임을 보여준다.

사내창업을 위한 마지막 구조는 조직 전체에서의 프로세스이다. 일부 팀이나 부서에 국한되는 것이 아니라 전체 조직에서 사내창업의 개념과 프로세스가 발생하게 만든다. 조직 전체에서 지속적으로 발생하고 전파되는 새로운 제품/서비스와 프로세스에 대한 창의성과 혁신을 장려하고 보상한다. 변화와 유연성은 이러한 유기적 조직의 핵심으로서, 사내창업이 번성하고 확산되도록 한다.

사내창업 프로그램의 개발

각각의 사내창업 프로그램은 특정 조직의 문화와 목표에 적합하도록 맞추어진다. 최종 프로그램이 그런 것처럼, 특정 프로그램을 개발하기 위한 절차에는 이러한 점이 반영되어 조직별로 프로그램이 다양하다. 규모, 영리 추구의 유무(영리조직과 비영리조직) 그리고 산업별로 서로 다른 조직들 속에서 사내창업을 훌륭히 구축하기 위한 절차가 마지막 장인 12장에 논의되어 있다.

이러한 절차들은 오랫동안 혁명적인 의약품을 개발해온 제넨테크(Genentech)에서 수행되어 왔다. 제넨테크는 의구심과 창의성을 강조하고 보상하고 위험감수를 장려하는 문화를 수립해왔다. 대부분은 실패할 것이라고 생각하는 경영진들과 함께 높은 위험이 있는 프로젝트를 시작하도록 직원들에게 적극 권장하였다. 그 결과로 항암제인 아바스틴(Avastin)과 같은 성공작들이 나왔고 이는 진짜 획기적인 개발이었다.

제넨테크는 박사학위를 가진 직원이 4년 동안 연구 장학금을 받을 수 있는 박사 후 과정(post-doctoral program)을 보유한 유일한 제약회사이다. 이 기간 동안, 선발된 직원들은 자신이 관심을 가지고 있고 후일에 신제품이 될 수도 있는 분야의 기초연구에 초점을 맞출 수 있다. 이 프로그램은 연구 집단 안에서 흐르고 있는 혁신적인 창업가정신을 유지시키고, 이는 다시 새로운 최고의 인재들을 끌어모으면서도, 동시에 회사 전체에 사내창업 업무를 장려하게 된다. 핵심 연구 결과는 과학 논문에 게재가 되는데, 이는 제약 분야의 연구 공동체 안에서 제넨테크의 신뢰성과 혁신적 지위를 확고하게 해주었다.

평가 기준

사내창업 프로그램과 실제 프로그램 자체를 개발하는 프로세스처럼 평가 기준은 조직별로 큰 차이가 있다. 일반적으로 조직 구성원들의 첫 번째 반응은 새로운 변화가 자기 회사의 문화 속에서는 거의 버틸 수가 없기 때문에, 그러한 프로그램들은 오래 못갈 것이라고 생각한다. 그 점이 왜 기업들에게 더 많은 시간과 자원에 대한 몰입이 필요한지에 대한 이유이다. 일부 표준 평가 기준은 아래에 제시되어 있고, 통제 측면은 7장의 중심적인 내용이다. 적용 가능한 부분에서는 정량적 측정을 사용하고, 좀 더 정성적인 측정인 경우에는 5점 척도나 7점 척도를 사용하여 각각의 기준에 대한 구체적 지침을 수립해야 한다.

사내창업 제안서 평가 기준

- 조직 적합도.
- 낮은 초기 투자비용.
- 경험 있는 벤처 챔피언.
- 제품/서비스 산업에 대한 경험.
- 약한 경쟁 위협.
- 독점적 기술.
- 높은 매출총이익.
- 높은 수익률.

이번 장 뒷부분에 나오는 Scenario 5의 아메리카 익스프레스처럼, 많은 제안서 평가 기준 중 사내창업 문화에서 가장 중요한 하나는, 제안서가 해당 조직의 비전과 핵심사업에 적합한 정도이다. 많은 조직들이 이러한 기준을 이해하고 있고, 이를 활용하여 규모를 키우지만, 다른 조직들은 기존 조직의 사업 범위를 새로운 영역으로 확장시키는 데 사내창업을 사용한다. 이때 고위층의 반응에 눈치를 보는 것과 같은, 창의적 아이디어들이 저해된다고 느낄 정도의 심각한 장벽들이 없게끔 주의를 기울여야 한다. 포춘 500대 기업의 한 사업부에서는, 사내창업 제안서에 대한 사업부 책임자의 반응이 "다른 사업부 영역의 사례로 볼 때 그건 불가능해!"라고 나오자, 많은 참가자들이 열정적으로 지지했었던 이 회사의 사내창업 프로세스는 심각하게 퇴보하였다. 이 자발적 프로그램에 참여한 사람들의 열정은 심각하게 상처를 입었고 완전히 회복되지 못하였다.

평가 기준에 적합도가 필요하지만, 평가 기준에는 다른 2가지 기준도 반영된다. 이 2가지 기준은 경험 있는 벤처 챔피언과 제안된 제품/서비스에 대한 조직의 경험이다. 만약 이러한 측면들이 제안된 사내벤처 기업에 담겨 있다면, 그 사내창업 제안서는 성공 가능성이 높다. 특히 이러한 점은 최초 벤처에게는 더욱 맞는 이야기인데, 그 이유는 열정을 만들어내고 최고경영진의 지원을 유지하기 위해서 초기 성공 스토리를 가지는 것이 중요하기 때문이다. 오하이오(Ohio) 주 클리블랜드(Cleveland)시에 소재한 한 중견 기업은 매우 신중한 선발 프로세스를 통해 자금 조달을 받은 초기 벤처들을 가지고 이러한 일들을 가능하게 만들었다.

자주 사용되는 좀 더 구체적인 제안서의 다른 기준으로는 낮은 초기 투자비용, 약한 경쟁 위협, 독점적 기술, 높은 총매출이익 그리고 높은 수익률이다. 기업이 내부 또는 외부에 설립되는지의 여부와는 상관없이, 신생 기업의 성공률을 고려해보면, 일반적으로 높은 투자비용을 가진 1개 혹은 2개의 제안서보다는 투자 금액이 낮은 제안서에 좀 더 많은 돈을 배분하여 위험을 분산시키는 것이 더 낫다. 특히 지적재산권을 보호받는 경우에, 지속 가능하고 성공적인 시작이라는 측면에서 자금을 분산 투자하는 독점적 기술 제안서가 초반에 많은 투자 금액이 필요한 투자 제안서보다 훨씬 더 낫다. 그리고 초기에 예상되는 총매출이익이 높은 것 또한 중요하다. 그 이유는, 결국 많은 사내벤처 기업들이 예상보다 30% 비용이 더 들고, 예상 수익의 발생 시점보다 30% 정도 시간이 더 걸리는 상황에 처하기 때문이다. 높은 총매출이익과 수익률은 유용한 기준이지만, 수정이 불가능한 고정 수익률을 가지게 되면 이익 지상주의를 피하기 어렵다. 이익 지상주의가 팽배하면, 다른 방식으로 수익을 제공하는 일부 사내창업 제안서에 대한 투자를 주저하게 만드는 최소투자요구수익률(hurdle rate)이 중요하게 된다. 이렇게 되면 이익률은 떨어지지만 시장점유율을 높일 수 있는 제품/서비스나 다른 전략적 용도가 있는 제품/서비스에 대한 자원배분을 최소화시키는 부작용이 발생한다.

분위기 지표

사내창업 프로그램을 출범시키기 전에, 기업의 현재 사내창업 분위기를 평가하기 위한 기준을 세울 필요가 있다. 분위기가 변화했는지 그리고 좀 더 사내창업 쪽으로 진전되었는지 살펴보기 위하여 최소 6개월에 1번 정도로 주기적 측정이 이루어져야 한다. 모니터링 제도를 수립함으로써, 기업은 자사 사내창업 프로그램의 효과를 측정할 수 있고, 개선의 여지가 있는 부분을 발견할 수 있다. 기준이 되는 지표들이 조직 특유(organizational specific)의 성격을 가지고 조직별로 상당한 차이가 있을 수 있지만, 좀 더 자주 사용되는 지표들은 아래와 같다.

사내창업 분위기를 측정하는 지표

- 자체 선발.
- 떠넘기기가 없음.
- 새로운 아이디어의 장려.
- 실패의 용납.
- 큰 성공(대박)에 대한 집착이 없음.
- 위험, 실패 그리고 실수에 대한 인내.
- 인내심 있는 자금.
- 범기능적인 팀.
- 기회에 대한 한계가 없음.
- 장기적 관점.
- 최고경영진의 지원.
- 접근 및 사용이 가능한 자원.
- 지난 5년간 도입된 신제품/서비스에서 창출된 연간 매출 비율.
- 지난 3년간 유입된 소비자로부터 발생한 연간 매출 비율.

큰 성공(대박)에 집착하지 않는 것, 장기적 관점, 인내심 있는 자금 및 최고경영진의 지원과 같이, 이들 중 일부는 이미 이번 장 또는 저번 장에서 논의가 이루어졌다. 몇 가지 다른 지표들 또한 중요하고 모니터링 해야 한다.

이러한 지표들 중 하나는 지난 5년간 시장에 도입된 새로운 제품/서비스로부터 발생한 연간 매출비율이다. 척도 개발을 위해서는 산업과 시장의 성격을 고려해야 하지만, 사내창업 프로그램의 목표 중 하나가 차세대 제품/서비스를 창조하는 것이라면 이 비율은 증가 추세에 있어야 한다. 일부 기업들은 끊임없이 새로운 제품/서비스에 의존하고 있다. 예를 들어, 가정용 의료기기 관련 제품(특히, 휠체어)의 선도 주자인 인바케어(Invacare)는 지난 24개월 내에 도입된 신제품에서 나온 매출이 전체 매출의 40%를 차지한다는 목표를 가지고 있다. 이 목표를 달성하기 위해, 이 기업은 연구·개발과 혁신에 대한 투자를 지속적으로 증가시키고 있다. 인바케어의 CEO 회장인 A. 말라카이 믹스온 3세(A.Malachi Mixon III)에 따르면, "품질 좋은 제품을 고객에게 전달하는데 끊임없는 초점이 맞추어져야 한다." 수립해놓은 척도에 상관없이, 조직이 품질 좋은 신제품이나 새로운 서비스를 전달하고, 또한 창의적이고 혁신적일 수 있게 이러한 비율은 6개월 간격으로 측정되어야 한다.

정기적으로 추적해야 하는 사내창업 문화의 다른 중요한 지표는 지난 3년간 획득한 새로운 고객으로부터 발생하는 연매출이 전체 매출에서 차지하는 비율이다. 창조적이고 혁신적인 조직들이 충성스러운 고객층을 유지하고 고객 회전율을 낮게 가져가고 싶어하지만, 이러한 기업들 또한 새로운 고객을 끊임없이 추가하고자 한다. 이러한 점은 현재 고객의 구매가 늘어남으로써 기업이 성장하기도 하지만, 신규고객으로부터 창출된 새로운 매출이 늘어남에 따라 기업 성장이 가능해지기도 한다. 사내창업 조직의 분위기는 새로운 고객과 더불어 새로운 혁신적 제품/서비스를 발전시킨다.

요약

이번 장의 초점은 사내창업 프로세스이다. 첫 번째로 사내창업에 대한 조직 장벽이 논의되었다. 그 뒤를 이어 공통적으로 사용되는 4가지 중요한 구조들을 제시하였다. 인적 자원관리 부서 내의 팀, 신제품 자회사, 신제품 사업부 그리고 전체 조직에 걸친 개념과 프로세스의 확산 등이다.

사내창업 정신을 확인하는 데 필요한 평가 기준 관련 논의가 이루어진 후, 사내창업 분위기를 측정하는 지표들과 함께 이번 장은 끝을 맺는다.

Scenario 5 아메리칸 익스프레스(American Express)

아메리칸 익스프레스는 신용카드 회사나 금융기관이 아닌, 원래 화물과 귀중품을 운송하기 위한 특급 운송 서비스로서 1850년에 사업을 시작하였다. 그 당시에 미국 우체국 서비스는 느리고, 비싸고, 편지 봉투 크기 이상의 상자는 배달을 하지 않았다. 아메리칸 익스프레스는 이러한 기회를 놓치지 않았고, 미국의 서부 확장 시기에 중요한 초기 기업이 되었다.

원래는 금융기관이 아니지만, 아메리칸 익스프레스 대부분의 고객들은 은행들이었다. 아메리칸 익스프레스는 주식증서, 현금, 어음 그리고 기타 금융상품들이 담긴 조그만 상자들을 배달하였다. 이 회사는 자사의 배달 서비스를 축소시키고, 자신만의 고유한 금융상품들을 판매하기 시작하였다. 1891년, 아메리칸 익스프레스는 최초로 국제적으로 통용되는 여행자 수표를 팔기 시작하였다. 글로벌하게 초점이 맞추어진 이 상품 때문에 범세계적인 입지를 구축할 필요가 생겼다. 1895년에 아메리칸 익스프레스는 파리에 첫 번째 유럽 사무소를 열었고, 1910년에는 10개의 유럽사무소를 가지게 되었다.

아메리칸 익스프레스는 제1차 세계대전과 대공황에서 살아남았고, 1950년 무렵에는 견고한 성장세를 유지하며, 173개국에서 5,500명을 고용하였다. 자사의 상품인 여행자 수표를 희생시키는 위험을 감수하고, 아메리칸 익스프레스는 신용카드를 만들었다.

지난 세기가 끝나갈 무렵, 아메리칸 익스프레스는 사내창업에 대한 2가지 중요한 동기를 가지게 되었다. 첫째, 임원들은 변화의 시기에 적응해야 하는 것의 중요성을 인식하고, 많은 사람들이 모여 쉽게 접근이 가능한 인터넷이 자신들의 사업에 어떻게 영향을 줄지 염려하기 시작했다. 두 번째, 아메리칸 익스프레스는 재능 있는 직원들을 끌어들이고 개발할 수 있는 기회를 놓치고 있음을 깨달았고, 사내창업을 통해 인적 자원의 모집 네트워크를 확장시키고, 인재를 확보할 수 있었다.

아메리칸 익스프레스의 경영진들은 자사의 핵심사업과 동떨어진 사업이 가지는 위험을 인식하고, 자사의 모든 사내창업은 핵심사업과 전략을 활용해야 한다고 확신하였다. 경영진들은 타 기업의 실수로부터 배울 것을 결심했고, 성공을 위해서는 그들이 가장 잘 아는 분야에 가까이 있어야 한다는 것을 초기에 깨달았다. 사내창업이 효과를 보기 시작하자, 아메리칸 익스프레스는 창업가적 활동에 성공한 기업의 본보기가 되었다.

아메리칸 익스프레스는 핵심사업과 경쟁의 경계를 명확하게 정의하는 것을 시작으로 사내창업 프로세스를 도입하였다. 예를 들어, 아메리칸 익스프레스는 신용카드 사업의 경계 안에서만 벤처투자를 유지하였다. 핵심적인 것은 아메리칸 익스프레스가 사내창업의 3가지 경영원칙을 수립하였다는 것이다. 첫째, 벤처는 아메리칸 익스프레스의 고객들에게 뛰어난 가치를 제공해야 한다. 둘째, 벤처는 동종 최고의 경제성을 확보하는 것으로 이 가치를 제공해야 한다. 셋째, 벤처는 아메리칸 익스프레스 브랜드를 제고시켜야 한다. 간단하게 들릴지 모르지만, 벤처를 시작하기 전에 이 3가지 규칙을 모두 따른다는 것은 어려운 일임이 드러났다. 그러나 이러한 원칙들의 실행은 벤처의 기준을 명확하게 정의하였고, 아메리칸 익스프레스가 성공적으로 사내창업 프로세스를 실행할 수 있게 만들었다.

아메리칸 익스프레스의 사내창업의 한 예는 마켓마일(MarketMile)이다. 2001년 3월에 아메리칸 익스프레스는 마켓마일에 1,700만 달러를 투자하였다. 이 회사는 연 매출이 1억 달러에서 2억 달러 사이인 중견기업들이 구매 프로세스를 간소화시켜 비용을 절감하는 데 도움을 주는 신생벤처이다. 마켓마일에 투자함으로써, 아메리칸 익스프레스는 이 중견기업 시장에서 자사의 핵심사업인 신용카드 사업을 시작할 수 있었다. 기본적으로 마켓마일은 회사들의 간접 구매와 서비스 조달 비용을 95달러에서 단지 5달러 수준으로 낮출 수 있게 하기 위해 간소화 서비스를 제공한다. 단, 고객들이 아메리칸 익스프레스 카드로 결제해야만 한다.

아메리칸 익스프레스는 사내창업의 초창기를 비공식으로 시작하였지만 성공하였다. 사실 아메리칸 익스프레스의 CEO인 켄 체놀트(Ken Chenault)는 아메리칸 익스프레스가 공식적인 창업 그룹을 만들기 전까지 자신의 최초 벤처투자에 대해 인지하지 못했었다고 상기했다. 창업 그룹을 공식화하는 목적은 투자를 유도하고, 경영진의 참여를 이끌어내고, 아메리칸 익스프레스의 브랜드뿐만 아니라 핵심사업도 같이 성장시키기 위함이었다.

100년 이상의 사내창업 노력을 통해서, 아메리칸 익스프레스는 신생벤처의 성공을 향상시키는 5가지 방법을 발전시켜 왔다. 가장 중요한 점은, 이 회사가 신중한 투자 선택의 가치를 이해한다는 점이다. 아메리칸 익스프레스는 직원을 고용할 때뿐만 아니라, 파트너를 선택할 때도 동일한 실사(due diligence)를 시행해야 한다는 점을 이해하고 있다. 이 회사는 함정에 빠지지 않기 위해 3가지 방법을 사용하였다. 파트너가 엄격하게 현금을 관리하도록 하고, 너무 조급하게 다음 단계로 넘어가지 않으며 그리고 불완전한 제품이나 서비스 제공에 참여하지 않는다는 것이다.

최근 아메리칸 익스프레스가 운영하는 2개의 주요 사업부는 글로벌 컨슈머 그룹(Global Consumer Group)과 B2B 그룹(Business-to-Business Group)으로 구성되어 있다. 이 두 그룹은 자신들의 고객에게 서비스를 제공하지만, 아메리칸 익스프레스의 주력 수익원은 연회비를 내야 하는 신용카드이다. 고객들은 포인트를 모으고 이를 통해 보상을 받는다. 2009년 현재, 92백만 장 이상의 아메리칸 익스프레스 신용카드가 사용되고 있고, 2008년에 이 회사는 319억 달러의 수익을 기록하였다.

출처

www.independent.co.uk/news/business/sme/roger-trapp-corporateventuring-does-it-really-pay-off-526032.html

www.bain.com/bainweb/publications/publications_detail.asp?id=5623&menu_url=publications.asp

www.AmericanExpress.com

벤처의 조직화 6장

학습목표

1. 조직이 사내창업 활동을 육성시키는 문화의 발전 방안에 대해 학습한다.
2. 신생 사내벤처에 가장 적합한 구조를 학습한다.
3. 신생기업이 관료적 구조로 진화하는데 따른 위험을 이해한다.
4. 사내창업 활동을 효과적으로 조직하고 관리하는 방법을 학습한다.

들어가면서

사내창업 조직에게는 어떻게 신생 사내벤처 프로젝트를 최선으로 조직할지 보다 더 중요한 의사결정은 없다. 조직 실행의 성격에 따라 벤처의 자율성 수준이 결정된다. 신규 벤처의 기업 활동을 효과적으로 개발하고 상용화하기 위해서는, 개발과 상용화의 관련성이 명확히 정의되어야 하고 신중하게 자율성을 부여해야 한다. 신생벤처 프로젝트에 할당되는 자율성 수준 같은 특정한 조직적 문제들은 조직 내부에서의 관련성 혹은 비관련성 수준에 의해 영향을 받는다.

미래의 조직에게는 사내창업이 **핵심성공요인**(key success factor)이다. 조직 문화(organizational culture), 구조(structure), 관련성(relatedness) 및 자율성(degree of autonomy)에 연결되어 있는 경우, 특히 그러하다. 조직 문화, 구조, 관련성 및 자율성은 사내창업이 발생할 수 있는 기회를 만들어준다. 서로 다른 종류의 사내창업을 촉진하기 위해 기업의 CEO들은 전략, 구조, 인력 및 프로세스 측면에서 내적 다양성이 충분하게 조직화될 필요가 있다.

> **핵심성공요인**
> 특정 산업에서 성공하기 위한 요인을 지칭한다. 각 산업마다 핵심성공요인(KSF)은 다르다. 자본조달 능력은 자본집약적 산업에서, 제품기술이나 공정기술은 기술집약적 산업에서 KSF이다.

이번 장은 문화, 조직 구조, 관계성과 자율성 수준 그리고 조직 효과성이라는 사내창업을 조직화하는 4가지 주요한 측면들을 다루고, 새로운 사내창업 활동에서 발견되는 다양한 조직 문화, 구조 그리고 자율성 수준에 대해 논의한다.

문화

조직 문화는 조직이 직면하고 있는 기회, 문제, 업무 그리고 목표에 관해 조직이 공유하고 있는 아이디어, 가치 그리고 믿음을 의미한다. 문화는 직원의 행동과 몰입의 결정요인일 뿐만 아니라, 최고를 향한 조직 몰입의 가장 근본적인 부분이다. 공유된 조직의 비전은 공통의 언어와 상호이해를 만들어냄으로써 기존 조직과 벤처 간의 잠재적 경계를 극복할 수 있기 때문에 문화의 중요한 측면이다. 공유된 비전은 효과적인 의사소통과 지식 교환에 필수적이다. 공유된 비전은 조직 내부의 가치와 지식을 파악하는 데 도움을 준다. 3M에는 관리자들의 승인 없이도 연구자들이 자신의 연구 아이디어에 근무시간의 15%를 사용할 수 있다는 암묵적인 지침이 있다.

사내창업의 효과적 관리에는 성공을 축하해 주고, 실패에서 배우고, 혁신과 창의성을 촉진하기 위한 탐색 제도를 제공하는 문화의 관리가 포함된다. 3M, 델(Dell), 휴렛패커드(Hewlett-Packard), IBM, 루슨트(Lucent), 마이크로소프트(Microsoft), 샤프(Sharp)와 같은 조직에서는 특출한 평판과 문화를 가지고 있다. 조직 문화는 조직 내 벤처활동을 육성시키는 데 영향을 주는 요인으로서 첫 번째 단계이다. 조직 문화는 행동 규범(the way things are done around here)을 결정한다. 긍정적 문화는 조직의 비전, 사명(mission) 및 전략과 일치하며 바람직한 행동이 촉진되도록 돕는다.

사내창업 조직이 직면한 도전과제들이 조직 내부에서 창업을 일으키는 문화적 특성을 결정한다. 많은 연구자들은 위험, 정서적 몰입, 위임, 참여, 실험, 가시적 관리(visible management), 선명성, 인식 및 소속감과 같은 사내창업 문화의 다양한 측면들을 파악해왔다. 다음은 사내창업 조직 문화의 중요한 특성들이다.

- **혁신성.** 미래의 가능성 있는 혁신적이고 창의적인 새로운 아이디어들을 전체 조직에서 장려하고 지원한다.
- **지원 환경.** 직원들이 독립적으로 혁신하고, 창조하며 발명할 수 있도록 만들고 동기를 부여하며, 촉진한다.
- **팀워크.** 더 커다란 시너지의 창출에 도움이 되는 여러 학제 간의 종합적 접근 방식을 장려하고 촉진한다. 록히드(Lockheed)사는 스컹크웍스(skunkworks)가 있었기에 적정한 스킬을 보유한 인력들을 활용하여 높은 수준의 집단 정체성과 충성도를 불어넣었다. 그리고 이를 통해 사내창업에서 성공을 만들어낼 수 있었다.
- **필요한 자원에 대한 이용 가능성과 접근성.** 기회가 사라지기 전에 신속하게 그 기회를 잡을 수 있게, 인적 자원과 재무적 자원들이 이용 가능하고 접근 가능해야 한다. 조직은 벤처사업 프로세스를 방해할 수 있는 모든 장애물과 규제들을 제거할 필요가 있다.
- **실수의 용인.** 사내창업 프로세스에서는, 시행착오가 장려되고, 실수는 불가피한 것으로 인식되며, 용인되어야 한다. 예를 들어, BMW는 직원의 혁신적 아이디어가 실행 프로세스에서 실패한 뒤, 그 직원들에게 "이달의 실패(flop of the month)"라는 상을 시상하는 "성공적 실패(successful failure)"라는 프로그램을 가지고 있다.

- **적절한 보상제도.** 직원들을 벤처사업 프로세스의 가치 있는 구성원으로 인식해야 하고, 신생벤처를 만들어내기 위한 그들의 추진력, 에너지, 노력 및 끈기를 보상해야 한다. 보상은 기존에 수립해놓은 성과목표의 달성 여부에 기반을 두고 이루어져야 한다.
- **장기 지향성.** 벤처가 주는 편익을 측정하고 평가하기 위해서는 시간과 인내심이 필요하므로 기업 환경은 장기적 지향성을 구축해야 한다.
- **사내벤처 챔피언.** 사내벤처가 혁신적이고 창조적인 활동을 지원하는 사람을 보유하는 것은 바람직하다.
- **최고경영진의 지원.** 최고경영진은 사내창업을 확실하게 지원하고 포용해야 한다. 최고경영진의 지원 없이는 사내벤처가 성립할 수 없다.

사내창업 조직은 혁신, 창의성 및 실험 정신을 북돋우는 문화를 발전시킬 필요가 있다. 또한 그 조직들은 기회를 가로막는 장애물들을 제거하고, 팀워크를 촉진하고, 자원 이용 가능성을 담보하고, 최고경영진의 지원을 요청하고 받아내야만 한다. 어도비(Adobe), 인텔(Intel), 루슨트(Lucent), 선마이크로시스템즈(Sun Microsystems) 및 제록스(Xerox)와 같은 조직들은 더 많은 혁신과 창의성을 촉진하기 위해 사내창업 자금 조달 프로그램들을 도입해오고 있다. 기업의 CEO들은 혁신적이고 창의적이 되는 것 이외에, 추가적으로 기존의 기업 구조 전체에서 팀워크를 장려하는 유연성과 비전을 가질 필요가 있다. 1997년에 루슨트는 자사의 기존 사업 어디와도 맞지 않는 벨연구소(Bell Laboratories)의 기술들을 상용화하기 위한 목적으로 신생벤처 그룹(NVG: New Venture Group)을 설립하였다. 루슨트는 NVG의 도전과제가 자사의 조직 문화에서 좀 더 많은 창업가정신을 발전시키는 것임을 깨달았다.[1]

벨연구소
1925년 설립되었으며 미국의 통신회사인 AT&T의 소속이었으나 1996년 AT&T가 4개 회사로 분할되면서 생긴 통신장비사업을 영위하는 루슨트 소속의 연구소가 되었다. 다수의 노벨상 수상자를 배출한 세계적인 연구소이다.

핵심이념과 비전화된 미래

핵심이념(core ideology)은 조직의 "존재 이유(reason for being)"에 대한 이해를 공유하는 것이다. 이 핵심이념은 최초에 왜 조직이 만들어졌는가에 대해 고심하고, 조직의 성격을 다룬다. 조직에서 가장 중요한 신조(tenets), 지침이 되는 원칙, 가치 그리고 모든 이들의 기대치는 무엇인가? 핵심이념은 조직 문화가 외부와 내부의 자극에 대응하여 시간에 걸쳐 발전된다는 개념에 기반을 두고 있다. 훌륭하게 실행된 좋은 이념은 조직 내에서 개인의 태도, 습관, 행동들을 형성시킨다. 핵심이념(핵심가치와 핵심목적)과 비전화된 미래(envisioned future)가 바탕이 된 기업 비전이 사내창업 조직을 이끌어간다. 조직이 특정 시간 내에 달성하겠다고 약속한 목표의 난이도에 따라서 비전화된 미래는 복잡성과 범위의 측면에서 여러 가지이다. 잭 웰치(Jack Welch)는 제너럴 일렉트릭(GE: General Electric)의 CEO 재임기간 동안 GE의 모든 사업부가 각자의 사업 영역에서 1등 아니면 2등이 되어야 한다는 목표를 가지고 있었다. 그는 만약 이 목표가 이루어지기 어렵다면, GE는 그 사업에서 철수해야만 한다고 느꼈다. 잭 웰치처럼 명확하게 정의되고 잘 짜인 사업 철학을 가진 경영자는 극소수이다.

핵심가치(core value)는 외부로부터의 정당화가 필요하지 않은, 오랜 기간 동안 지속되는 조직의 필수적인 원칙이다. 3M의 핵심가치에는 새로운 아이디어, 절대적인 정직성, 개인적 주도(individual initiative)와 개인적인 성장에 대한 존중, 실수에 대한 관용 및 제품 품질과 신뢰성을 매몰시키지 않겠다는 내용이 포함되어 있다. 머크(Merck)의 핵심가치로는 기업의 사회적 책임, 다방면에서 확실히 탁월한 조직, 과학에 기초한 혁신, 정직과 신뢰 그리고 인간에게 이로운 일을 함으로써 얻어지는 이익 등이 포함되어 있다. 소니의 핵심가치에는 개척자가 되는 것, 불가능한 일에 도전하는 것 그리고 개인의 능력과 창의성을 장려하는 것 등이 포함되어 있다. 월트 디즈니(Walt Disney Company)는 핵심가치의 일부로서 디즈니의 마법(Disney magic)을 유지하고 통제한다.

> **주도**
> 기존 질서가 더 이상 상황에 맞지 않거나, 또는 예상치 못한 기회나 위협이 발생한 경우와 같이, 질서가 부재한 상태에서 적극적으로 행동하려는 의지를 말한다.

핵심목적(core purpose)은 조직의 존재 이유이다. 이것은 목표 혹은 전략과 같은 말과 혼동되어서는 안 된다. 핵심목적은 조직의 업무를 수행하기 위한 이상주의자적인 동기(idealistic motivation)이다. 3M의 핵심목적은 미해결과제를 혁신적으로 해결하는 것이고, 휴렛팩커드의 핵심목적은 인류의 발전과 복지를 위한 기술에 기여하는 것이다. 맥킨지(McKinsey & Company)의 핵심목적은 기업과 정부가 좀 더 성공적이도록 이끄는 것이며, 머크(Merck)의 핵심목적은 인간의 삶을 유지하고 발전시키는 것이다. 또한, 나이키의 핵심목적은 경쟁, 승리 및 경쟁자를 누를 때 느끼는 감정을 경험하게 하는 것이다.

소니의 핵심목적은 공익을 위한 기술의 발전과 적용에서 즐거움을 느끼는 것이다. 텔레케어(Telelcare Corporation)의 핵심목적은 정신질환자들이 자신의 모든 잠재력을 깨닫도록 돕는 것이고, 월트디즈니의 핵심목적은 사람들을 행복하게 하는 것이다. 지속적인 성공을 향유하는 조직들은 급변하는 환경에 대해 자신들의 전략과 업무 관행을 지속적으로 수정하면서도 안정적으로 유지되는 핵심가치와 핵심목적을 가지고 있다. 이러한 조직의 대표적인 사례로 3M, 휴렛팩커드, 존슨앤 존슨(Johnson & Johnson), 머크, 모토로라, 프록터앤겜블(Proctor & Gamble) 그리고 소니 등이 있다.

조직의 목표가 사내창업 환경을 만드는 것이라면, 그러한 업무 환경의 모든 구성요소의 저변에는 문화가 깔려 있다. 조직, 관련성 및 자율성 수준은 업무 환경의 기타 측면과 함께 사내창업 조직 문화의 주요한 측면들과 동일해야 한다.

사내벤처의 설계

일반적으로 신생 사내벤처의 설계는 간단하다. 사실, 신생 사내벤처의 CEO는 1명 혹은 1~2명과 함께 기업의 모든 기능을 수행할 수도 있다. 초기 신생벤처 스타트업에 몇 명의 사람들이 참여하는가와는 무관하게, 업무량이 증가함에 따라 명확한 역할을 가진 팀원들을 추가적으로 포함시킬 수 있도록 신생벤처의 조직구조를 확대할 필요가 있다. 10장에서 논의되는 것처럼, 신규인력들이 신생벤처와 함께 효과적으로 성장하고 성숙되도록 효과적인 면접과 채용절차를 시행할 필요가 있다. 직원과 그들의 역할 및 책임과 연관된 모든 의사결정이 조직의 공식적인 구조에 반영된다. 덧붙여, 신생 사내벤처의 CEO는 시간이 지남에 따라 진화되는 비공식적 구조와 조직 문화를 고심해야 한다. 조직 문화 측면에서, 사내벤처의 CEO는 조직 문화의 진화방식에 대해 상당한 통제력을 발휘할 수 있고, 조직 문화를 모기업과 분리하는 데 도움을 줄 수 있다.

조직 설계는 신생 사내벤처 CEO의 결정사항이고, 조직구성원들에게 무엇을 기대하고 있는지를 나타낸다. 이러한 것들을 대개 아래의 5가지 영역으로 구분할 수 있다.

- **조직 구조.** 조직 구조는 개인의 업무, 지휘 계통 그리고 의사소통 경로를 정의하고, 이러한 관계들은 조직도에 반영된다.
- **계획.** 측정 및 평가제도. 모든 조직 활동은 신생벤처의 목표를 반영해야만 한다. 이러한 신생벤처의 목표들을 어떻게 달성할지, 어떻게 측정할지, 그리고 어떻게 평가하는지에 대해 항상 소통해야 한다.
- **보상.** 조직의 구성원들은 지분, 상여금, 승진, 표창과 같은 형태의 보상을 요구하게 된다.
- **모집과 선발.** 모기업 내·외부에서, 각각의 직책에 따른 적절한 인력들의 채용, 선발 및 유지를 위해 일단의 지침이 필요하다(10장 참조).
- **훈련과 개발.** 직장 내 훈련(OJT: on the job training) 또는 직장 외 훈련(off the job training)에서 훈련과 개발이 구체화될 필요가 있다. 이러한 훈련은 공식적인 교육이나 또는 학습법의 형태를 띨 수 있다.

조직 설계는 매우 간단할 수도 있다. 즉, 사내벤처의 CEO나 그의 팀원들이 모든 과업을 수행하거나, 또는 좀 더 복잡한 상황에서는 특정한 과업을 맡기기 위하여 다른 직원을 고용하기도 한다. 조직이 좀 더 커지고 복잡해짐에 따라, 신생벤처의 성장과 발전에 대한 기대가 점점 커진다.

조직이 진화함에 따라, 사내벤처의 CEO나 관리자의 의사결정 역할이 효과적인 신생벤처에게는 매우 중요해진다. CEO의 주요 관심사는 환경 변화에 적응하는 것이고, 새로운 혁신과 아이디어를 추구하는 것이다. 새로운 아이디어가 발견되면, CEO는 그 아이디어의 개발에 착수할 필요가 있다. 덧붙이면, CEO는 또한 불만족한 고객, 계약을 위반한 공급업자, 또는 직원들의 사직 위협과 같은 압력에 대응할 필요가 있다. 스타트업은 예상치 못한 수렁에서 빠져나오는 데 대부분의 시간을 사용한다.

벤처의 CEO와 관리자의 또 하나의 역할은 자원을 효과적으로 배분하는 것이다. 여기에는 예산과 책임에 대한 위임이 포함된다. 자원의 배분은 하나의 결정이 다른 결정에 영향을 미치기 때문에 매우 복잡하고 어려운 과정일 수 있다. 사내벤처의 CEO와 관리자가 가지는 의사결정 관련 마지막 역할은 협상가의 역할이다. 계약, 급여 및 원자재에 대한 협상들은 그들이 수행하는 필수적인 업무 중 일부이다.

사내창업을 위한 조직 구조

기업의 관리와 통제를 위한 조직 구조와 제도가 필요하지만, 사내벤처에서는 조직 구조와 제도에서 약간의 유연성이 필요하다. 올바른 사내창업 조직 구조의 채택은 조직의 크기, 시장 유형, 조직과 사업 목표 그리고 이용 가능한 인적 자원에 달려 있다. 엄격한 통제 시스템, 경직성, 구조화된 의사소통 경로, 분업화, 위계 및 전문성에 근거한 직위 등을 특징으로 하는 관료주의는 공식적인 조직 구조이다. 이러한 관료주의적 특징들은 조직의 사내창업을 저해할 수 있다. 조직 구조가 좀 더 계층화될수록, 기회의 인식, 최고경영진의 자원 확보, 자원의 재분배 및 계산된 위험의 감수를 더욱 어렵게 만든다. 사내창업에서 중요한 혁신과 창의성에 요구되는 유연성, 적응성, 신속성 또는 유인책을 관료주의는 제공해주지 못한다.

잭 웰치가 GE의 수장이 된 후, 그는 GE의 경영진을 19개에서 11개로 단순화시켰고, 10년 후에는 이 11개의 계층을 6개로 줄였다. GE는 "무경계성

(boundarylessness)"이라는 용어를 사용하는데, 이는 관료주의를 제거하는 데 초점을 맞춘 것이다. 유기적 구조(organic structure)에서 좀 더 적응력이 있고, 유연하며, 느슨한 통제가 이루어진다. 여기서는 분권화되어 있고, 의사소통이 개방되어 있으며, 신속한 의사결정과 자율성의 위임이 일어난다.

사내창업은 혁신적이고 창의적 사고를 요구하므로, 좀 더 역동적인 환경에서는 사내창업이 더욱 중요해진다. 사내창업에서는 활발한 의사소통이 이루어지고, 그 의사소통의 대부분이 비공식적이고 비계획적이기 때문에, 기업 전체에서 보고 시스템이 수직적으로나 수평적으로 효과적인 의사소통을 촉진해야만 한다. 이는 사내창업 조직은 조직 내에서 유기적 구조(organic structure)가 확실히 자리를 잡도록 할 필요가 있다는 의미이다.

사내창업은 유기적 구조에서 발생할 확률이 높고, 수준 높은 창업활동을 가능하게 한다. 사내창업의 유기적 구조는 다음과 같은 특징들을 가지고 있다.

- 벤처 관리자들은 사내창업을 촉진하는 유연성과 자원을 보유하고 있다.
- 유기적 조직 구조는 가능한 최소한의 계층을 가지고 있다.
- 권한은 개인별 스킬과 전문성에 따라 위임된다.
- 과정보다는 결과에 초점을 맞춘다.
- 의사결정은 분권화되어 있다.
- 확실한 개방적 의사소통과 비공식적 통제 시스템이 있다.
- 팀워크는 사내창업 프로세스의 필수적인 부분이다.

큰 규모의 사내창업 조직에서는, 연구와 기획에 대한 책임이 기업 수준, 사업부 수준 혹은 그 모두에 있을 수 있다. 사업부가 새로운 제품/서비스의 개발에 필요한 역량을 보유하고 있지 않은 경우에는, 기업 수준에서 이런 책임을 부여하는 것이 유일한 대안이 될 수 있다. 이는 기업 수준의 혁신과 창의성이 기존 사업을 능가하고, 벤처 초기 단계의 비용절감 방안으로서 역할이 가능할 때 특히 유익하다.

사업부 수준의 벤처활동(venturing)은 사업부가 대규모이고 자율적일 때 적절하다. 대개의 경우 사업부 관리자는 고객의 욕구, 필요 및 기대에 좀 더 민감하다. 기업 수준의 창업과 사업부 수준의 창업 간 결합이 적절한 경우는 새로운 제품/서비스 관련 위험이 높기 때문에 기업 수준에서 책임이 필요한 경우이다. 기업 수준의 관리자들이 새로운 제품/서비스에 대한 장기적인 과제에 중점을 두는 동안에, 이러한 결합을 통해 사업부 관리자들은 필요한 통제 수준을 보유할 수 있다. 그러나 이러한 결합으로 인해 의견 불일치와 같은 추가적 갈등이 초래될 수도 있다.

조직의 전반적인 구조, 관리 방식, 업종 및 새로운 제품/서비스의 개발 위험은 자율성 수준에 영향을 미친다. 수입산 팬시용품 도매상인 카오 코퍼레이션(Kao Corporation)은 3가지 기본 원칙에 기반을 둔 관리 방식을 가지고 있다. 즉, 고객 지향적 정신을 유지하고, 모든 개인은 동등한 가치를 지니며, 효과를 극대화하기 위해 역할과 목표를 결합한다는 원칙들이다. 이 원칙들은 종합 시스템 관리(total system management), 그룹 관리(group management) 그리고 연구·개발 경력 집중(R&D career focus)이라는 카오의 3가지 주요 관리 방안의 원동력이다. 어떤 보고 시스템이 있던지 간에, 조직 모든 곳에서 혁신과 창의성이 촉진되게끔 지휘 계통과 의사소통 경로는 사내창업의 핵심 목적과 목표들을 지원해야만 한다.

새로운 제품/서비스 개발 프로세스를 지원하는 구조는 조직이 프로젝트에 주인의식을 발휘하도록 요구한다. 그러한 맥락에서 몇몇 도전적인 질문들을 다룰 필요가 있다. 누가 어떤 수준에서 필요한 관련 스킬과 전문성을 보유하고 있는가? 창업 활동 측면에서 모든 부서, 사업부 및 경영진에서 개방적 의사소통, 신뢰, 협력 그리고 팀워크를 달성하기 위해 기업 구조 자체는 어떠한가? 다양한 방식으로 사내창업에 대한 주요 책임을 다룰 수 있다.

새로운 제품/서비스 개발 측면에서 사내창업의 대안적 구조에는 일반적으로 다음과 같은 것들이 있다.

- 사내벤처 부서(corporate venture department).
- 사내벤처 위원회(corporate venture committee).

- 자율적인 벤처 부문(autonomous venture units).
- 전문적인 컨설턴트(professional consultants).
- 사내벤처 관리자(corporate venture manager).
- 사업부 내 벤처 부문(divisional venture units).
- 사내벤처팀(corporate venture teams).

사내벤처팀의 조직 구조는 제품/서비스의 확장보다는 새로운 제품/서비스의 개발에 중점을 둔 대기업에 가장 적합하다. 새로운 제품/서비스 기획이나 개발에 필요한 전담 직원에게 사용될 예산이 없는 좀 더 소규모의 조직들은 위원회 방식을 사용하게 된다. 사내벤처 관리자는 조직에서 독특한 제품과 관련된 새로운 제품/서비스 개발 노력에 집중하기 때문에, 다양한 제품/서비스 품목을 가진 조직들은 사내벤처 관리자 방식의 채택을 원할 수 있다. 이는 특히 개발이 제품/서비스의 확장, 개선, 신규 시장 또는 리포지셔닝(repositioning) 결정과 관련되어 있을 때 유용하다.

암앤해머(Arm & Hammer)는 "새로운 제품"과 "새로운 시장" 모두를 보여주는 조직이다. 이 회사는 자사의 핵심제품(베이킹 소다)을 새로운 시장 영역에 창의적으로 도입함으로써 바람직한 재무적 성과를 달성해왔다. 암앤해머는 경쟁자들이 가치를 인식하지 못했던 신흥 제품시장의 기회를 활용하였다. 여기에는 베이킹 소다 치약과 데오도란트 제품의 개발과 도입이 포함되어 있다. 신생 사내벤처들은 기존 조직에 의해 장려되고, 그 안으로 통합될 수 있는 창업활동을 조직 내부에서 향상시키고 발전시킬 필요가 있다.

모든 조직 구조의 성공에 필수적인 요구 사항은 최고경영진의 지원이다. 최고경영진들은 사내창업에 대한 그들의 태도와 행동이 조직 문화의 일부분이 될 것이고, 그들이 내린 의사결정에 반영된다는 점을 인식해야만 한다. 벤처활동(venturing)과 관련된 어떠한 부정적 태도도 창업의 발전을 약화시키고 혁신과 창의성을 억누르게 될 것이다. 어떤 구조를 가지고 있든지 간에, 최고경영진 수준에서 강력하고 확실한 지원이 필요하다.

관련성과 사내벤처의 자율성 수준

사내창업 조직은 개방적 의사소통, 직원에 대한 권한위임 그리고 그들의 성과에 대한 보상을 강조하는 시스템이 필요하다. 개방적 의사소통은 사내창업으로 인식되는 정보의 공유와 권한위임을 위한 방식 중 하나로서 중요한 성공 요인이다.

무장벽(無障壁) 철학(barrier-free philosophy)은 중요한데, 그 이유가 장벽 없는 조직은 보통 소규모 사업조직으로 이루어져 관리 단계가 적고, 팀제와 여러 학제간 작업 그룹을 만드는 것을 권장하며, 수평적으로나 수직적으로나 모두 의사소통을 개방하고, 결과에 대해 책임을 지기 때문이다.[2] 사내창업의 발·생을 위해서는, 조직의 전체 관리자들이 직원들의 아이디어에 귀를 기울이고, 도전하고, 지지하고, 촉진하고, 후원하고, 투자해야 한다.

조직 자율성은 사내창업의 핵심 구성요소이다. 자율성은 기존 조직과의 적절한 경계를 만들어내고, 이를 통해 창업활동 프로세스의 효율성과 효과성을 증가시킨다. 자율성이 사내창업 프로젝트를 지원하고 촉진하도록, 사내창업가는 독립적인 행동과 기회 추구를 장려하는 조직 문화와 구조 내에서 기업을 운영할 필요가 있다. 자율성은 사내창업 프로젝트에 자유로운 감각과 주인의식을 제공한다. 이는 좀 더 높은 수준의 혁신과 창의성을 가져오고, 특정한 프로젝트를 실행할 때 좀 더 큰 적응력을 배양시킨다.

기존 조직에 대한 신생벤처의 관련성 정도(degree of relatedness)는 자율성의 수준에 영향을 미친다. 관련성은 신생벤처가 기존 조직의 지식과 자원을 활용할 수 있는 정도와 새로운 지식을 추구하고 추가적인 자원을 확보해야 하는 정도를 나타낸다. 탐색적(explorative)인 신사업 개발 활동은 검색, 발견, 실험, 위험감수, 혁신 그리고 새로운 지식의 창출을 필요로 한다. 다른 한편으로, 활용적 활동(exploitative activities)은 기존의 지식 원천의 다양성을 축소시켜, 현재 보유한 지식을 좀 더 효율적으로 적용함으로써 발생한다.[3]

사내창업 분야의 연구에 따르면 탐색(exploration) 활동과 활용(exploitation) 활동은 상당한 차이가 나는 다른 전략, 문화, 구조, 프로세스 및 능력을 필요로 하고, 조직의 적응과 성과에 상이한 영향을 줄 수도 있다.[4] 탐색적 조직은 실패뿐만 아니라 상당한 성공을 경험함으로써 아주 다양한 성과를 만들어내는 반면에, 활용적 조직은 좀 더 안정적인 성과를 만들어낼 수 있다.[5] 사내창업에서의 자율성은 해당 프로젝트가 기존 조직 내에 있는 지식을 사용/활용할 수 있는 정도와 새로운 지식을 탐색하는 정도에 따라 달라질 필요가 있다.[6]

제품, 서비스, 프로세스, 시장, 기술 및 필요 자원이라는 측면에서, 관련성 정도는 차이가 있을 수 있다. 이러한 구성요소들이 기존 조직의 활동과 매우 밀접하게 관련된 것부터 완전히 비관련된 것까지 차이가 있을 수 있고, 이러한 점은 신생 사내벤처를 효과적으로 관리하기 위해 필요한 학습에서의 차이점과 도전과제로 이어진다. 이러한 구성요소들이 기존 조직과 좀 더 관련되면 될수록, 필요로 하는 자원과 역량들을 조직 내에서 파악할 수 있는 기회가 더 크다. 신생벤처가 기존 조직과 관련이 없을수록, 조직이 직면하는 도전과제들은 더 많아진다. 프로젝트가 어떻게 기존 조직과 관련되어 있는지 평가하는 것은 중요한 일이다. 그 이유는 그러한 평가를 통해서 잠재적 장애 요인뿐만 아니라 시너지(synergy)도 파악할 수 있기 때문이다. 예를 들어, 기술적 시너지는 생산시설을 공유함으로써 획득할 수도 있고, 마케팅 시너지를 만들어내는 기존 유통·영업 시스템의 활용을 통해서도 얻을 수 있다.

신생 사내벤처와 기존 조직 간의 적합성 내지는 일치성의 수준이 높으면 높을수록, 기존 자원에 대한 정당성(legitimacy)과 지속적인 접근성이 더 커진다. 기존 조직과 높은 관련성이 있는 신생 사내벤처는 핵심자원에 접근이 가능하다. 그러한 핵심자원들은 신생벤처에게 경쟁우위를 가져다줄 수 있고, 빠르게 시장에 도달하게 해주며 그리고 기술의 발전을 가져다준다. 신생벤처를 경영하는 사내창업가는 자원배분 측면에서 창업활동의 내부 정치를 인식하고, 기존의 기업문화, 구조, 관련성 및 자율성 수준과 부합할 필요가 있다.

관련된 사내창업 프로젝트는 기존 조직의 지식과 자원 안에서 존재한다. 개발 단계에서는 관련 프로젝트들이 기존 조직과 좀 더 밀접하게 통합됨으로써 편익을 얻을 수 있다. 크라이슬러(Chrysler Corporation)는 부서 간 통합을 위해 전 조직에 걸쳐 관리자와 직원들을 불러들였다. 크라이슬러는 글로벌 자동차 산업에서 자사의 위치를 유지해온 업체로 알려져 있는데, 그것은 제품개발주기, 납기와 제품 품질 및 프로세스 리엔지니어링 원칙 때문이다. 낮은 수준의 자율성은 벤처 프로젝트와 기존 조직 간의 불필요한 중복을 방지하면서 지식공유와 자원 활용을 촉진한다. 상용화 단계에서, 관련된 시장을 목표로 하는 사내창업 프로젝트의 경우 기존 시장 지식과 역량을 활용할 수 있는 잠재력을 극대화하기 위해 자율성의 수준이 더 낮아야 한다.

비관련된 사내창업 프로젝트는 기존 조직의 지식과 자원에서 벗어난 외부에 존재한다. 관련 연구에 따르면 개발 단계에서는 좀 더 많은 자율성을 제공할 필요가 있다고 지적해왔다. 기존 조직에 비해 새로운 사내창업 프로젝트의 다양성이 크면 클수록, 프로젝트 개발 중에 나타날 수 있는 잠재적인 간섭과 불필요한 지체를 줄이기 위해 더 높은 수준의 자율성이 요구된다. 그러면 창업 프로젝트에 가장 적합한 자신만의 독특한 작업 방식을 채택할 수 있고, 그 결과로 좀 더 효율적인 프로젝트 개발과 자원의 활용이 더 훌륭하게 이루어질 수 있다. 시장 지식과 역량의 탐색을 촉진하기 위해서, 상용화 단계에서는 비관련 사내창업 프로젝트에 더 높은 수준의 자율성이 주어질 필요가 있다.

사내창업팀과 성공적인 문화의 개발

사내창업팀을 구성하고 발전시키기 전에 다루어야 할 몇 가지 핵심 사안들이 있다. 이 팀은 3가지 기능을 달성해야만 한다.

- 신생벤처의 사업계획서 실행.
- 신생벤처가 성장하면서 일어나는 근본적인 변화들에 대한 인식.
- 수익성과 성장성을 유지시켜 주는 벤처 사업계획서를 환경 변화와 시장변화에

맞게 수정.

이러한 기능들이 단순하게 보일지 모르지만, 선발된 인력과 그 팀의 문화가 이러한 기능들을 확보하는 것이 매우 중요하다. 개인별 핵심역량이 중요할 뿐만 아니라, 각각의 개인별 성격과 특성 또한 중요하다. 조직 문화는 가치, 태도, 행동, 의복 및 의사소통 유형이 혼합된 것으로서, 한 조직을 다른 조직과 구분 짓게 하는 것이다. 효과적인 사내창업팀의 모집과 구성 그리고 효과적이고 긍정적인 조직 문화의 창조에서 중요하게 고려해야 할 사항과 전략이 몇 가지 존재한다. 여기에 다음과 같은 사항들이 포함된다.

- 사내벤처의 문화는 새로운 사내창업 사업계획서에 구체적으로 제시된 사업전략과 적합해야 한다.
- 신생벤처를 이끄는 사내창업가는 직원들이 자신의 업무에 대해 동기부여 되고 보상을 받을 수 있는 직장을 만들어야 한다.
- 신생벤처를 이끄는 사내창업가는 새로운 기회와 방식에 유연하게 적응할 필요가 있다.
- 신생벤처팀의 일원으로서 적합한 사람이 선택되도록 모집과 선발 프로세스에서 시간을 들여 몰입할 필요가 있다. 모집과 선발 프로세스에서는 모든 후보자들의 탐색, 면접 및 평가를 위한 절차를 구축할 필요가 있다. 이러한 절차의 한 부분으로서 신생벤처가 지향하는 문화에 적합한 직무기술서와 직무명세서를 문서화해야 한다.
- 신생벤처를 이끄는 사내창업가는 리더십의 중요성을 이해할 필요가 있다. 리더십은 직원들이 자신의 직무를 성공적으로 완수하도록 핵심가치의 수립을 돕고 적절한 수단을 제공해야 한다.

가장 효과적인 팀의 발굴과 긍정적 조직 문화의 창출은 정말 중요한 도전과제이다. 그림 6.1에서는 모기업, 신생벤처 그리고 혁신적 환경 간의 효과적 상호작용을 보장하는 것이 얼마나 중요한가를 보여준다. 혁신적 환경과 신생벤처 간의 상호작용이 모기업과 신생벤처 간의 상호작용만큼 강력하도록 보장하면, 신생벤처가 성공할 수 있는 기회는 더 많아진다. 슬픈 현실이지만, 신생벤처가 초기 단계에서 자문가, 컨설턴트 그리고 외부 인재들을 얼마나 효과적으로 끌어 모으는지를 바탕으로 신생벤처를 평가하는 기업들이 많지는 않다.

[그림 6.1] 모기업, 신생벤처 그리고 혁신 간의 상호작용

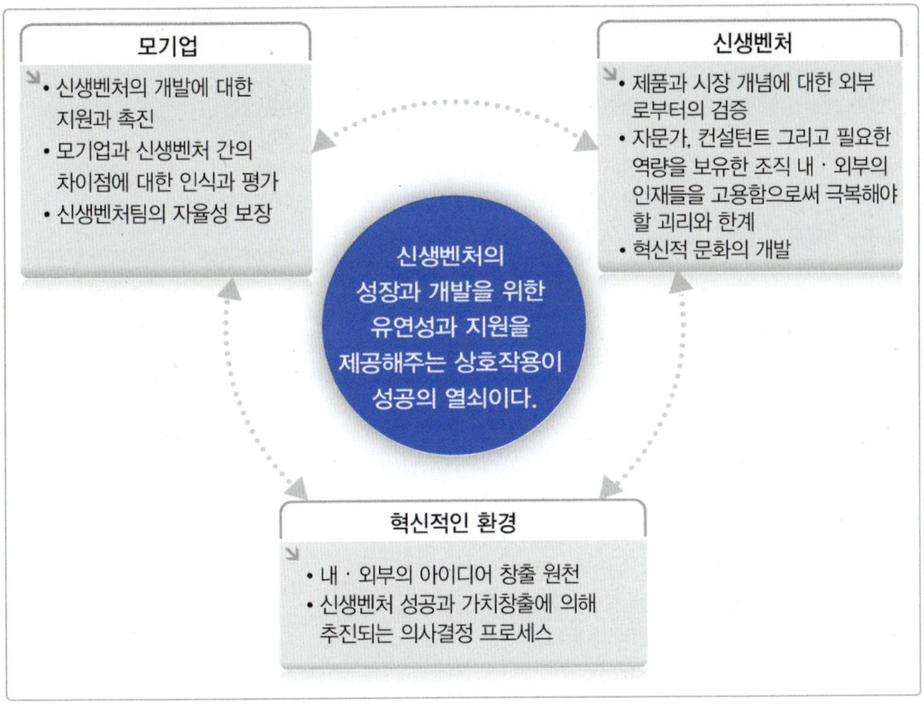

사내창업 활동의 효과적인 조직화

사내창업을 효과적으로 조직화하기 위해서는, 적절한 문화와 지원 시스템이 갖추어진 조직 문화가 필요하다(표 6.1과 6.2 참조).

[표 6.1] 사내창업의 구조

지원 구조	긍정적 요소	부정적 요소	업무보고
사내벤처 부서. 사업부 내에 위치한 하나의 부서	기회에 대한 대응성을 높여주는 중앙집권적 조정, 통제 및 의사결정	이중의 노력이 들어감; 효율적 자원의 사용	부사장
사내벤처 위원회. 다소 비공식적으로 다양한 대표들에게 특별한 기능을 제공함	핵심 임원들의 아이디어와 전문성이 모아짐; 브레인스토밍, 아이디어 창출 및 아이디어 심사와 같은 특별한 목적이 있을 경우 필요함	권한과 책임의 경계가 불분명; 시간 소모가 많을 수 있음	제품/서비스 관리자
자율적인 벤처 부문. 다양한 기능별 영역에서 구성원들을 선택; 제품/서비스가 기존 사업과 연관되어 있지 않거나 특별히 주의해야 할 경우 적합함	기존 조직 없이는 독자생존이 불가능한 신제품을 조직이 채택할 수 있게 해줌; 벤처팀에 대한 전임제로 몰입함; 인재들을 하나의 그룹으로 묶으면서 시너지를 달성할 수 있음	부서 간 갈등이 발생할 수 있음; 부서장이 팀에 협조하지 않고 지원 인력을 파견하지 않으면 갈등이 생김	사업부장
전문적인 컨설턴트. 외부의 전문적인 컨설턴트	컨설턴트들은 전문적인 훈련을 제공함; 이들은 사내 내부의 정치에 관여하지 않음; 이들은 신뢰성과 외부적 시각을 창업 프로세스에 제공함	외부 서비스를 가져오는 데 시간과 비용이 많이 들 수 있음; 컨설턴트에 대한 내부저항이 있을 수 있음	사내벤처 관리자
사내벤처 관리자. 새로운 제품/서비스에 책임을 지는 관리자	특정 시장에 대한 전문가(specialist)와 마케팅믹스(Marketing Mix)에 대해 박학다식한 인력(generalist)	신제품/서비스의 개발을 위한 시간이 부족한 기존 제품/서비스에 대하여 부담을 느낌	사장
사업부 벤처 부문. 자체적으로 자급자족이 되는 대규모 사업부	효율성과 효과성을 향상시키는 중앙집권화 된 통제와 조정; 몰입과 장기지향성; 최고경영진의 지원, 자원의 이용 가능성	조직상의 다른 사업부와 협조함	사업부장

사내창업을 지원하는 문화는 그에 따른 활동에 대한 효과적 관리를 좀 더 쉽게 만든다. 핵심이념, 현재와 미래의 업무 관행 및 행동 규범들을 수립할 필요가

있다. 그리고 이러한 것들은 직원들이 혁신적이고 창의적인 사람이 될 수 있게 동기부여시키는 전략 실행에서 요구하는 조건들과 적합해야 한다. 만약 적절한 훈련, 격려 및 실수에 대한 관용을 제공해줄 필요가 있는 최고경영진이 사내창업을 지원하지 않는다면, 사내창업을 보상하는 좀 더 참여적인 문화 지향적 의사결정은 실패하게 된다. 신입 직원들이 사내창업팀의 적극적인 구성원이 되고자 한다면, 신입 직원들은 문화적으로 조직에 통합될 필요가 있다.

혁신과 변화를 소중하게 생각하는 기업문화는 인적, 물적 및 재무적 요구 자원들을 좀 더 적극적으로 사내창업 활동에 제공할 것이다. 인력 같은 자원을 사용할 때 조직에 문제가 발생하는데, 그 이유는 이 자원들이 필요로 하는 기준과 능력에 맞지 않더라도 사용 가능하기 때문이다. 자원은 사내창업의 욕구(needs)에 적합해야 할 뿐만 아니라, 또한 시기적절하게 이용 가능해야 한다. 부적절한 자원의 사용이나 기존 조직과 사내창업 간의 부적합한 자원의 공유는 성공 가능성에 근본적인 영향을 미친다.

[표 6.2] 사내창업의 조직화 요약

문화	지원 시스템
✓비전 ✓가치 ✓신념 ✓일관된 언어 ✓혁신적인 ✓학습 ✓몰입 ✓위임 ✓팀워크 ✓유연성	✓유기적 조직 구조 ✓혁신적인 관리자와 리더 ✓의사소통 ✓특정 벤처와 연관된 자율성과 책임의 위양 ✓유연성과 적응성 ✓팀 지향성 ✓자원 활용 ✓혁신과 창의성을 인식하고 보상해주는 동기부여 제도

요약

가장 성공적인 사내창업 조직은 과거의 혁신 경험으로부터 얻은 지식을 자신들의 전략과 미래 혁신으로 통합하는 조직이다. 성공적인 사내창업은 직원들로 하여금 새로운 시장과 다양성에 도전하게 하고, 다양한 성과 지표로 측정하고, 위험과 실수를 수용함으로써 가능하다. 관료주의를 최소화하고 특별임시조직(adhocracy: 애드호크라시)을 극대화하는 유연하고 유동적인 조직 구조를 지원한다. 그리고 설득력 있고, 일관성 있으며, 이해할 만한 전략에 기여한다는 측면에서 혁신적인 계획을 평가한다.

조직 전략 속으로 사내창업 활동을 효과적으로 조직화하는 것은 새로운 아이디어와 작업 방식을 개발하기 위해 고안된 혁신적이고 창의적인 접근 방식을 발전시키는 근간이다. 사내창업 프로젝트는 잠재적 시너지를 실현하기 위해서 기존 조직과 좀 더 밀접하게 통합되어 있어야 한다. 벤처의 성공 기회를 높이기 위해서, 비관련 사내창업 프로젝트에 좀 더 많은 자율성을 부여할 필요가 있다.

Scenario 6 지멘스(Siemens)

지멘스는 베를린(Berlin)에서 1847년에 에른스트 베르너 폰 지멘스가 텔레그라픈바우안쉬탈트 폰 지멘스 할스케(Telegraphenbauanstalt von Siemens & Halske)라는 이름으로 설립하였다. 베르너 폰 지멘스는 비전을 가진 발명가이자 창업가였고, 19세기 기술 발전에 상당한 공헌을 한 독일인 전기 기술자였다. 몇 세기만에, 이 기업은 소규모 기계 작업장에서 전기공학과 전자공학 분야의 세계에서 가장 큰 기업 중 하나로 발전하였다.

160여 년 동안, 지멘스는 국제적인 관심을 가지고 세계 도처에 진출하였다. 지멘스는 전 세계 190개국 이상에서 빠르고 지역에 적합한 맞춤형 솔루션을 고객들에게 제공하는 활동을 수행하는 글로벌 대기업이다. 이 기업은 대략 190여 개국 이상의 국가에서 40만 5천 명의 직원을 고용하고 있다. 지멘스가 베를린의 조그만 빌딩 뒤편의 작업장을 글로벌 기업으로 변신시킨 것 같은 방식으로 오랜 성공 역사를 보여주는 기업은 드물다.

1847년부터 1865년까지, 지멘스는 1847년에 **지시전신기**(pointer telegraph)의 설계를 시작으로 초기 확장을 시작하였다. 베를린에서 설립된 이 수공예 작업장은 몇 년 만에 국제적으로 활동하는 기업이 되었다. 1865년부터 1890년까지, 베르너 본 지멘스는 이 회사의 글로벌 확장을 추진하여 유럽 국가에서의 사무소 개설을 확대하였다. 1866년 역학적 에너지와 전기적 에너지를 서로 변환하는 이론(dynamoelectric principle)의 발전을 통해, 전기의 응용 가능성은 무한대가 되었다.

> **지시전신기**
> 전기 충격으로 바늘이 움직여 글자가 새겨지는 전신기

지멘스는 1890년 ~ 1918년 사이에, 합병과 파트너십을 통해 성장하였다. 베르너 폰 지멘스 1890년에 경영 일선에서 은퇴하고 1892년에 사망하였다. 그의 후계자는 그가 걸어간 길을 따라가며 기술 개발이 만들어주는 시장 기회를 파악하여 회사를 선도적으로 끊임없이 발전시켜 갔다. 1897년에 지멘스 앤 할스케(Siemens & Halske)는 주식회사로 바뀌고, 모든 전기공학 분야를 아우르기 위해 기업인수(acquisition)와 공동협약(collaborative agreement)을 목표로 삼았다. 1920년대에는

조명, 의료공학, 무선통신 및 가전제품들을 생산하고, 2차 세계대전 이후에는 부품, 데이터 프로세싱 시스템, 자동화 시스템 및 반도체 등이 줄을 이었다. 지멘스는 자신이 속한 산업에서 유일하게 전기통신과 전력공학 분야를 운영하고 있다. 세계 1차 대전 때문에, 지멘스는 대부분의 해외 특허를 포함하여 기업자산의 거의 40%를 상실하였다. 1920년대 중반, 지멘스 가문은 다시 한 번 전 세계 상위 5번째 전기 기업이 되었다.

1933년 국가사회주의당(나치스) 정권의 시작과 1939년 전쟁의 발생은 독일 기업들을 전쟁준비와 전시 경제 체제로 예속시켰다. 제2차 세계대전 이후, 베를린에 있던 대부분의 지멘스 건물과 생산 시설은 파괴되었다. 그러나 1945년과 1966년 사이에, 지멘스는 스스로 다시 일어섰고 글로벌 주자로서 부상하였다. 1949년의 정치적 불확실성으로 인해, 지멘스 앤 할스케는 뮌헨(Munich)으로 이전하였다. 베를린에 본사가 있던 독일 전기공학 회사인 지멘스-슈케르트베르케(Siemens-Schuckertweke)는 에를랑겐(Erlangen)과 뉘른베르크(Nuremberg)로 이전한 후, 1966년에 지멘스 에이지(Siemens AG)에 포함되었다. 이 기업은 전통적인 핵심 전문분야를 강화하고, 반도체와 데이터 기술과 같이 견고하게 성장 중인 사업에 집중적으로 투자하며, 글로벌 시장에 성공적으로 재진입하였다.

다양한 기업 활동과 역량을 한데 모으기 위하여, 지멘스 앤 할스케 에이지(Siemens & Halske AG), 지멘스-슈케르트베르케 에이지(Siemens-Schuckertweke AG) 그리고 지멘스-라이니거-베르케 에이지(Siemens-Reiniger-Werke AG)는 1966년 10월 1일 합병하여 지멘스 에이지(Siemens AG)로 통합되었다. 1970년대를 시작으로, 지멘스는 미국, 서유럽 및 아시아의 전기시장에서 자신의 입지를 더욱 공고히 하였다. 뛰어난 기술적 성과, 유기적 성장 및 적극적 투자 정책의 결합을 통해 지멘스는 전력, 데이터 및 통신 기술과 같은 중요 분야에서 전략적으로 강력한 위치를 차지하였다.

1989년에서 2008년의 기간은 탈규제화와 세계화로 대표된다. 1980년대 후반에 지멘스 경영진은 글로벌 시장에서 성공적인 경영 기반의 마련을 위해 구조 개혁을 시작하였다. 1990년대에 지멘스는 규제된 시장에서 일반 대중을 고객으로 상대하는 기업에서 글로벌 경쟁자로 변신하였다. 효율성과 효과성을 증진시키기 위하여, 이 기업은 생산성, 혁신 및 성장이라는 전략적 축에 기반을 둔 프로그램들로 자사의 접근 방식을 재구성하였다. 이 기간 동안, 지멘스는 적극적인 포트폴리오 관리를 추구하였다. 1990년에 유럽 컴퓨터 산업에서 지멘스 닉스도르프 인포마치온주스팀 에이지(SNI: Siemens Nixdorf informationsysteme AG)라는 유럽 최대의 기업이 탄생하였다. 1988년 미국에서 발전기 부문의 이익 증가를 목표로 지멘스는 웨스팅하우스(Westinghouse)의 화력발전소 분야를 인수하였다. 1990년 후반 이후에, 지멘스는 주식매각, 인수, 신규 기업 및 합작회사의 설립을 통하여 포트폴리오 최적화에 집중해왔다. 1999년 반도체 분야의 분사(spin-off)와 에피코스(Epcos)와 인피니온(Infineon Technologies)의 기업공개를 바탕으로 에이텍스 마네스만 에이지(Atecs Mannesmann AG)의 대주주 지분 인수가 가능해졌고, 지멘스의 핵발전소 분야를 프랑스 기업인 프라마톰(Framatome)사와 합병시켰다.

지멘스는 1847년 설립 이후 주요 기술과 프로젝트의 혁신들을 보여주었다. 지멘스 혁신의 중대 사건들은 다음의 분야에 집중되어 있다. (1) 지시전신기, 러시아 전신 네트워크(Russian Telegraphy Network), 인도-유럽 전신선(Indo-European telegraph line), 대서양 횡단 케이블, 텔렉스 네트워크, 독일의 라이스팅 지구국(Raisting Earth Station), 지문인식 센서와 같은 정보통신 분야, (2) 전자식 발전기, 벤슨 보일러(Benson Boiler), 아일랜드의 섀넌 발전소(Shannon Power Plant), 확장 회로 차단기(expansion circuit breaker), 카보라 바사 발전소(Cabora Bassa Power Plant), 연료전지 그리고 가스터빈과 같은 발전, 변속기 및 유통 분야, (3) 전기 전차, 부다페스트 지하철(Budapest subway), 최초 교통 신호등 설치, 도르트문트 현수 철도(Dortmund suspended railway), 인터시티 익스프레스(ICE: InterCity Express), 디젤 촉매변환기 그리고 트랜스래피드(Transrapid)와 같은 운송 분야, (4) 엑스레이, 입자가속기, 심장초음파기, 심박조정기, 초음파진단기, 핵자기공명 단층촬영기 그리고 펫 스캐너(PET scanner)와 같은 의료기기, (5) 압연전동기, 수

은정류기, 통합 자동화, 우편 자동화, 증강현실 그리고 지능형 화재감지기와 같은 산업 자동화와 빌딩 기술 분야, (6) 다양한 아크 등, 탄탈룸 등, 서콜룩스 형광등(circolux fluorescent lamp) 그리고 발광 다이오드와 같은 조명기술 분야, (7) 먼지 흡입 펌프, 조리기와 세탁기, 텔레비전 수상기, 식기세척기, 누수방지 시스템 그리고 전기다리미와 같은 가전제품과 라디오 분야.

처음부터, 지멘스는 획기적인 발명품, 혁신에 대한 만반의 준비 그리고 강력한 국제적 몰입으로 이 회사의 성공을 이끌어왔다. 지멘스의 160년간의 역사는 비전이 어떻게 현실이 되는지를 보여준다. 19세기 기술의 진보에 지대한 공헌을 한, 비전 있는 발명가이자 창업가인 베르너 폰 지멘스에 의해 설립된 이래로, 전 세계적으로 176개의 연구·개발 시설을 포함한 1,640개의 소재지에서 약 40만 5천 명의 직원들을 하나로 묶음으로써 이 기업은 글로벌 혁신 네트워크로 성장해왔다. 지멘스는 190개국에서 활동을 하고 있는 세계적인 대기업이다. 지멘스 같은 창업가적인 조직은 혁신을 이루기 위해 유연성, 대응성, 혁신성 및 개방성을 통하여 모든 수준에서 자신들의 인력을 활용할 수 있다.

출처

www.siemens.com

벤처의 통제 7장

학습목표

1. 사내창업에서 통제 시스템의 성격을 학습한다.
2. 사내창업 활동을 평가하는 방식에 대해 학습한다.
3. 사내창업의 통제 시스템과 전통적 통제 시스템의 차이점을 이해한다.
4. 재무적 통제와 비재무적 통제가 왜 중요한지 이해한다.

들어가면서

통제라고 하면 조직의 규칙, 규정, 정책 그리고 절차에 대한 관료주의, 경직성 및 순응의 이미지를 흔히 불러일으킨다. 통제는 조직이 자신의 목적이나 목표를 달성하는 것을 담보하기 위해 필요하지만, 과도해서는 안 되며 조직의 일상적 운영을 감독하는 관리자의 기능이어야 한다.

조직이 발전하고 성장함에 따라, 통제 시스템은 좀 더 복잡해진다. 추가적인 규칙, 규정, 정책 및 절차가 시행되면, 좀 더 혁신적이고 창의적인 직원들의 능력을 떨어뜨리는 작업환경이 만들어진다. 조직 구조와 시스템은 조직의 관리와 통제를 위해 필요하지만, 이러한 정책들이 유연성, 혁신 혹은 창의성을 저해해서는 안 된다. 이러한 방식의 통제는 발생 가능한 사건들을 예측하고 적절한 대응책을 결정하면서, 조직 행동을 감독하고 평가하는 것을 의미한다. 통제는 직원에 대한 동기부여, 조직의 문제 해결, 조직성과 향상을 위한 기회의 활용과 관련이 있다.

통제 시스템의 개발은 조직 내 사내창업의 발생 빈도에 영향을 미친다. 효과적인 통제 시스템은 (1) 조직과 그 구성원들이 조직 목표의 달성을 위해 필요한 활동을 어떻게 효율적으로 수행하는지 감독하고 규제하며, (2) 고객을 위한 가치 창출에 사용되는 자원의 이용을 허락하는 조직 전략과 구조를 개발하며, (3) 조직의 전략과 구조가 의도된 대로 작용하는지 그리고 전략과 구조의 개선방안에 대해 감독하고 평가한다.

이번 장에서는, 사내창업 활동에 대한 통제의 본질에 대해 논의한다. 첫째, 통제의 생성과 개발에서 관리의 구성요소와 역할 그리고 통제의 형식과 측정이 제시되어 있다. 그러고 나서, 효과적인 통제 시스템에 대한 특성들을 논의하고, 사내창업을 장려하는 경영 통제 관련 철학의 발전을 위한 접근 방법에 대해 설명한다. 이번 장은 사내창업 조직에서 높은 수준의 혁신과 창의성을 획득하는 데 필요한 주요 구성요소와 더불어 재무적/비재무적 통제 방식을 살펴보는 것으로서 끝을 맺는다.

벤처 통제의 성격

통제는 관리자가 성과와 관련된 계획, 목표 및 기준에 의해 수립된 목적과 목표에 조직적 행동이 확실히 일치되게 하는 체계적 프로세스라 정의할 수 있다. 통제는 대개 위임 활동과 결부되어 있다. 효과적 위임은 조직의 철학, 전략 및 목표와 일치하는 의사결정 원칙을 필요로 한다. 통제 시스템은 조직 속에 통합되어 있는 원칙, 규정, 정책, 절차, 목표 및 행동 지침으로 구성되어 있다. 이러한 것들은 공식적으로 조직에 통합될 수도 있고, 혹은 어느 한 시점에서는 비공식적 상호작용이 될 수도 있다. 그럼에도 불구하고, 이러한 통제의 구성요소들이 창의성과 혁신을 방해할 정도로 너무 복잡해서는 안 된다.

경영통제 시스템의 구성요소

사내창업의 경영통제 시스템은 일반적으로 5가지의 구성요소로 이루어져 있다.

- **희망사항에 대한 계획.** 명확한 목적과 목표를 수립.
- **성과 기준의 수립.** 목표의 수준과 품질에 대한 현실적인 측정을 실시.
- **실제 성과에 대한 모니터링과 평가.** 정확하고, 연관도가 높으며, 시의적절하고, 원인의 파악이 가능한 보고 시스템의 수립.
- **예상결과와 실제결과의 비교.** 자세한 진행상황을 파악하고, 차이점을 확인하여 그 원인을 규명할 수 있도록 정보를 해석하고 평가.
- **편차의 수정과 개선조치의 시행.** 가장 적절한 행동 지침을 실행하는데, 이러한 행동 지침은 특정 프로세스나 인력을 제거하거나 조직성과를 향상시키기 위한 훈련을 늘이는 것과 관련이 있을 수 있음.

통제의 유형

사내창업의 통제는 여러 기능들을 수행하며 다양한 형태를 띨 수 있다.

- 통제 시스템은 투입(예: 모집과 선발), 행동(예: 성과 평가) 혹은 산출(예: 성과 측정)을 측정하는 데 초점을 맞출 수 있다.
- 통제는 일반적인 결과물 또는 특정한 행동을 측정할 수 있다.
- 통제는 조직의 전반적 성과를 전체적으로 평가할 수 있거나, 조직성과의 특정 부분 또는 일상적인 운영 활동을 평가할 수 있다.

조직 내에서 측정과 통제 전략

다양한 통제 유형들이 사내창업의 산출(예: 매출, 생산성, 비용, 수익성 및 성장성)과 행동들(예: 직원 행동, 문화, 경영 능력, 보상 및 동기부여)을 결정한다. 이 통제 유형들은 4가지 일반적 범주로 나누어지는데, 인적 통제, 관료적/중앙집권적 통제, 산출 통제 및 문화적 통제이다. 인적 통제는 규정에 순응하도록 관련 보상과 처벌을 강화시키는 중앙집권적 의사결정이 수반된 직접적 감독과 리더십이다. 관료적/중앙집권적 통제는 좁게 정의된 과업, 절차 및 규칙으로 공식화 수준이 높다. 이러한 규칙, 규정 및 절차는 각각의 과업, 중앙집권적인 의사결정, 그리고 규칙, 규정 및 절차에 순응하도록 하는 보상과 처벌 제도에 적용된다. 산출 통제는 각각의 업무나 조직 단위가 산출물 전체, 경영상의 의사결정 위임, 산출 목표의 달성과 연계된 보상과 처벌에 책임지도록 하고 있다. 문화적 통제는 공식적인 통제로서는 약하지만, 인력의 선발, 훈련 그리고 직업 안정성과 경력 발전을 지향하는 보상 시스템을 강조하며 공유가치(shared value), 규범(norms) 및 순응성(conformance) 등을 다룬다.

일반적으로, 공식화된 통제는 요구되는 산출 수준을 알려주는 규칙, 규정, 정책 및 절차에 달려 있다. 문화적 통제는 공유가치와 신념에 달려 있다. 공식화된 통제 시스템은 표준화된 예산, 보고 시스템 및 정책 매뉴얼을 사용한다. 문화적 통제는 개인과 조직의 가치/규범 간의 적합성을 요구한다.

효과적인 통제 시스템의 특성

사내창업 활동의 일부 통제 유형에 대한 필요성은 똑같지만, 통제 유형과 범위는 다양하다. 각각의 과업과 기능별로 통제가 다르다는 사실이 중요하다. 효과적인 사내창업의 통제는 다음의 특성들을 가지고 있다.

- **전략과의 연계.** 통제는 장·단기적으로 조직의 지향점이 반영되어야 한다.
- **모든 통제 단계의 활용.** 통제 단계는 성과에 대한 현실적 기준의 수립, 실제

성과에 관한 정보의 수집, 실제 성과와 기준 간의 비교 그리고 차이가 존재하는 경우 수정 조치를 취하는 것으로 이루어진다.

- **직원에 의한 수용.** 직원들이 통제 기준에 좀 더 몰입하고 부합할수록, 통제 시스템은 좀 더 성공적일 수 있다. 이를 위해서는 직원들의 직접적인 참여를 통해 주인의식과 몰입을 높여주는 시스템을 만들 필요가 있다.
- **객관적 자료와 주관적 자료의 균형.** 관리자는 모든 활동에 관심을 가질 수 있게, 정량적 성과 지표와 정성적 성과 지표에 대한 균형을 유지할 필요가 있다.
- **정확성.** 통제 시스템은 편차의 탐지를 위해 심층적이고 정확한 정보를 장려할 필요가 있다.
- **유연성.** 통제 시스템은 필요시 수정이 가능하도록 탄력적일 필요가 있다.
- **적시성.** 통제 시스템은 관리적 대응이 가능하도록 시의적절한 정보를 제공해야 한다.

효과적인 사내창업 통제 시스템은 다음 사항이 반드시 이루어져야 한다.

- 효율성, 품질 및 소비자 요구에 적합하도록 기여하여야 한다.
- 혁신과 창의성의 수준을 높여야 한다.
  - 관리자는 직원들이 충분한 권한 위임을 통해 창의적이 될 수 있다고 믿도록 환경을 조성해야 한다.
  - 권한은 직원들이 자유롭게 실험하고 위험을 감수하도록 분권화되어야 한다.
- 사내창업가의 성과 측정에 대한 기준을 제공해야 한다.
- 조직이 얼마나 효율적이고 효과적으로 기능하는지 평가해야 한다.
- 조직이 좀 더 고객대응을 잘하도록 만든다.
- 실패에 수반되는 비용을 최소화함으로써 조직의 성공을 최적화한다.

조직 내 사내창업 활동의 경제적 성공은 필요한 자원과 통제를 제공해주는 기업 구조를 갖추고, 최고경영진을 구축하고 발전시키는 데 달려 있다. 이러기 위해서는 기업 성과의 기준을 수립하는 것이 필요하다.

사내창업의 통제 시스템의 목표는 조직 전략과 일치하는 바람직한 산출을 만들어 내는 것이다. 표 7.1에 나타난 바와 같이, 관료적 조직과 사내창업의 근본적인 통제 속성들은 서로 다르다. 공식화와 비공식화, 집권화와 분권화, 경직성과 유연성, 권한과 위임, 하향식 소통과 수평적 소통, 명령의 준수와 개성 등 각각의 수준이 둘 사이에서 매우 다르게 나타난다.

[표 7.1] 관료주의에서의 통제와 사내창업에서의 통제

관료주의에서의 통제	사내창업에서의 통제
협의의 규칙, 규정, 절차 및 정책	광의의 규칙, 규정, 절차 및 정책
집권화	분권화
독재적	위임
유연하지 못하고 재량권이 허용되지 않음	유연하고 재량권이 허용됨
공식적	비공식적
순응을 강조	개성을 장려함
명령에 의한 복종을 지향함	인간 지향적
위험을 회피	위험을 용인

또한 관료주의 통제와 사내창업 통제 간에 유사한 점들도 있다. 효과적 통제 시스템은 모든 관련자들이 이해하고 있어야 하며, 조직 구조 내에서 성과에 책임을 지는 의사결정권자와 연결되어 있어야 한다. 효과적인 통제 시스템은 달성하고자 하는 성과 기준에서 벗어난 모든 편차를 신속하게 파악해야 하고, 조직의 성공에 필수적인 핵심활동에 집중해야 한다. 사내창업 통제 시스템이 효과적이기 위해서는 변화에 유연하게 적응할 필요가 있지만, 이미 수립된 목표와 일치해야 한다.

사내창업의 통제 철학

경영통제 시스템의 구성요소는 사내창업의 조직 철학과 연결되어야 한다. 사내창업 철학의 구성요소에는 다음 사항들이 포함된다.

- 사내창업 철학이 효과적인 통제 요소와 함께 폭넓게 정의되어야 한다.
- 경영진은 직원에 대한 권한 위임과 신뢰를 통하여 통제를 포기할 줄도 알아야 한다.
- 권한 이양과 자율성이 업무에 녹아들어야 한다.
- 권한 이양과 통제 간의 관계를 이해한다.
- 창업가적 행동을 장려하고 보상한다.
- 열린 의사소통과 정보를 전파한다.
- 조직 내 모든 계층을 신뢰하고 존중한다.
- 혁신과 창의성을 장려하고, 동기를 부여하며, 보상한다.

많은 집권화된 조직에서는 혁신과 창의성이 저해될 정도로 높은 수준에서 공식화된 통제 시스템을 보유하고 있다. 듀폰(DuPont)과 제너럴 일렉트릭(General Electric)과 같은 기업은 혁신 프로세스와 그를 응용한 시스템을 이해하는 CEO가 있어, 위와 같은 문제들을 피할 수 있었다.

사내창업에서 효과적인 통제 시스템과 평가 프로세스는 중요하다. 일반적으로 수준 높은 사내창업은 과정보다는 결과를 중요시 여기는 비공식적 통제 시스템과 좀 더 많이 연관되어 있다. 이러한 조직 통제는 초기에는 간단하나, 나중에는 관료주의를 촉진시킬 수 있는 정도까지 정교해지고 복잡해질 수 있다. 이런 유형의 통제 시스템은 조직원들의 행동과 자원 활용을 심하게 감독할 수 있기 때문에, 직원에 대한 권한 위임, 창의성 및 실험과 위험감수를 위한 동기부여가 저해될 수 있다. 통제를 많이 혹은 적게 하는 것이 중요한 게 아니라, 통제의 유형과 수준이 중요하다.

통제의 수준은 조직이 원하는 사내창업의 정도에 달려 있다(표 7.2 참조). 아마존, 델, 제너럴 일렉트릭, IBM, 루슨트 및 3M과 같은 혁신적 기업들이 자사의 전략을 사내창업활동의 촉진을 위한 효과적인 통제 시스템과 제대로 결합시키지 않았다면, 현재의 수준만큼 성공적이지 못했을 것이다.

일반적으로, 점진적 혁신(incremental innovation)은 좀 더 엄격하게 통제된 환경 하에서 이루어질 수 있지만, 불연속적 혁신(discontinuous innovation)에는 고도의 자율성과 권한 위임이 필요하다. 통제 정도는 연구·개발 부서나 마케팅 부서와 같은 특정 기능 영역이나 부서에서 시작된 프로젝트의 경우 대부분 높게 나타난다. 새로운 벤처 사업부의 프로젝트와 벤처 설립 프로젝트에서는 더 높은 수준의 자율성을 가진다. 조직 통제는 각각의 기능별 영역이나 사업부 내의 주도적 활동들을 반영할 필요가 있고, 각각의 수준에서 개인 간의 혁신과 창의적 역량을 반영할 필요가 있다. 제록스 테크놀로지 벤처스(XTV)는 적절한 시스템을 통해 어쩌면 쉽게 사라졌을 아이디어들을 활용하여 신규 기업들을 설립하였다.

[표 7.2] 다양한 유형의 혁신 주도(innovative initiative) 단계별 통제 수준과 자율성 수준의 비교

혁신 단계의 유형	통제 수준	자율성 수준
상위 관리자가 엄격하게 관리하는 프로젝트	높음	낮음
특정 부서에서 집권화된 프로젝트	높음	낮음부터 중간까지
부서 혹은 기능별 주도 단계	중간부터 높음 까지	낮음부터 중간까지
독립적인 벤처 프로젝트 팀	중간	중간부터 높음까지
독립적인 벤처 사업부 프로젝트	낮음부터 중간까지	중간부터 높음까지
벤처 프로젝트	낮음	높음

혁신과 창의성을 위한 통제 시스템

기업들은 진정한 기회를 파악할 수 있는 프로세스와 이러한 기회들에 접근하고 추적을 가능하게 해주는 통제 시스템이 필요하다. 개인용 컴퓨터 운영체제와 씨름하던 IBM, 인터넷 시대에 자신의 역할에 대한 정체성이 불명확했던 AT&T, 아마존의 매출 증가에 고군분투한 반스앤노블(Barnes & Noble)의 사례는 자사의 전략적 경계를 파악할 때 직면하는 문제들을 잘 보여준다. 이러한 기업들은 시장조사에 골몰하였지만, 신생벤처들이 자사의 시장에 진입하기 전까지 시장조사의 결과에 대해 실질적인 대응을 하지 못했다. 불행하게도, 가끔은 조직이 이러한 전략적 경계로 인해서 좋은 아이디어들과 멀어지고 고립이 되기도 한다.

일본 시장 진출을 위해서 이케아(IKEA)는 납작하게 포장된 가구를 조립해주는 서비스를 시작하기 위해 자사의 전략적 경계를 재정의하였다. 기업의 전략적 경계로 인한 경직성에 영향을 끼치는 여러 개의 차원들과 그 저변의 특성들이 다수 존재하지만, 이러한 전략적 경계를 허무는 일들이 자주 발생한다. 모리스 등(Morris et al.)[1]은 조직의 전략적 측면과 운영적 측면에 연결되어 있는 3가지 차원들을 제시하였다.

- **행정적 공식화와 비공식화.** 자원 배분과 직원의 행동에 영향을 미치는 측면에서, 조직이 명확하게 정의되고 문서화된 메커니즘(예: 규칙, 규정, 절차, 정책)에 의존하는 정도를 의미
- **관리적 유연성과 경직성.** 과업을 수행할 때, 규칙과 절차를 무시하거나 해석할 수 있는 재량권과 자유를 현장 관리자들에게 부여하는 정도
- **예산상의 엄격함과 여유.** 예산을 통해 자원 배분 방식과 성과 평가 방식을 얼마나 규제하는지의 정도

조직에서 비공식화의 정도는 부분적으로 조직 전략과 전반적인 전략적 방향성이라는 맥락에서 개인들의 주도(initiative)가 장려되는 수준에 달려 있다. 비슷하게, 관리적 재량권의 정도는 조직의 경계와 조직 내 직원의 수준에 따라 달라진다. 예산(자원) 통제는 새로운 창업가적 활동에 대한 인식과 개방성뿐 아니라, 일정 수준의 유연성을 갖춘 신뢰성이라는 원칙이 필요하다. 일상적 활동 이상의 활동에 필요한 자원들을 이용 가능하도록 풀어주면서, 효율성에 좀 더 집중할 때, 사내창업가적 행동이 더욱 증가한다. 혁신과 창의성을 위한 기회들을 장려하기

위해서, 조직은 일정 수준의 재량권이 허용되는 좀 더 넓은 맥락의 재무적 신뢰성을 명확히 정의할 필요가 있다.

기타 주요한 차원들에는 다음과 같은 것들이 있다. (1) 통제가 집권화된 정도 또는 권위적인 정도, (2) 자기 통제력에 대한 중요성, (3) 적합성(conformance)과 규정 준수(compliance)에 대한 상대적 강조, (4) 상세함과 복잡성의 수준 등이 있다. 모리스 등(Morris et al)[2]은 통제의 어떤 특성들은 사내창업가적 행동을 촉진시킬 수 있다고 주장하였다. 이러한 혁신적 행동이 발생하기 위해서는, 투명한 프로세스를 통해 조직을 통제할 필요가 있다.

개인에 대한 과도한 통제를 행하는 관료주의는 사내창업을 방해할 수 있다. 하지만 과도하게 비공식적이고 탄력적이거나 신뢰성이 부족하다면, 이 또한 사내창업에 대한 기회를 감소시킬 수 있다. 효과적인 통제 시스템에서는 이러한 점들 간의 균형이 필요하다. 분권화된 구조와 사내창업 간에는 어느 정도 연관성이 있다. 여기에는 자원에 대한 통제, 자율성 및 유연성이 포함된다. 예를 들어, 혁신에 대한 3M의 접근 방식은 널리 잘 알려져 있다. 이 회사의 문화에는 자유로운 15% 규칙(bootlegging rule)이 포함되어 있는데, 이 규칙은 직원들이 자신이 선택한 제품과 관련된 주제에 대해 일주일 동안의 근무시간 중 15%의 시간을 자유롭게 사용하도록 허용하는 시스템이다. 구글은 3M의 이 시스템을 흉내 내어 자사의 직원들로 하여금 개별 직원의 특정 담당업무 이외에도, 그 직원이 흥미가 있는 프로젝트에 자신의 근무시간 중 20%를 사용하도록 허용하였다. 루슨트, AT&T 및 휴렛팩커드와 같은 기업들은 신제품 개발 콘셉트 관리의 간소화를 위해 별도의 창업가적 조직을 신설하였다.

조직 통제의 초점

조직 통제 시스템은 인적 자원과 재무적 자원, 양쪽 모두에 초점을 맞추고 있다. 모든 조직의 자원은 한계가 있고, 각각의 부서들은 이 자원을 획득하기 위해 경쟁하고 있다. 통제의 초점들이 아래와 같이 제시되어 있다.

- **사전적 통제(feedforward control).** 조직에 투입되는 인적 자원, 물리적 자원 및 재무적 자원에 초점을 맞추는 통제.
- **동시 통제(concurrent control).** 조직의 기존 성과 기준에 맞추어 목표를 달성하기 위해 직원들의 활동을 지속적으로 감독하는 통제.
- **사후적 통제(feedback control).** 조직의 과업이 완료된 후에, 최종 제품/서비스의 품질에 초점을 맞추는 조직의 산출 또는 결과 지향적인 통제.

> **사전적 통제**
> feedback은 성과목표를 달성하는 과정과 그 결과를 분석해서 개선하거나 장려할 부분을 인식시키는 것을 말한다. 반면 feedforward란 일을 시작하기 전에 성공에 필요한 정보나 의견을 미리 제공하는 것이다. 성과달성에 장애 요인으로 작용할 수 있는 요소나 문제점들을 미리 예측해 성공률을 높이는 것이다.
> feedback이 결과에 근거하고 상사가 중심이 되어 조언하는 소통방식 이라면, feedforward는 성과창출을 위한 전략과 실행방법을 기준에 두는 예방적 성격의 소통 방식이다.
> feedback과 feedforward는 모두 지속적으로 성과를 창출하고 역량을 개발하기 위한 프로세스다. 그러나 feedback이 성공과 실패에 대해 사후 평가하는 데 초점이 맞춰져 있다면, feedforward는 선제 코칭으로 성공 가능성을 높인다는 점이 다르다.
> 출처: 류랑도(2012), "우리가 꿈꾸는 회사"

핵심 경영통제 시스템

대부분의 조직은 조직 활동을 지휘하고 감독하기 위한 통합 시스템을 제공해주는 전략 기획, 재무예측, 운영예산, 목표관리, 운영관리 시스템 및 경영정보시스템 보고서로 구성된 핵심경영통제 시스템을 보유하고 있다.

전략기획은 조직의 산업 내 위치, 내부의 강·약점 및 외부적 기회와 위협에 대한 심층적인 분석에 기반을 두고 있다. 재무예측은 대개 조직의 매출, 수익 그리고 제품과 관련된 1 ~ 3년 정도의 예상치를 의미한다. 운영예산은 다음 회계연도에 대한 각각의 운영부서들을 위해 추정된 비용, 매출, 자산 및 관련 재무적 수치들의 연간 예상치이다. 전형적인 목표관리에는 직원의 역량과 성과를 평가하는 표준적인 형식과 평가 척도들이 포함되어 있다. 운영관리시스템은 재고, 구매 및 유통 시스템을 말한다. 경영정보시스템 보고서는 직원수, 주문량, 반품률 및 부서나 사업부의 성과와 관련된 기타 통계 자료들로 구성되어 있다.

통제 방식

통제 방식은 여러 가지가 있는데, 표 7.3에 제시된 바와 같이 재무적 통제와 비재무적 통제로 나누어진다.

재무적 통제

자주 사용되는 3가지 재무적 통제 방식으로는, 예산통제, 손익분기분석 및 비율분석이 있다.

예산통제

예산통제는 결과와 그에 대응되는 예산을 비교하는 과정이다. 이 방식은 적용 시점에 따라 3가지 유형의 조직 통제 초점들(사전적 통제, 동시 통제, 사후적 통제)과 모두 연결되어 있기 때문에, 가장 공통적으로 사용되는 경영통제 방식 중 하나이다. 예산이 효과적이기 위해서는 효과적인 소통과 직원의 참여 그리고 최고경영진의 지원이 필수적이며, 또한 현실적이고 신뢰할 만한 숫자에 근거해야 한다. 사내창업 조직은 과정보다는 결과에 더 초점을 맞춤으로써 혁신과 창의성을 장려하기 위한 예산구조를 가지고 좀 더 유연한 접근 방식을 적용한다.

[표 7.3] 통제 방식

재무적 통제	비재무적 통제
예산통제	프로젝트 통제
손익분기분석	경영감사
비용분석	재고통제 생산통제 품질통제

4가지 예산 유형은 다음과 같다.

- **수익/비용 예산.** 매출 예산.
- **시간, 공간, 자재 및 생산 예산.** 기계 운전시간, 할당된 공간, 필요한 자재 및 산출량을 추정한다.
- **자본비용 예산.** 공장과 기계에 대한 비용.
- **현금 예산.** 현금의 유입과 유출을 추정한다.

손익분기분석

손익분기분석은 이익 창출 시점까지 필요한 금액의 판단을 위해 고정비와 변동비가 사용된다. 산출물에 상관없이, 고정비용은 일정하고 변동비는 시간에 따라 변화한다. 손익분기분석은 특정 제품이나 프로젝트의 시작과 종료와 관련된 의사결정에 유용하다. 특히 이러한 특성은 사내창업이 자원 활용에서 효율성과 효과성을 담보하는 데 중요하다. 총비용이 벌어들인 총수입과 일치할 때 조직의 손익분기가 이루어진다.

$$P(x) = FC + VC(x)$$

P = 신제품의 판매가격	x = 손익분기점
FC = 고정비	VC = 변동비

이 손익분기 공식은 다양한 손익분기점을 판단하기 위해 여러 가격들을 사용한다. 이 가격들은 경쟁 제품의 가격들뿐만 아니라 과거 경험과 판단에 근거해서 선별해야 한다.

예를 들어, 한 회사가 김 서림 방지용 변색 스키고글을 개발했다고 가정하자. 고정비용은 1,000,000달러이고 변동비는 단위당 18달러이다. 가격이 18.5달러, 20.50달러 및 32.50달러라면 손익분기점은 무엇인가?

단위당 가격이 18.50달러라면, 손익분기점은,

$$18.50(x) = 1{,}000{,}000 + 18.00(x)$$
$$x = 2{,}000{,}000\text{개}$$

단위당 가격이 20.50달러라면, 손익분기점은,

$$20.50(x) = 1{,}000{,}000 + 18.00(x)$$
$$x = 400{,}000\text{개}$$

단위당 가격이 22.50달러라면, 손익분기점은,

$$22.50(x) = 1,000,000 + 18.00(x)$$
$$x = 222,223\text{개}$$

이러한 분석을 통해, 이 회사는 고려하고 있는 가격별로 신제품 아이디어에 대한 수요를 예상할 수 있고, 어떤 가격에 이 프로젝트를 진행할지, 혹은 종료할지에 대해 예측할 수 있다.

비율분석

사내창업의 전반적인 견실함과 성과를 확인하는 효과적인 접근 방법 중 하나는 재무비율을 사용하는 것이다. 재무비율은 다양한 재무제표 항목들 간의 관계를 검토한다. 주요 비율들은 포괄손익계산서와 재무상태표에 있는 선별된 항목들로부터 계산이 된다. 재무비율들을 검토함으로써, 경영진은 어디서 어떻게 자금이 만들어지고, 자신의 사내창업 노력을 어디에 집중해야 하는지 결정할 수 있다.

자주 사용되는 재무비율에는 유동성, 활동성, 수익성 및 레버리지의 4가지 범주가 있다. 이들 각각의 범주는 11장 "사내벤처의 자금 조달"에서 논의된다.

비재무적 통제

자주 사용되는 5가지 비재무적 통제가 있다. 프로젝트 통제, 경영감사, 재고통제, 생산통제 그리고 품질통제이다(표 7.3 참조).

프로젝트 통제

프로젝트 통제는 조직이 수행하는 특정 프로젝트의 운영을 통제하도록 설계된다. 가장 일반적인 프로젝트 통제는 갠트차트(Gantt Chart)와 퍼트(PERT: Program [or Project] Evaluation Review Technique)분석이다. 헨리 갠트(Henry Gantt)의 이름을 딴 갠트차트는 사건과 그 사건에 따른 결과물들 간의 시간 관계를 막대로 표시한 차트이다. 이 차트는 한 과업이 완료되기 위해 필요한 활동들을 표시해주고 각각의 기간을 할당해준다. 갠트차트는 프로젝트가 정해진 시간보다 앞서고 있는지, 뒤처지고 있는지, 혹은 제시간에 이루어지고 있는지 파악하는 데 사용될 수 있다. 갠트차트는 엔지니어링, 제조, 연구 및 디자인과 같이 서로 연관되지 않은 활동에 대해 유용하게 사용된다. 퍼트는 프로젝트를 끝내기 위해, 필수적인 각각의 과업들을 완수하는 데 필요한 타당추정시간(the most likely time)을 보여주고, 어디서 가장 지체가 되는지를 식별해낸다. 퍼트 차트를 개발하기 위해 필요한 단계들이 아래에 제시되어 있다.

- 완수해야 할 모든 사건들을 파악하고 다소 도전적이지만 현실적인 기간을 할당한다.
- 시간 순서에 따라 완수해야 할 모든 과업들과 그에 따른 책임자들을 기록한다.
- 각각의 과업을 완수하는 데 필요한 시간을 추정한다.
- 각각의 활동에 대한 총시간을 순서대로 추정하고 활동 경로를 추정한다.

경영감사

경영감사는 조직 내부의 이해충돌을 평가하고 통제하기 위해 발전되어 왔다. 감사는 내부감사 혹은 외부감사가 될 수 있다. 내부감사는 계획검토(planning review)를 통해 조직의 운영을 조사한다. 내부감사는 종종 부실한 자원 활용, 자원의 중복 및 공장이나 기계의 비경제적인 사용과 같은 문제점들을 파악한다.

외부감사를 통해서 객관적이고 제3자적인 관리자들이 조직에 대한 조사를 수행한다. 외부감사는 사내창업의 강약점을 평가한다.

재고통제

재고통제는 재고의 진부화를 방지하면서 조직이 필요한 적정 재고를 유지하도록 재고 수준을 통제한다.

생산통제

생산영역에서는, 계획의 결과로 나온 산출물이 통제 시스템의 투입물이 되기 때문에, 계획과 통제 시스템은 상호 밀접하게 관련되어 있다. 생산통제의 목적은 제품이 적정한 비용으로 제때에 생산되어 품질 기준에 부합하게 만드는 것이다.

품질통제

품질통제는 생산의 효율성에 대한 측정치이기 때문에 품질통제와 생산통제는 상호 밀접하게 관련되어 있다. 훌륭한 품질 시스템은 상당한 비용 절감을 가능하게 한다.

품질이 강조됨에 따라 많은 기업들은 전사적 품질관리(TQM: Total Quality Management) 접근 방식을 받아들였는데, 이 전사적 품질관리는 아래의 원칙들에 의해 뒷받침된다.

- 품질의 의미가 일상적으로 강조되고 조직 문화의 일부분이 될 때, 품질이 좋은 재화와 서비스가 생산된다.
- 직원들이 시스템 내(in the system)에서 일을 하지만, 관리자들은 모범사례의 지속적 발굴에 필요한 방식을 파악하기 위해 시스템 위(on the system)에서 일할 필요가 있다.
- 전사적 품질관리(TQM)는 최고경영진에 의해 이루어진 전략적 선택이고, 전체 조직의 기능에 필요한 지침으로 일관되게 해석된다.
- 품질통제 관련 프로세스의 감독과 평가가 중요하고, 이러한 감독과 평가는 이 프로세스에 가장 근접한 작업자들에게 필요한 수준의 자율성을 제공함으로써 달성할 수 있다.
- 조직의 핵심 목적과 목표를 파악하고, 이러한 전략을 가장 잘 성취할 수 있는 계획을 개발한다.

사내창업에서 재무적 통제와 비재무적 통제 요소

사내창업의 재무적/비재무적 통제의 동일한 핵심은 직원들이 혁신적이고 창의적이 되도록 동기를 부여하고 촉진시키는 것이다. 이를 달성하기 위한 1가지 방안은 아래의 사항들을 가지고 조직의 목적과 목표에 대해 효과적으로 소통하는 것이다.

- 모든 직원들이 재무적/비재무적 정보에 접근할 수 있도록 하는 개방된 의사소통.
- 직원들이 필요로 하는 역량을 보유할 수 있도록 전 직원을 대상으로 하는 훈련과 개발.
- 직원들이 그들의 작업이 조직의 전체적인 전략과 어떻게 일치하는지 인식시키는 것.
- 직원들이 자신들의 핵심역량에 기초하여 자신들의 일을 결정할 수 있도록 권한을 위임하는 것.
- 직원들이 조직의 성공에 따른 성과를 가질 수 있게 하고, 실패에 대한 위험을 공유하도록 하는 것.

가치창출은 기업의 모든 부분에서 나오기 때문에 경영 통제의 방식들이 비재무적 정보 분석 쪽으로 이동 중이다. 만약 조직이 가치창출을 원한다면, 기업의 비재무적 측면들을 측정할 필요가 있다. 대부분의 조직들은 전통적으로 재무 관련 지표에 초점을 맞추어왔다. 이 재무적 지표들은 성과의 결과물이지 성과를 만들어내는 것이 아니다. 조직은 프로세스 효율성, 인적 자원의 개발, 리더십의 효과성, 고객의 유지와 증가 및 제품/서비스의 혁신과 같이 재무적 성과 뒤에 가려져 있는 진정한 원동력들을 평가할 필요가 있다.

듀폰(DuPont)은 현대적인 경영통제의 창시자로 알려져 있다. 분권화와 전문화로 인해서 듀폰은 성과 측정 시스템의 필요성을 보게 되었다. 듀폰은 새로운 회계 측정치인 투자수익률(ROI: Return On Investment)을 도입하였는데, 이 투자수익률이 과거의 측정치보다는 실제로 좀 더 정확할 것이라고 믿었기 때문이다. 듀폰과 제너럴 모터스(General Motors)는 이러한 분야에서 개척자들로 인식되고 있고, 또한 서로 다른 유형의 분권화된 조직, 예산 및 계획주기(Planning Cycle)를 만들었다. 이케아(IKEA)는 재무적 통제와 비재무적 통제 모두를 사용한다. 이케아의 재무적 측정치들은 대부분 매출과 생산성에 기반을 두고 있고, 비재무적 측정치들은 시장, 고객 및 직원들에 대한 설문에 기반을 두고 있다.

3M의 초기에 CEO인 윌리엄 맥나이트(William L. MacKnight)의 자사의 지속적 혁신을 위해 다수의 공식적/비공식적 통제를 도입하였다. 3M의 경영진들은 혁신이 3M의 미래 전환점이 될 것이라고 확신하면서 이러한 통제들을 계속해서 확대하고 포용하였다. 직원들이 보이는 행동의 변화를 영구적으로 그리고 자기 발전적으로 만들기 위해, 명확하게 수립한 기준치를 바탕으로 지속적인 강화 시스템을 설치할 필요가 있다. 미국의 월마트, 홀푸드 마켓(Whole Foods Market) 그리고 독일의 글로버스(Globus)와 같은 소매상들은 열정을 만들어내고 서비스 수준을 높이기 위해 표준화된 프로세스와 개인적 주도(individual initiative)를 창의적으로 결합시켰다.

노키아(Nokia)와 애플(Apple)은 개발비의 증가를 관리하고 자사의 수익성을 높이기 위해 다양한 접근 방법들을 사용한다. 노키아는 독점적인 칩셋(Chipset)의 설계에 따르는 재무적 위험을 감소시키기 위해 칩셋 사업의 주요 부분을 외주(outsourcing)로 돌렸다. 노키아는 자사의 핵심역량에 중점을 두는 전략을 지속했고, 기타 분야에서는 외주업체를 이용하였다. 한때, 노키아는 연간 7천만 대 이상의 전화기를 판매하며 전 세계 시장의 약 40%를 차지하였다. 애플은 2억 7천 8백만 달러의 비용을 지불하여 매우 소규모이지만 휴대폰 기술 분야에서 많은 경험을 가진 마이크로프로세서 디자인 회사를 인수하였다. 이 인수를 통해 애플은 지속적으로 고객 경험을 개선하면서 혁신을 이루었다. 디자인과 소프트웨어에 대한 애플의 집중은 계속되는데, 그 이유는 초기에 비용은 들었지만 디자인을 통제하는 애플의 결정이 애플의 성공에 상당한 기여를 해왔기 때문이다.

요약

이번 장은 통제 시스템과 사내창업과 관련된 시사점들을 살펴보았다. 통제 시스템은 바람직한 직원 행동과 조직성과의 달성을 위해 시행되는 규칙, 규정, 정책 및 절차들의 조합이다. 너무 경직되거나 너무 유연한 통제 시스템은 사내창업에 상당한 장벽이 될 수 있다. 사내창업은 직원들이 혁신적이고 창의적이 되도록 권한을 주고, 용기를 북돋워주며, 동기를 부여하고, 그러한 행동들을 보상해주는 개방적 의사소통과 상호 신뢰를 가진 좀 더 유연한 통제 시스템에 의해 촉진된다.

재무적/비재무적 통제 방식은 조직 전체에 걸쳐 시행될 필요가 있다. 핵심은 사내창업활동들을 저해하지 않으면서 적절한 통제 수준을 제공해주는 통제 시스템을 발전시키는 것이다.

Scenario 7 아메리칸 그리팅스 코퍼레이션 (American Greetings Corporation)

인사용 카드를 만드는 회사 중 세계에서 가장 큰 상장기업인 아메리칸 그리팅스 코퍼레이션(American Greetings Corporation)은 오하이오(Ohio)주 클리블랜드(Cleveland)시로 이주한 폴란드 이민자인 제이콥 사피르쉬타인(Jacob Sapirstein)에 의해 1906년에 설립되었다. 그는 값싼 우편엽서의 원재료를 구매하기 위해 50달러를 빌렸고, 카드로 만들어 약국, 잡화점, 제과점 등에 팔았다. 1주일 후에, 그는 대출금을 갚고도 다음 주 장사를 위해 필요한 추가적인 50달러를 확보할 만큼 충분히 카드를 판매하였다. 그 뒤, 아메리칸 그리팅스는 가족 사업이 되었다. 1921년에 이 가족기업은 11,500달러의 매출을 올렸는데, 지금 기준으로 10만 달러에 해당한다.

1929년에 아메리칸 그리팅스는 세계 최초로 손님들이 스스로 카드를 선택하여 구매할 수 있는 카드 전시대를 도입하였다. 이러한 혁신의 결과는 지금도 인사카드용 전시판매대의 글로벌 표준으로 남아 있다. 1936년 무렵, 이 기업은 자신만의 고유한 카드를 인쇄하기 시작하여, 1952년에 상당한 성장을 이룬 후, 주당 12달러에 신주 200,000주를 발행하여 주식시장에 상장되었다. 1956년, 아메리칸 그리팅스는 클리블랜드시에 9개의 공장을 가동하여 매일 180만 개의 카드를 생산하였고, 칼톤 카드(Carlton Cards)도 인수하였다. 1957년에 아메리칸 그리팅스는 하이 브로스(Hi Brows)라는 새로운 종류의 인사용 카드를 도입하였는데, 재미있고 간결한 이야기가 담긴 만화 스타일의 디자인을 특징으로 한다. 1967년에 아메리칸 그리팅스는 홀리하비(Holly Hobbie)를 출시하였는데, 여러 헝겊조각을 이어붙인 평화로운 패치워크(patchwork) 모양을 담고 있는 카드는 수백만의 사람들을 사로잡았다. 1977년 무렵, 홀리하비는 세계에서 사람들이 가장 많이 찾는 여자 라이선스 캐릭터 카드 중 하나가 되었다. 1968년에는 아메리칸 그리팅스는 펠리시아타시오네스 나시오날레스(Feliciatationes Nacionales)를 인수하였다. 아메리칸 그리팅스는 1978년에 세계에서 가장 큰 전시대를 만드는 에이지 공업(AG Industries, Inc.)을 설립하였다. 1979년 아메리칸 그리팅스는 크리스마스 포장지, 상자에 담긴 카드 및 액세서리 생산업체인 플러스 마크 캐나다(Plus Mark Canada)를 인수하였다.

활기차고 천진난만한 새로운 캐릭터인 스트로베리 숏케이크(Strawberry Shortcake)는 1980년부터 알려지기 시작했고, 1981년에는 이 헝겊인형 모양의 캐릭터로 소매점에서 5억 달러를 벌어들였다. 1년 만에 600개 이상의 스트로베리 숏케이크 제품이 출시되었다. 1980년, 아메리칸 그리팅스는 토론토 러스트 크래프트 그리팅 카드(Rust Craft Greeting Cards of Toronto)사의 권리들을 매수하였고, 영국 노샘프턴셔(Northamptonshire)주의 코비(Corby)에 기반을 둔 셀러브레이션 아트 그룹(CAG: Celebration Arts Group Ltd.)을 인수하였다. 아메리칸 그리팅스는 1982년에 케어 베어(Care Bears) 캐릭터를 만들어냈다. 첫해에 케어 베어 캐릭터 상품은 소비자 가격 기준의 매출로 20억 달러 이상을 벌어들였다. 1986년에 이 회사는 10억 달러의 매출을 기록하였다. 호주와 뉴질랜드의 존 샌즈(John Sands)사와 남아프리카의 에스에이 그리팅스(S.A. Greetings)를 인수함으로써 해외 진출을 강화하였다. 아메리칸 그리팅스는 1996년에 종이 카드, 전자 카드, 캔디, 화환 및 선물용품이 포함된 홈페이지를 개설하였다. 현재 에이지 인터렉티브(A.G. Interactive)는 Egreetings.com과 BlueMountain.com와 같은 다른 계열사 홈페이지와 더불어 자사의 메인 홈페이지인 AmericanGreetings.com을 통해 세계 최대 규모의 창의적 상품들을 인터넷에서 판매하고 있다. 아메리칸 그리팅스는 1998년에 별도의 사업부로, 달력 제품들의 마케팅과 유통을 담당하는 데이트웍스(DateWorks)를 출범시켰다. 2002년에는 케어얼랏(Care-a-lot)이라는 캐릭터로 부활하였고, 2003년에는 클래식한 스트로베리 숏케이크가 "스트로베리 숏케이크와 그 친구들(Strawberry Short Cake and Friends)"라는 이름으로 재출시되었다. American Greetings.com은 모바일 기술을 활용하여, 2004년 신규 모바일 사업부로 에이지 모바일(AG Mobile)을 설립하였다. 새로운 미디어로 확장함으로써, Amercian

Greetings.com는 자사의 상호를 에이지 인터렉티브(AG Interactive)로 변경하였다. 2008년에 아메리칸 그리팅스는 온라인 사진 공유 사이트와 개인 출판 사이트인 포토웍스(PhotoWorks)와 웹샷(Webshots)을 매입하였다. 2009년에 아메리칸 그리팅스는 리사이클드 페이퍼 그리팅스(Recycled Paper Greetings)와 파피루스(Papyrus) 브랜드를 인수하였다.

아메리칸 그리팅스는 폐기물 감소, 친환경 제품의 개발 및 좀 더 에너지 효율적인 경영을 위한 여러 대안들을 지속적으로 혁신시켜 왔다. 아메리칸 그리팅스는 다음을 통하여 지속가능성에 힘써왔다.

- **공동체.** 지역의 여러 기관들과 함께 자선 활동, 자원봉사 활동 및 선별된 후원활동을 통해 유나이티드 웨이 오브 그레이터 클리블랜드(United Way of Greater Cleveland)를 지원하였다.
- **직원.** 서류 없는 커뮤니케이션 시스템과 기업이 후원하는 이벤트 등을 통해 직원들이 폐기물과 에너지 소비를 줄일 수 있도록 도움을 주었다.
- **소매상.** 지속가능성의 가치를 인정하고 온실가스 감축을 위한 신규 영업용 차량의 도입과 같은 몇 가지 선제적 행동들을 취하였다.
- **운영.** 자사의 기업사슬에서 지속가능성 프로그램의 운영을 보장하였다.
- **최종 제품.** 폐기물 관리와 관련된 선제적 행동을 통해 더 많은 지속가능한 최종 제품을 확보하였다.

1906년 제이콥 사피르쉬타인(Jacob Sapirstein)을 움직인 혁신에 대한 헌신은 현재에도 생생히 살아 있으며, 이러한 헌신은 고객들이 자기를 표현함으로써, 자신의 사회적 관계를 향상시키는 데 아메리칸 그리팅스가 도움을 주었다.

출처

www.corporate.americangreetings.com/aboutus/history.html

아메리칸 그리팅스 인터렉티브의 사이트들의 주소

AmericanGreetings.com

BlueMountain.com

Kiwee.com

PhotoWorks.com

WebShots.com

벤처활동과 관련된 사내 정치 8장

학습목표

1. 기업 내부의 정치적 행동에 따른 긍정적 측면과 부정적 측면을 학습한다.
2. 새로운 사내창업을 잠재적으로 가로막는 정치적 장애물들에 대해 학습한다.
3. 사내창업의 장애물들을 극복하는 방안에 대해 학습한다.
4. 사내창업의 성공을 위한 정치적 전술의 활용에 대해 학습한다.

들어가면서

정치적 행동은 기업에서 영향력(influence)을 행사하는 것이고, 이러한 영향력이 어떻게 사용되는지에 따라서 개인과 조직에 대한 순기능적 결과와 역기능적 결과가 초래된다. 정치적 행동은 아마도 개인적 요인과 상황적 요인 간의 결합에 의해 초래되는 것이며, 꼭 이기적인 것으로만 생각할 필요는 없다.[1] 정치적 관점에서 경영은 관리 업무 전반에 정치가 개입된 축소판 사회로 직장을 묘사하고, 개별 관리자들은 "식견이 높은 인적 대리인(knowledgeable human agent)"으로 비추어진다. 영향력은 상호 협조적인 제휴와 네트워크를 구축하는 것에 대한 이론적 중요성과 실무적 중요성을 증가시킨다. 내부의 정치는 크든 작든 간에, 모든 조직에서 불가피하고, 사내창업활동을 증진시키거나 가로막기도 한다.

사내창업 활동을 발전시켜 온 많은 벤처 경영자들은 자신의 조직 내 정치적 요구 사항들에 대한 이해가 부족한 이유로 사내창업 활동을 실행하는 데 어려움을 겪을 수 있다. 기존 조직에 비해서 사내창업 활동의 작은 규모와 특성을 고려하면, 기존 조직에 의해 지원을 받고 승인될 수 있도록 사내창업 활동은 적절하게 정치적일 필요가 있다. 성공적인 사내창업가는 조직 내의 불문율과 정치를 이해하고 대처하는 사람들이다. 그들은 특히 CEO와 같은 핵심 인사, 고위 경영진 및 이해관계자들에게 영향을 미치고 동기를 부여시킬 수 있다.

초기 스타트업(start-up) 단계에서 사내창업가가 직면하는 가장 큰 난제들은 정당성, 인적/비인적 자원의 부족 및 사내창업 활동에 대한 저항과 관련된 이슈들이다. 사내창업가는 정치적 기회를 놓치지 않기 위해서, 적합한 인재들에게 영향을 미치고, 설득하며, 동기를 부여시키는 정치적 전술을 발전시킬 필요가 있다. 그러면서 동시에 정당성을 확보하고, 필요한 인적/비인적 자원들에 대한 접근을 가능하게 하고, 모기업으로부터의 저항을 극복할 수 있어야 한다.

이번 장은 정치적 장벽에 대한 이해와 사내창업의 발전과 참여와 연관된 장벽들을 극복하는 데 도움이 되는 적절한 정치적 전술들을 제공하도록 구성하였다. 첫 번째로 사내창업 활동을 저해하는 내부 정치와 장애요소들을 설명하였다. 두 번째로, 장애요소들을 극복하는 방식에 대한 분석을 제시하였다. 그 뒤를 이어, 조직 내부의 저항에 대한 극복과 지원의 획득에 활용가능한 정치적 전략과 전술을 제시하였다. 사내창업 활동에 미치는 영향력과 정치의 파급 효과에 대해 언급하고, 사내창업을 진전시키는 데 필요한 영향력을 높이는 데 요구되는 정치적 전술에 대한 지침을 제시하며 이번 장을 끝맺는다.

내부 정치(Internal Politics)

정치는 업무 환경에서 불가피한 것이다. 조직은 개인과 집단으로 구성되어 있는데, 이들은 자신들의 이해관계, 욕망, 필요, 기대 및 욕구를 직장으로 가져온다. 이는 정치가 발생하는 다양한 이해관계를 초래한다. 조직 내부의 정치는 관계, 규범, 프로세스, 성과 및 결과에 대해 상당한 영향을 준다. 왜냐하면, 이들 모두가 조직의 문화와 관리 제도로 통합되어 있기 때문이다.

정치적 행동은 조직에서 누구나 예상하는 자연스러운 특성이다. 조직의 목적과 목표를 달성하기 위해서 조직은 개인들의 행동에 관한 특정한 결정을 내릴 수 있는 권리를 가지고 있다. 조직의 권위에 대해 복종하는 것은 조직이 개인의 특정한 목적과 목표를 만족시키느냐에 달려 있다. 보상, 고용조건, 승진 및 승급은 조직과 직원의 이해관계를 일치시키는 경영 시스템이다. 개인들은 조직의 정치적 경계 안에서 계속해서 정치적으로 행동하고, 자신들의 고유한 편익과 만족을 높이기 위해 노력한다. 조직의 정치적 역량은 영향력 기반이라는 측면의 정치적 자원에 의존한다. 미래의 정치적 역량을 담보하기 위해서, 조직은 이러한 영향력 기반을 확장하거나 통합하려는 시도를 할 수 있다. 표 8.1에서는 개인과 조직이 정치적으로 행동하는 것에 따른 긍정적 결과와 부정적 결과를 요약하였다.

내부 정치는 영향력이 조직 전체에 분배되는 방식을 일컫는다. 어떤 수준의 변화도 다양한 공식적/비공식적 집단 간 힘의 균형을 바꿀 수 있는 잠재력을 가지고 있다. 변화가 초래하는 불확실성은 모호함을 만들어내는데, 개인들이 자신을 둘러싼 환경들에 대한 통제를 통해 조직 구조를 만들려는 시도가 있는 경우, 이 모호함은 정치 활동의 가능성을 높여준다. 대부분의 기업에서는 정치적 영향력이 조직의 최고위층에 많이 집중되어 있다. 특정한 결과에 대해 기득권이 있는 정치적 영향력을 가진 임원들의 지지와 반대는 사내창업 활동과 연관되어 모기업이 취하는 조치와 깊게 관련되어 있다.

이러한 점을 설명하기 위해서 사내창업가에 대한 몇 가지 중요한 질문들이 있다. 사내창업가의 아이디어에 대한 가치를 과소평가할 수 있는 사람은 누구인가?

[표 8.1] 개인과 조직의 정치적 행동에 따른 긍정적/부정적 결과

긍정적 결과	부정적 결과
개인 수준	**개인 수준**
• 자신감, 신뢰 및 진정성 있는 행동 특성을 고양 • 자기주장의 향상 • 불안감과 스트레스의 감소 • 지위와 영향력의 향상 • 승진과 승급	• 절망감, 의욕상실, 불만족 • 낮은 도덕성과 자신감 상실 • 불안감과 스트레스의 증가 • 지위와 영향력의 상실 • 평판에 상처를 입음
조직 수준	**조직 수준**
• 희망하는 정책과 절차를 지원 • 조직의 효과성에 기여 • 정당한 결정의 실행 • 의사결정 전략의 개선 • 효과적인 갈등 해결책에 대한 접근법의 개발 • 변화에 적응하는 환경의 창출 • 변화에 대한 저항을 관리	• 부정적인 조작과 의미 없는 게임 플레이 • 조직의 효과성을 억제 • 비도덕적인 의사결정과 자원의 사용 • 장벽을 높여 소통을 방해 • 목표 달성을 저해하고 갈등으로 이어짐 • 유연성과 적응성의 감소 • 조직의 변화를 가로막음

조직에서 개발 중인 아이디어를 방해할 수 있는 영향력을 가진 사람은 누구인가? 새로운 사내창업의 기회를 받아들일지 말지에 대해 최종 결정을 하는 사람은 누구인가? 사내창업을 실행하고 발전시키기 위해서, 혁신적인 사내창업가는 핵심 이해관계자들을 동기를 부여시키고 그들에게 영향력을 행사하려는 노력을 해야만 한다. 핵심 이해관계자를 식별하고 그들을 효과적으로 참여시키는 데 실패하면, 사내창업 프로세스는 심각하게 저지당하고, 모든 창업 프로세스가 사라질 가능성이 있다.

사내창업을 위해서 최고경영진의 핵심 이해관계자들에게 관심을 불러일으키고 그들의 지지를 얻기 위한 대중적인 방법 중 하나는 "찌르기(stinging)"이다. 이 방법은 일을 진척시키기 위해 최고경영진의 지지가 필요한 사내창업가가 자주 사용하는 방법이다. 잠재적인 지원 수준을 결정하기 위해 "찌르기(stinging)"는 사내창업 활동에 대해 최고경영진에게 개별적으로 조심스럽게 접근하는 것과 관련 있다. 이런 방식 하에서 사내창업가는 최고경영진을 벌집으로 여기는 꿀벌처럼 행동하고, 그러한 최고경영진 모두에게 새로운 아이디어를 펼쳐 보이기 전에, 최고

경영진을 개별적으로 찌르면 새로운 아이디어에 대한 지원을 받을 확률이 높아진다. 이러한 내부의 고위층 챔피언들은 초기 단계에서 새로운 아이디어를 촉진시키는 데 매우 중요하다. 1980년대부터 골드만삭스(Goldman Sachs)는 고위층 챔피언(upper-level champion)들에 대한 "찌르기" 방식을 활용하여 사내창업에 접근하였다. 이 방식을 통해 골드만삭스는 세계적인 규모로 정크본드와 투자은행시장에 성공적으로 진입할 수 있었다.

다수의 정치적 문제들은 사내창업 프로세스를 심각하게 억제시킬 수 있다. 사내창업 프로세스를 저해할 수 있는 정치적 파문을 일으키는 장애물로는 다음과 같은 것들이 포함된다.

- 사내창업에 참여할 수 있는 적절한 시간과 지원의 부족.
- 혁신적인 개인들을 동기를 부여하고 격려하기 위한 보상 제도의 미비.
- 사내창업가가 예상 투자수익률을 제시하는 데 실패하여, 모기업으로부터 충분한 투자를 받지 못하는 경우.
- 독재적인 형태의 경영에 초점을 맞춘 부적절한 조직 구조..
- 아이디어가 다양하고 도전적일 때, 특히 발생하는 높은 수준의 회의감.
- 새로운 창업가적 개념이나 아이디어에 대한 모기업의 반대는 해당 아이디어에 대한 이해와 관심을 제한적으로 만들고, 혁신적인 개인들이 위협이 된다고 느끼며, 자원의 부족, 직·간접적인 경쟁 및 개인들 간의 저항을 야기한다.
- 조직 전체에 걸쳐 혁신과 창의성을 억제하고, 실패와 처벌에 대한 두려움으로, 창업가적 행동을 심각하게 가로막는 두려움으로 가득 찬 환경.

장애물 극복

이러한 장애물들과 부정적인 시사점들 모두는 경영 관행과 조직의 내부 요인 때문에 나타난다. 이러한 장애물들을 관리하고 극복하기 위해서, 사내창업가는 사내창업 활동의 잠재적인 편익과 관련된 필요한 개별 인사들에게 영향력을 행사하고, 설득하며, 동기를 부여할 필요가 있다. 어떤 수준의 변화라도 정치적 시스템의 수정과 연관되어 있다. 사내창업 활동과 관련된 지원과 영향력을 얻기 위해서, 사내창업가는 정당성을 확보하고, 필요한 인적/비인적 자원에 대한 접근이 가능하며, 조직 전체의 모든 사람들에게 영향력을 행사할 수 있어야 한다.

정당성의 확보

과거 기록이나 경험이 없기에, 염두에 두고 있는 시장과 아이디어가 새로우면 새로울수록 정당성과 관련된 이슈는 점점 더 중요해진다. 초기부터, 사내창업은 긍정적인 개념의 역량, 생존 및 정당성을 만들어낼 필요가 있다. 정당성을 확보하기 위해 기본적이지만 가장 영향력이 큰 전술은 새로운 활동의 실행 가능성과 신뢰성을 보여주기 위해, 독립적인 외부의 개인 자문가 및 컨설턴트를 고용하는 것이다. 사내창업가가 과거 성공적이었던 신규 계획의 개발과 관련해서 평판이 좋다면 이러한 방법이 타당하다. 좀 더 객관적인 관점과 입증된 실적을 가진 직원들이 보내주는 내부적 지지는 프로젝트에 정당성을 부여할 수 있다. 사내창업가가 신속하게 정당성을 확보할 수 있다면, 사내창업 활동은 조직 전체에 빠르게 받아들여질 것이다.

인적 자원 요건과 비인적 자원 요건

일의 진척과 발전을 위하여 새로운 사내창업 활동에는 인적 자원과 비인적 자원 모두를 적절하게 제공할 필요가 있다. 사내창업가는 필요한 스킬을 보유한 개인들이 모기업 내부에 존재하는지, 아니면 핵심 인력을 외부에서 영입할지를 결정할 필요가 있다(10장 참조). 비인적 자원으로는 자금 조달, 장비, 기술, 생산, 서비스 시스템 등이 포함된다. 사내창업가는 보통 사용 가능한 자원량에 많은 제약을 가지고 있다. 사내창업가는 충분한 자원을 확보하기 위해서 끈기와 투지로 자원과 관련된 정치적 활동에 관여할 필요가 있다.

사내창업가가 필요한 자원을 얻기 위한 유일한 방법이, 다른 부서나 팀으로부터 자원을 빼앗는 것이라고 생각하지 않는 것이 중요하다. 이러한 제로섬

(zero-sum) 사고방식은 종종 정치와 경쟁이 파괴적인 갈등으로 바뀌게 하는 원인이 된다. 사내창업가의 가장 가치 있는 속성 중 하나는 혁신을 통해 부를 창출하는 능력이다(positive sum game).

저항의 극복

사내창업 활동은 종종 외부 환경에서 발생하는 새로운 도전과 기회들(예: 주요 경쟁자의 신제품 출시, 기술의 진보)에 대한 대응의 필요성 때문에 촉발된다. 제대로 준비되기 전까지는 새로운 창의적 아이디어가 조직에 도움을 주지 못한다. 사내창업가들이 겪는 좌절 중 하나는 확실한 이유도 없이 발생하는 조직 내부의 저항이다. 표 8.2에 나타난 바와 같이, 저항과 연관된 많은 이유들이 존재하는데, 사리사욕, 이해와 신뢰의 부족, 위험과 불확실함 그리고 상이한 목적과 목표 같은 것들이 포함된다. 실행 프로세스를 효과적으로 관리하기 위해서 사내창업가들은 저항에 대한 이유들을 알고 있을 필요가 있고, 협조를 얻기 위한 기법들을 활용할 준비가 되어 있어야 한다.

협조를 얻기 위한 기법

- 신규 벤처 활동에 대한 고위 경영진의 지원을 확보한다.
- 관련자들에게 정확한 정보를 제공함으로써 필요한 모든 조사를 수행하였다는 믿음을 주고, 신생벤처가 가져다주는 혜택에 대해 모든 사람들을 교육시킨다.
- 신생벤처에 의해 영향을 받는 모든 사람들과 소통한다.
- 혁신적이고 창의적이며 벤처의 성과를 만드는 데 도움을 주는 모든 사람들을 참여시킨다.
- 사람들이 자신의 스킬과 역량을 구현하도록 기회를 만들어준다.
- 조직 내·외부에 지원 네트워크를 구축한다.

[표 8.2] 저항의 원인

개인적 저항	조직적 저항
사리사욕(예: 영향력의 상실, 자유의 상실, 또는 현재 위치와 관련된 지위의 상실)	조직 문화
미지의 것에 대한 두려움	안정성을 유지하는 데 초점
주저와 분노	신생벤처에 필요한 추가적 자원에 대한 투자의 실패
신생벤처에 대한 이해와 신뢰의 부족	신생벤처에 제공되는 재무적 자원의 부족
신생벤처 활동과 연관된 위험과 불확실성	기존의 힘과 영향력에 대한 위협
신생벤처와 비교해서 서로 다른 목적과 목표	경쟁심화로 인한 신생벤처의 생존이 어려움
신생벤처가 현재 상황을 불안하게 한다는 느낌	현재 사용 중인 시스템을 불안하게 하고 위협함

정치 전략

정치 전략(political strategy)은 영향력을 증가시키고 효과적으로 행사하는 데 사용되는 구체적인 전술이다. 자원을 획득하고, 합의와 지원을 이끌어내며, 잠재적인 장벽과 저항을 극복하는 데 필요한 정치적 전술(political tactics)은 조직마다 다르다. 사내창업가가 문제를 해결하는 데 사용 가능한 많은 전술들이 존재한다.

반대자들의 눈에는 저항에 대한 이유가 정당한 것으로 보이기 때문에, 사내창업가가 취할 수 있는 최선의 절차는 저항을 무시하는 것이 아니라, 저항의 이유들을 진단하고 새로운 아이디어를 공식적으로 발표하기 전에 받아들여질 수 있는 전략을 설계하는 것이다. 사내창업 프로세스를 저해하는 조직 저항을 극복하기 위한 정치 전략 중 하나는 다음과 같은 단계들을 포함하고 있다.

1 **사내창업 활동의 단기, 중기 및 장기 목적과 목표를 명확히 한다.** 핵심 목표를 명확하게 밝힘으로써, 사내창업가는 신생벤처에 의해 내적으로 혹은 외적으로 영향을 받는 사람이 누구인지 파악할 수 있다. 이렇게 함으로써 신생벤처의 성공에 기여하는 데 필요한 모든 개인, 집단 및 조직을 파악하고, 그들 모두가 지원을 아낌없이 해줄지에 대한 여부를 파악할 수 있다. 가급적이면, 공식적인 회의 이전에 새로운 아이디어에 대해 최대한의 합의를 이루어내는

것이 중요하다.

2 **사내창업의 발전을 저해하는 잠재적인 정치적 장애물들을 파악한다.** 사내창업가는 다양한 이해관계자 집단들을 검토하고 기존의 지원 수준, 내·외부의 반대자 및 반대자에 의해 취해질 것으로 예상되는 행동을 파악해야 한다.

3 **신생벤처의 성공에 대해 중립적인 개인과 집단을 파악한다.** 이러한 개인과 집단이 신생벤처의 반대자가 되는 위험 대신에, 이들과 같이 할 수 있는 적절한 정치 전략을 사용하는 것이 중요하다. 정치 전략은 다음과 같은 방식으로 설계되고 개발되어야 한다. 지원을 최대화하고, 반대편에서의 위협을 최소화하며, 중립적 집단을 지지자로 전환시키고, 반대자를 중립으로 전환되도록 한다. 이렇게 함으로써, 반대하는 사람들이나 집단이 신생벤처에 야기할 수 있는 피해를 감소시킬 수 있다.

4 **개인과 집단의 반응에 대한 가능성을 예측한다.** 인간 행동은 예측할 수 없기 때문에, 사내창업가는 각각의 개인과 집단으로부터 나오는 다양한 대응과 반응에 대비하고, 그것들을 관리하는 것이 매우 중요하다. 사내창업가는 특정한 개인과 집단으로부터 예상되는 반응에 따라서 정치 전략을 유연하게 조정할 필요가 있다.

5 **정치 전략을 수립한다.** 정치 전략을 적용할 때 중요한 실행과 관련된 이슈들에 대한 분석과 평가는, 정치 전략이 제대로 확실하게 작동하도록 하는 데 도움을 준다. 사내창업가는 핵심 동맹과 반대편에 초점을 맞춤으로써 프로세스를 가능한 단순하게 유지할 필요가 있다. 필요한 개인과 집단과의 합의가 일단 이루어지면, 사내창업 활동을 다음 단계로 발전시키는 행동에 집중하면서 정치 전략을 실행할 필요가 있다.

6 **정치 전략의 진전을 모니터링하고 평가한다.** 사내창업가는 차이로 발생시키는 모든 편차를 파악하고, 그에 따라서 적절한 시정조치를 취하도록 정치 전

략을 모니터링하고 평가할 필요가 있다.

정치적 문제들을 균형 있게 다루는 것이 중요하다. 다른 관점과 의견에 대한 여지를 남겨두고, 결정에 이르기까지 합의를 도출하는 것이 필요하다.

정치적 전술

사내창업가는 정치적 스킬이 매우 중요하게 되는 여러 가지 상황에 놓이게 된다. 이들은 보통 공식적으로는 제한된 영향력을 가지고 있기에, 필요한 지원을 획득하기 위해 자신들의 영향력을 사용할 필요가 있다. 정당성과 영향력을 만들고 발전시키기 위해서, 사내창업가는 다음 사항들을 수행한다.

- **정확하고 꼼꼼하며 시의적절한 의사소통과 정보의 공유.** 조직 내·외부에서 지원 네트워크뿐만 아니라 믿음과 신뢰성도 구축한다.
- **조직 전체에서 사람들이 자신들의 창의성, 혁신, 스킬, 지식 및 능력을 보여줄 수 있게 기회를 만들어내야 한다.** 조직 내에서 사람들의 성장과 발전을 가능하게 하는 긍정적 근무환경을 만들면서, 조직이 자신들의 인적자본을 활용하는 것이 가능하게 한다.
- **팀워크.** 사내창업가는 상당한 경험과 스킬을 보여줄 수 있는 팀워크를 구축할 필요가 있다.
- **조직에 초점이 맞추어진 문제해결 전략들을 개발한다.** 사내창업가는 그들이 문제를 해결하는 것뿐만 아니라, 또한 타인으로부터의 조언을 추구하고, 따를 수 있는 능력을 가지고 있음을 보여줄 필요가 있다. 이러면, 다른 형태의 지원을 얻는데 도움을 받을 수 있다.
- **영향력 있는 제휴와 네트워크를 개발한다.** 조직 내·외부에서 적절한 네트워크를 구축하는 사내창업가는 이러한 네트워크들에 의지하여 부정적인 모든 반응

에 영향을 미치고, 설득을 하며, 동기를 부여할 수 있다.

정치

정치와 영향력은 모든 조직의 일부분이다. 정당하게 혹은 부정하게 영향력을 얻고자 하는 사람들이 조직에 존재한다. 조직은 공통의 목표를 이루기 위해 조직에 있는 사람들뿐만 아니라, 자신만의 특정 목표를 성취하기 위해 조직에 머무르는 사람들로도 구성되어 있다. 목표가 확실하지 않은 조직, 의사결정 프로세스가 명확하게 정의되지 않은 조직, 그리고 의사결정권자가 적재적소에 고르게 혹은 적절하게 배치되지 않은 조직에서는 조직 관리에 대한 사내창업가의 정치적 접근이 더욱 필요하다. 사내창업가의 관점에서, 정치는 조직 내에서 고위 경영진, 개인 및 집단들에게 영향을 주기 위한 프로세스로서 사용될 수 있다.

통제에 대한 내부 정치와 열망은 혁신을 심각하게 가로막을 수 있으며, 조직을 실패로 향하는 길 위에 올려놓을 수 있다. 기존의 조직 구조와 문화가 사내창업에 비해 더 높은 가치를 가질 때 이런 일이 발생한다. 내부 정치는 사내창업 문화의 융성을 매우 어렵게 만들 수 있다.

마이크로소프트가 자사의 정치적 영향력과 통제를 위협한다면 혁신을 증진시킬 수 없다. 대규모의 소프트웨어 기업들을 연속적인 혁신 진영에서 자주 볼 수 있지만, 그러나 불연속적 혁신의 창조자로서는 그 모습을 자주 드러내지는 않는다. 고위 경영진이 사내창업의 편익에 대해 좀 더 회의적이고 저항이 규범이 되어버린 더 경직되고 덜 수용적인 문화에서는, 사내창업 활동에 참여하기 전에 모든 것이 좀 더 명확해지고 위험이 감소할 때까지 기다리는 것을 선호한다. 저항적인 문화(resistant culture)에서는 실수를 회피하고 안전한 옵션에 의지하는 것을 중요하게 여긴다.

창의적인 관리자와 직원을 가치 있게 여기지 않는 회사는 사내창업의 개발을 억제한다. 이러한 형태의 문화가 가지는 큰 위험은 조직이 경쟁자를 과소평가하고, 자신의 향상 정도를 과대평가할 수 있다는 점이다. 이러한 점은 조직이 너무 커서 실패하지 않는다는 "대마불사론(too big to fail)"을 느끼게 해주는 오만한 기업문화를 만들어낼 수 있다. 이런 건강하지 못한 문화는 조직성과를 상당히 억제할 수 있다. 뱅크 오브 아메리카(Bank of America), 포드(Ford), 제너럴 모터스(General Motors), 시어스(Sears) 및 제록스(Xerox)는 1970년대 초에서 1980년대 말까지 형편없는 기업 성과의 원인인 건강하지 못한 조직 문화를 보유했던 대표적 기업들이다.

이러한 기업들이 빠르게 변화하는 기업 환경에 직면했을 때, 전통적 방식에서 벗어나는데 실패하면 심각한 손실을 초래할 수 있다. 표 8.3에 제시된 바와 같이, 대규모 조직을 관리하도록 설계되고 개발된 기계적인 전통적 경영 관행은 사내창업으로 이어지지 않는다. 대부분의 경우에는, 조직의 전략, 시스템, 구조, 규칙, 규정, 정책 및 절차들은 사내창업 활동에 종사하기 위해서가 아닌, 조직의 목적과 목표를 달성하기 위해 설계되고 개발된다. 자신의 현 위치에서 동기부여되지 못한 관리자와 개인은 조직과 고객의 욕구를 맞추는 새로운 사내창업 활동에 참여하거나, 혁신적이 되기 위한 방안을 제공하기보다는 투입과 통제에 초점을 맞출 확률이 크다.

[표 8.3] 사내창업 활동을 억제하는 전통적인 경영사례

전통적인 경영사례	부정적인 시사점
엄격하게 정의된 규칙, 규정 및 절차	혁신과 창의성의 억제
기계적 조직 구조의 시행	사내창업 활동이 제한적이고 다양함
제한된 자율성과 권한 위임을 가진 통제 시스템	사내창업가가 되기 위한 기회가 제한적이고 분산됨
기존 조직에 대한 모든 위험과 불확실성을 피함	변화에 대한 공포와 기존 조직에 대한 모든 위협은 잠재적 기회를 인식하지 못하거나 고려하지 못하게 만드는 원인
과거 실적에 기반을 둔 미래 결정	부정확한 결정으로 인한 시장변화에 대한 인식 실패
제한된 보상제도	혁신적이기에는 부족한 동기부여와 인센티브
근무연수와 조직 기풍과의 양립성에 기반을 둔 표준적 승진 시스템의 실행	동기 부여된 사내창업가들이 가치를 더할 수 있는 기회가 부족
신생벤처가 현재 상황을 불안하게 한다는 느낌	현재 사용 중인 시스템을 불안하게 하고 위협함

제너럴 모터스(General Motors), IBM 및 시어스(Sears)와 같은 기업들은 전통적 관료주의가 시장의 근본적 변화에 적절하게 대응하지 못했던 대표적 사례들이다. 그들의 문화와 행동은 시장에서 성공을 거두기에는 적합하지 않았고, 그 결과 이러한 기업들은 이 기간 동안 살아남기 위해 몸부림쳤다. 다른 한편으로, 적응적인 문화(adaptive culture)는 조직의 장기적 성공을 담보하는 데 필요한 일을 수행한다. 이러한 형태의 문화는 모든 조직 수준에서 전체 관리자와 직원들이 새로운 사내창업 활동들을 제안하거나 시작하도록 지원을 아끼지 않는다. 기술 위주의 기업과 소프트웨어 기업들은 적응적 문화를 가진 조직들의 좋은 예이다. 아마존 닷컴(Amazon.com), 구글(Google), 델 컴퓨터(Dell Computer), 인텔(Intel) 및 3M은 환경이 요구하는 바에 빠르게 적응한다. 이들은 사내창업과 혁신의 실천자로서 새로운 제품/서비스와 산업을 창출하기 위해 필요한 위험을 기꺼이 감수할 수 있는 의지가 있다.

사내창업 문화를 창출하기 위해서, 이러한 기업들은 창업가정신이 투철하고 혁신적이며, 새로운 기업 활동에 대한 소질을 가지고 있고, 떠오르는 아이디어를 포용할 줄 아는 사람들로 자신의 조직을 충원시킨다.

특히, 인텔은 최근에 뿌리 깊이 정부의 지원을 받는 경쟁자들과 대적해야 하는 일본 시장으로의 진출과 함께 사내창업의 위험을 감수하였다. 인텔이란 이름은 고객을 끌어들이는 데, 핵심 요소가 브랜드인 일본에서 누구나 아는 이름이 아니었다. 인텔은 내부적으로 일본에 소재한 월트디즈니의 테마파크와 만화 캐릭터들과 자신을 일치시키는 새로운 브랜드 전략을 생각해냈다. 시장 조사를 실시한 이후에, 인텔은 일본에서 대부분의 전자제품 구매를 여성들이 결정한다는 점과 그녀들은 월트디즈니 캐릭터들을 사랑한다는 것을 발견하였다.[2] 이러한 혁신적인 사내창업벤처는 인텔을 최초상기인지도(top-of-mind awareness)를 가진 브랜드로 정립시키는 것을 뛰어넘어, 2년 만에 일본에서 상위 5번째에 해당하는 전

2) 2004년 9월 일본에서 인텔과 월트디즈니는 디즈니의 캐릭터로 활용한 "미키 심포니(Mickey Symphony)"라는 광대역 인터넷 사용자를 위한 엔터테인먼트 컨텐츠 제공사업을 시작하였다.

자회사로 만들었다.

사내창업가의 영향력을 높이기 위한 정치적 전술

사내창업가들은 새로운 사내창업 활동의 타당성과 신뢰성을 높임으로써 자신들의 영향력을 확대하기 위해 정치적 전술을 사용한다. 이러한 점은 위험과 불확실성을 관리하고 통제하고, 조직에게 귀중한 존재가 되고, 개인들을 선도하고 동기를 부여하며, 적절한 자원들을 만들어내고, 네트워크와 제휴를 구축하고 발전시킴으로써 성취할 수 있다(그림 8.1 참조).

- **위험과 불확실성의 관리와 통제.** 조직을 위해 위험을 관리하고 불확실성을 감소시킬 수 있는 사내창업가는 영향력을 증가시켜 리더가 된다.

[그림 8.1] 조직 내에서 영향력을 확대하기 위한 정치적 전술

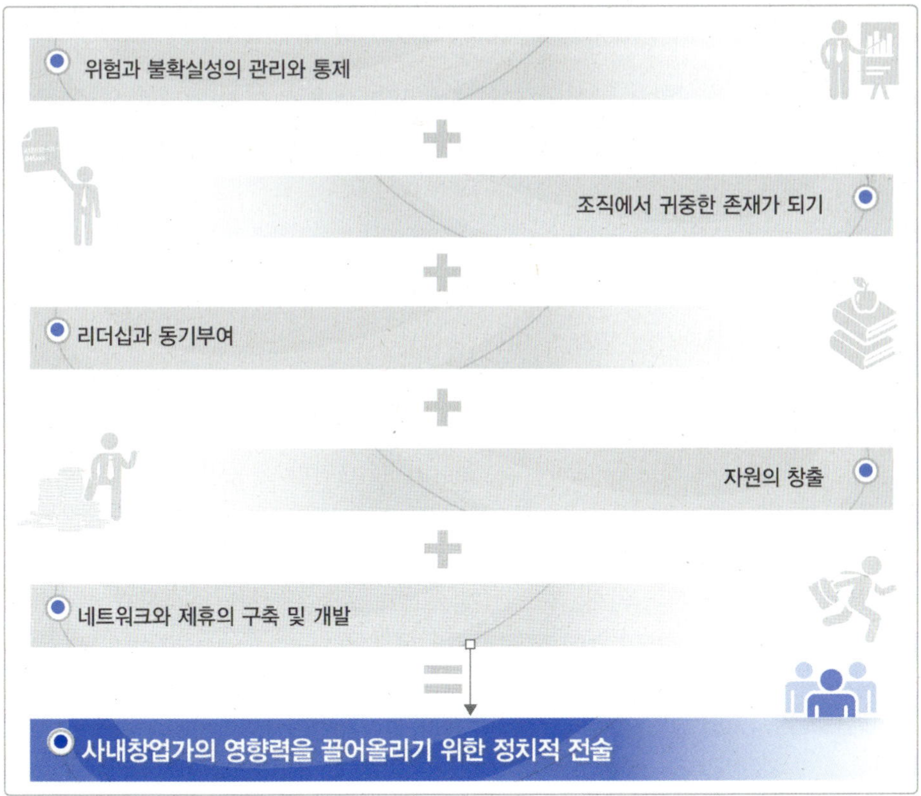

- **조직에서 귀중한 존재가 되기.** 가치 있는 핵심역량(지식, 스킬, 능력)을 개발한다.
- **리더십과 동기부여.** 사내창업가가 개인들을 동기를 부여시키고 지원을 얻기 위해 올바른 마음가짐을 가지고 있다면, 그들은 조직 활동을 선도하고 통제할 수 있다.
- **자원의 창출.** 사내창업가는 숙련된 인력들을 모집하고, 선발하며, 유지할 필요가 있고, 적절한 자금 조달과 투자를 유치할 수 있다.
- **네트워크와 제휴의 구축 및 개발.** 조직의 내·외부에서 상호 호혜(mutual benefit)적인 관계를 발전시킨다.

사내창업가가 영향력을 행사하기 위한 정치적 전술

사내창업가가 단기, 중기, 장기적 목적과 목표라는 측면에서 새로운 벤처 프로젝트를 생각하는 것이 중요하다. 그림 8.2에 제시된 바와 같이, 정치적으로 숙련된 사내창업가는 영향력을 행사하기 위한 정치적 전술을 잘 알고 있을 뿐만 아니라, 영향력을 증가시키기 위한 5개의 정치적 전술들을 활용할 수 있는 능력을 가지고 있다.

- **정확하고 개관적인 정보.** 조직 내에서 신뢰와 정직성을 얻기 위해 모든 정보는 정확하고 객관적일 필요가 있다.
- **외부 조언자와 컨설턴트.** 사내창업가의 제안을 개관적으로 지원해줄 수 있는 전문가나 전문가 집단을 도입한다. 왜냐하면, 그러한 행동이 제안서의 신뢰성을 높여주기 때문이다.
- **영향력, 설득 및 동기부여.** 의사결정 프로세스에 참여하는 모든 사람들의 행동에 영향을 주고, 설득하며, 동기를 부여하기 위해 정치적 전술을 사용한다.
- **모두가 승리자가 될 수 있다.** 사내창업을 지원해주는 모든 사람들에게 새로운

[그림 8.2] 사내벤처가 영향력을 행사하기 위한 정치적 전술

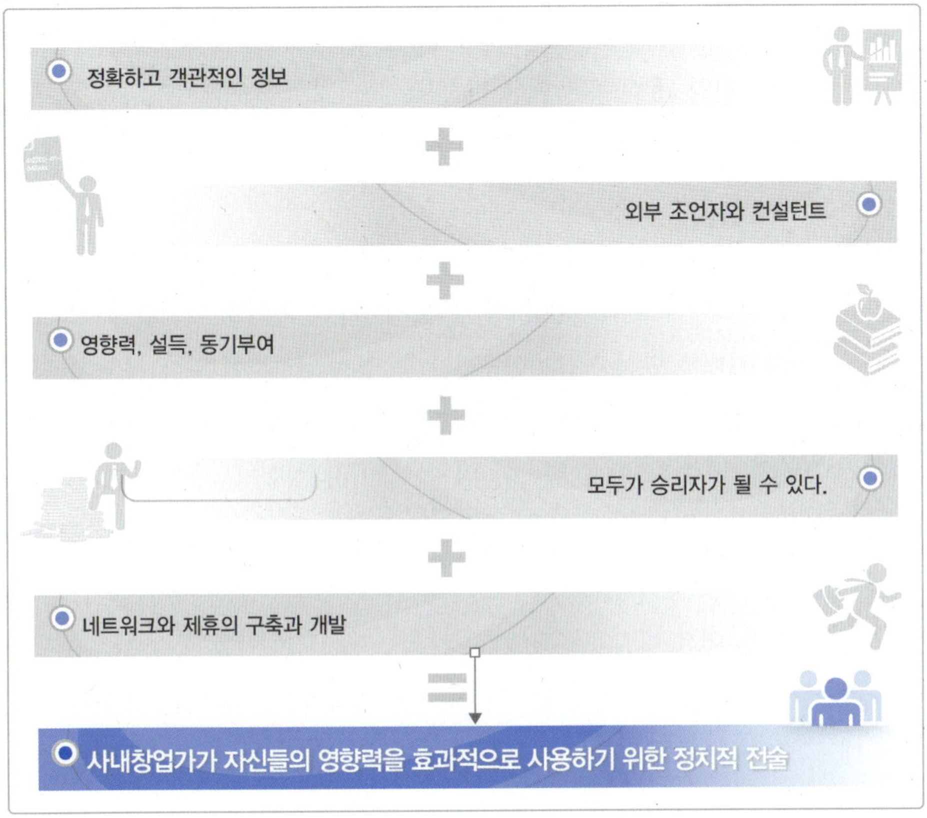

사내창업 기회가 주는 편익을 강조하고, 그러한 지원으로 얻게 되는 개인적인 혜택도 부각시킨다.

모기업 내부에서 모든 위험과 불확실성의 원천을 파악하고, 그러한 불확실성의 원천들을 통제하기 위해 필요한 단계들을 밟아나가는 이유는, 사내창업가의 정치적 이해 때문이다. 사내창업가는 새로운 벤처 아이디어 진척과 발전을 지원하기 위해, 조직 내·외부에서 자신만의 제휴와 네트워크를 구축할 필요가 있다.

요약

사내창업가는 사내창업 활동에 대해 너무 집중하고 몰입하여 사내창업 활동의

전체적인 맥락을 간과할 수 있다. 모든 조직에서 어느 정도는 정치가 존재하고, 가능한 효과적으로 정치를 관리할 필요가 있다. 내부 정치를 관리하는 데 있어서, 사내창업가는 모기업 내·외부의 핵심 지원자, 제휴 및 네트워크에게 정보를 제공하고 활용할 필요가 있다. 또한, 반대편에 서 있는 모든 개인과 집단을 관리할 필요가 있다.

내부 정치와 정치적 전술 개발에 대한 중요성을 인식하는 것은 사내창업의 중요한 측면 중 하나이다. 관리자는 가장 좋은 사내창업 기회를 억제할 수 있거나, 반대로 그러한 기회를 발전시키고 성공시킬 수 있는 영향력이 있다. 정당성 확보의 어려움, 불충분한 인적/비인적 필요 자원 그리고 저항을 극복할 수 없는 무능력과 같은 이유로 사내창업은 번번이 실패한다. 사내창업가는 내부 정치로부터 발생된 장애물들을 관리하고 극복하기 위해 충분한 시간과 노력을 기울일 필요가 있다.

사내창업가는 핵심 이슈와 문제를 결정하고, 핵심 지원자를 파악하고, 문제가 있는 개인들을 인식하고 관리할 필요가 있다. 사내창업가는 조직 내·외부의 지원자와 네트워크를 통해 문제를 관리하고 해결할 수 있는 정치적 전술을 개발하면서 조심스럽게 전진해야만 한다.

Scenario 8 보르드 나 모나(Bord na Móna)

보르드 나 모나(Bord na Móna)는 환경을 중시하는 아일랜드(Ireland)의 통합 공공서비스 회사로서, 전기, 난방, 자원 재생, 수도, **생육배지**(배양기, growing media) 및 기타 관련 서비스를 제공하는 회사이다. 보르드 나 모나는 1934년에 설립되어, 아이디어 구현의 종결자로서 사업을 시작하였다. 그 아이디어는 바로 아일랜드의 광대한 **이탄습지**(泥炭地, peatland)를 개발하는 것이다. 이 기업은 1934년 이래로 자신이 축적해온 엔지니어링 및 과학적 스킬을 기반으로 다양한 사업들을 개발하는 소규모 회사이다. 이 기업은 자원 관리와 개발, 제조, 유통, 과학, 엔지니어링 그리고 인적 자원개발 분야에 강력한 스킬들을 보유하고 있다. 이 기업은 80,000헥타르의 이탄습지를 소유하고 있으며, 2,000명의 직원을 고용하고, 아일랜드, 영국, 및 미주 동부에 걸쳐 20개의 사업장을 운영하고 있다. 2009년과 2010년 사이에 3억 8,440만 달러의 매출을 기록하였고, 보르드 나 모나는 아래의 6가지 주요 사업 영역에 중점을 두고 있다.

> **생육배지**
> 유기체를 기르기 위하여 영양원으로 사용되는 매체.
> 출처: 농업용어사전: 농촌진흥청

> **이탄습지**
> 이탄(泥炭, peat)은 햇수가 오래되지 않아 완전히 탄화하지 못한 석탄의 일종이다. 발열량이 적으며 연탄의 원료로 쓰인다. 이탄은 석탄이 만들어지는 첫 번째 단계에서 만들어지는 것으로 층 모양으로 이루어진다. 옅은 색깔을 띠는 위층은 죽은 나무 · 관목 · 이끼 등이 얕은 산성수에서 썩어서 만들어진다. 이런 물질이 물이나 그 위에 쌓인 다른 나무 때문에 압축되면 이탄이 된다. 90%가 물로 되어 있어 마치 진흙처럼 보인다. 이탄이 쌓여서 만들어진 습지를 이탄습지(peatland)라고 한다.
> 출처: 위키백과
> https://ko.wikipedia.org/wiki/%EC%9D%B4%ED%83%84

- **에너지.** 핵심적으로 재생 가능하고 안전하고, 믿을 수 있으며, 지속가능한 에너지와 전기를 공급. 이 회사의 핵심사업은 전기발전용 연료인 이탄을 공급하는 것이다.
- **환경.** 아일랜드와 해외시장에 폐수처리와 공기오염 감소 시스템 분야의 솔루션을 제공.
- **연료.** 아일랜드의 주거용 난방 시장에서 고체연료 제품을 공급.
- **원예.** 원예를 취미로 하는 사람들과 원예전문가를 위한 생육배지 제품을 국내·외에서 제조하고 공급.
- **자원재생.** 쓰레기를 수거하고 환경 친화적으로 처리.
- **부동산.** 자사의 부동산을 관리.

보르드 나 모나는 이러한 6개의 사업 영역 모두가 진취성과 창의성을 통해 수익성이 지속되는 것을 보여주고, 소비자에 대한 책임을 실천하며, 자사 직원들의 참여와 개발을 통한 지속적인 개선을 이루고, 자신을 둘러싼 환경과 사회를 위해 신중하게 경영을 하며, 정직과 공정성을 가지고 사업이 운영되기를 기대한다.

이 기업은 원래 1934년에 터프 개발위원회(Turf Development Board)로 설립되었다. 그 후 보르드 나 모나는 1946년 터프 개발법에 의한 법정기구로서 설립되었다. 최초 활동은 전기발전소와 가정에서 연료로 사용하는 이탄 덩어리(sod peat)를 수확하는 것으로부터 시작되었다. 1950년의 터프 개발법에 따라 이 회사는 추가 개발권을 확보하였다. 1950년대부터, 이 기업은 노동 집약적인 이탄 덩어리 제품에서 자본집약적인 분쇄된 이탄(milled peat) 제품으로 옮겨갔다. 원예용 이탄 제품을 판매하고 있는 영국의 자회사는 1957년에 설립되었다. 1960년에는 아일랜드의 데린로프(Derrinlough)와 크로건(Croghan)에 2개의 공장을 설립하였다. 보르드 나 모나는 1974년에 35,000헥타르의 추가적인 습지를 매입하여 개발하는 "3번째 개발 프로그램(Third Development Program)"을 시작하였고, 아일랜드의 티퍼레리 카운티(Tipperary Count)에서 조개탄 공장의 건설을 추가로 시작하였다.

비용절감과 좀 더 시장친화적인 기업이 되기 위해, 변화, 인원 감축 및 사업부 제도에 대한 프로그램이 1988년에 개시되었다. 핵심사업인 이탄 사업에서 100% 이상의 생산성의 증가가 이루어졌다. 자발적 팀과 직원들에 의해 움직이는 새로운 자율적 형태가 보상을 받게 되었다. 다양한 기업들이 이탄 에너지, 연료 및 원예와 같은 사업부로 재편되었다. 1990년에는 환경제품사업부(Environmental Products Division)가 설립되었다. 1992년에, 보르드 나 모나는 아일랜드의 최초 풍력발전 단지의 파트너가 되었고, 1997년에 아일랜드 정부는 9천만 파운드를 투입하여, 보르드 나 모나가 이전에 가지고 있던 비상업용 부채(non commercial debt)를 탕감해주는 데에 동의하였다. 1996년과 1998년 사이에, 비상업용 부채의 청산용도로만 사용되도록, 아일랜드 정부는 보르드 나 모나의 지분에 1억 8백만 달러를 투자하였다.

1999년에, 보르드 나 모나는 주식회사(PLC)가 되었고 각 사업부는 유한책임회사(LLC)가 되었다. 보르드 나 모나 주식회사(Bord na Móna PLC)의 주주는 아일랜드 재무부(the Minister for Finance)이고, 이사회는 통신·해운·자연자원부(the Minister for Communication, Marine, and Natural Resources)에서 지명한다. 2005년과 2006년 사이의 보르드 나 모나의 매출은 2억 9,570만 유로이고, 영업이익은 2,990만 유로를 기록하였다. 2011년에 새롭게 떠오른 이 회사는 1934년에 설립된 최초 기업의 모습과는 매우 큰 차이가 있다.

보르드 나 모나는 "자연과의 새로운 계약(A New Contract with Nature)"이라는 비전을 가지고 있다. 이는 이탄과 화석연료에 크게 의존하는 전통적 사업으로부터 기존의 연료와 원예 분야에서 도움을 받아, 재생 에너지, 자원 재생 및 친환경 제품과 서비스에 집중하는 새롭고 좀 더 지속가능한 사업으로 바뀌는 변화의 시작을 의미한다. 이 회사는 경쟁우위로서 혁신을 자사의 약속으로 여기고, 조직 구조가 좀 더 고객 지향적이 되도록 재편성해왔다. 에너지사업부는 파워제너레이션(Power Generation: 전기 발전)과 피드스탁 서플라이(Feedstock Supply: 원료보급)로 나뉘어졌다. 환경사업부는 지리적으로 구분된 시장(북미와 서유럽)에 초점을 맞추고 있다. 폐수와 공기오염의 처리를 위한 지속가능한 녹색 에너지에 대한 요구가 늘어남에 따라 환경사업부 내에서는 혁신이 주요한 의제가 되었다. 기타 혁신적인 프로젝트들로는, 차세대 소규모 폐수처리 시설과 중소규모의 지역을 위한 저탄소이력(low carbon footprint)과 새로운 폐수처리 시스템의 개발이 포함된다. 기타 주도적인 개발에는 제3의 수질처리 기술을 개발하고 상용화하기 위한 특허 보유자들과의 파트너십이 있다.

보르드 나 모나는 자사의 제품, 프로세스, 포장 및 유통 시스템을 개선하기 위한 연구·개발에 지속적으로 투자해왔다. 2009년과 2010년 사이에, 보르드 나 모나는 신사업개발이 포함된 연구·개발에 5,200만 유로를 투자하였다. 아일랜드에 위치한 시설 이외에, 이 회사는 미국 노스캐롤라이나(North Carolina)주에 혁신센터를 가지고 있다.

국내·외의 많은 기업들처럼, 보르드 나 모나는 글로벌 금융위기로 인해 많은 어려움을 겪었지만, 초과설비 감소를 위한 전략적 변화와 비용 감소를 결합시켜 소비자들에게 가격을 인하하는 것으로 대응해왔다. 이러한 진취성과 함께, 연구·개발 분야에 대한 지속적인 혁신과 투자로 이 회사는 2009년과 2010년 사이에 탁월한 성과를 거두었다.

출처

www.bnm.ie

www.bnm.annualreport09-10.com

www.bnm.ie/corporate/index.jsp?pID=93&nID=95

www.dcenr.gov.ie/Energy/Peat+Division/Bord+na+M?a+plc.htm

제3편 사내창업의 운용

9장 사업계획서의 작성

10장 사내창업가의 선발, 평가 및 보상

11장 벤처 자금 조달

12장 조직 내 사내벤처활동의 실행

사업계획서의 작성 9장

학습목표

1. 사내창업 사업계획서의 범위와 가치에 대해 학습한다.
2. 사내창업 사업계획서의 주요 구성요소들을 학습한다.
3. 사내벤처활동의 유지와 발전을 위한 사업계획서 작성의 단계들을 학습한다.
4. 성공을 최대화하면서 실패는 회피하기 위해 기존 기업은 사업계획서를 어떻게 활용해야 하는지 학습한다.

들어가면서

성공한 모든 혁신적 기업들은 자신만의 고유한 성공의 길을 따라간다. 애플의 전략이 혁신적이기 위해 노력하는 모든 조직에게 들어맞지는 않았을 것이다. 애플은 자신만의 고유한 규칙을 따랐고, 자신만의 고유한 문화를 일구어냈다. 독창적이고 창의적인 사고에 기초한 혁신을 강조하고 지원하는 문화를 가진다는 것은 성공적인 사내벤처 활동 프로그램을 구축하는 데 필수적이다. 또한, 이번 장의 중심인 사업계획서 작성을 통해 만들어진 아이디어를 평가하는 것도 똑같이 중요하다.

이번 장은 사업계획서의 중요한 측면들에 대한 전반적인 내용들을 다루고, 그 뒤를 이어 사업계획서의 범위와 가치에 대해 논의한다. 사업계획서에 담긴 정보 측면의 욕구를 충족시킨다는 것은 사업계획서 각각의 측면에 대해 철두철미하게 기술하는 것을 의미한다. 이번 장은 사업계획서의 활용과 실행 그리고 실패 원인을 제시함으로써 끝을 맺는다.

사업계획서의 중요성

어떤 조직에서건, 재무계획서, 마케팅계획서, 생산 및 운영 계획서, 판매계획서 그리고 인력충원계획서 같은 다양한 계획서들이 존재한다. 계획서는 전략 혹은 운영에 관한 것일 수도 있다. 그리고 이 계획서는 단기에 초점을 맞출 수도 있고, 장기에 초점을 맞출 수도 있다. 계획서의 범위와는 상관없이, 각각의 계획서는 급속하게 변화하는 초경쟁 글로벌 시장에서 성공을 위한 지침과 구조를 제공하는 목적을 가지고 있다.

사내벤처의 사업계획서는 사내창업벤처를 출범시키는 것과 관련된 모든 내적, 외적 구성요소들을 설명해놓은 서류이다. 이 사업계획서는 일반적으로 사내창업벤처의 최초 3년간의 운영에 대한 장단기 의사결정을 밝혀놓은 다양한 기능별 계획서들을 모아놓은 것으로서, 언제 손익분기점에 이르고 언제 이익이 나기 시작하는지를 강조해서 보여준다.

게임 플랜 혹은 지침서로서, 사업계획서는 미국 애리조나(Arizona)주 피닉스(Phoenix)에서 오스트리아(Austria)의 비엔나(Vienna)까지 여정을 짜는 것만큼이나 중요하다. 목적지에 도달하기까지 이용 가능한 다양한 경로와 항공사들이 있기 때문에, 각각의 여행자는 사내창업가처럼 자신만의 시간과 비용 상의 제약 속에서 외부 정보를 모으고, 주어진 시간과 비용으로 가장 적절한 의사결정을 내릴 필요가 있다. 사내창업가는 여행자처럼 조직 내에서 사용 가능한 모든 자원을 활용하여 사내창업 활동을 위한 사업계획서를 준비할 필요가 있다.

사업계획서의 범위와 가치

사업계획서를 만드는 사람들은 조직 내 각각의 구성원들이 가지는 이슈, 욕구 및 우려사항들을 다룰 준비를 해야 할 필요가 있다. 이러한 개인들에는 물론 경영진과 내부 벤처펀드의 평가 팀이 포함되지만, 컨설턴트, 고객, 직원, 공급자, 또는 심지어 외부의 자금 제공자도 포함되어야 한다.

사내창업가는 자신을 잠재적인 구매자의 입장에 놓고 생각할 필요가 있다. 1998년 애플의 획기적인 전환(데스크톱과 휴대용 컴퓨터)과 2009년의 연속적인 성공(사용하기 간편한 아이팟)은 최종 소비자의 시각에서 제품을 고려한 결과이다.

사업계획서는 사내창업가에게 가치가 크다. 그 이유는 다음과 같다. 첫째, 사업계획서는 제안된 사내창업벤처의 목적과 목표를 수립한다. 둘째, 사업계획서는 사내창업가에게 사내창업벤처를 실행하는 데 필요한 요구 상황과 계획에 관한 지침을 제공해준다. 셋째, 조직 내에서 사내창업벤처의 독자생존 가능성을 결정하는 데 도움을 준다. 마지막으로, 경영진의 승인과 자금지원을 얻기 위해 필요한 정보를 제공해준다.

최초 사업계획서는 자주 수정해줄 필요가 있다. 수정시 다음과 같은 점에 초점을 맞춘다. 이 아이디어가 정말 가치가 있는가? 누가 경쟁자이고, 경쟁 위협에 대항할 보호 장치가 존재하는가? 나는 이 사내창업벤처를 정말 경영할 수 있는가? 나는 이러한 일을 진정으로 원하는가?

사내창업 사업계획서

대부분의 사내창업 사업계획서는 조직의 욕구에 특화되어 있고, 특히 기업의 목적, 제공하고자 하는 제품/서비스 그리고 기업이 속한 산업 관련 내용들을 반영하고 있다. 이 사내창업 사업계획서는 조직 측면에서 매우 구체적이지만, 거의 대부분의 사업계획서는 그림 9.1에 제시된 대부분의 측면들을 포함하고 있다. 일반적으로, 사내창업 사업계획서는 사업개요로 시작하여 제품/서비스 분석, 모기업과의 적합성, 시장 분석, 마케팅 계획, 수익성 및 향후 활동 계획 같은 계획의 구체적인 내용들이 연이어 나온다. 이들 각각을 순서대로 논의하고자 한다.

[그림 9.1] 사내창업 사업계획서 구성요소

사업개요(Executive Summary)

제품/서비스 분석(Product or Service Analysis)

- 제품/서비스의 의도(Purpose of the product or service)
- 개발 단계(Stage of development)
- 제품의 한계(Product limitation)
- 독점적 권리(Proprietary rights)
- 정부승인 사항(Government approvals)
- 제조물책임(Product liability)
- 관련 서비스와 파생효과(Related services and spin–offs)
- 생산(Production)

모기업과의 적합성(Corporate Fit)

- 모기업의 목적과의 제품 적합성(Product fit into corporate goals)
- 고객 기반(Customer base)
- 자산의 활용(Utilization of assets)
- 기존 인력 적합성(Staff needs)
- 유통 적합성(Distribution fit)

시장 분석(Market Analysis)

- 기존 시장 크기(Current market size)
- 시장의 성장 가능성(Growth potential of the market)
- 산업 경향(Industry trends)
- 경쟁상황 개요(Competition profile)
- 고객 개요(Customer profile)
- 고객 편익(Customer benefits)
- 시장세분화(Market segment)
- 목표 시장(Target market)

마케팅 계획(Marketing Plan)

- 제품(Product)
- 가격(Price)
- 공급 사슬 또는 유통망(Supply chain or distribution channel)
- 촉진(Promotion)

수익성(Profitability)

- 추정손익계산서(Pro forma income statements)
- 자본적 지출(Capital expenditures)

향후 활동 계획(Plan for Further Action)

- 문제점(Problems)
- 편익(Benefits)
- 필요한 경영진/직원(Corporate management and staff needed)

사업개요

사업개요(Executive Summary)는 사업계획서를 모두 작성한 후에 쓴다. 어떤 회사들은 1페이지만 요구하기도 하지만, 보통 2~3페이지를 넘지 않는다. 이름에서 알 수 있듯이, 사업개요는 사내창업 사업계획서 주요 부분들을 간결하지만 설득력 있게 강조하여 전체 계획을 요약한다. 사내창업 계획서를 검토하는 모기업의 독자들에게 특히 중요한 점은 제품/서비스의 독특한 가치 제안, 모기업과의 적합성 정도 그리고 시장의 크기, 트렌드 및 성장률에 대한 간략한 설명이다.

제품/서비스 분석

제품/서비스 분석(Product or Service Analysis)은 제품/서비스 아이디어의 다양한 측면들에 초점을 맞춘다. 이를 위해 제품/서비스 아이디어가 시장의 욕구를 어떻게 충족시킬 것인가에 대한 구체적 설명이 필요하다. 필요할 경우, 시제품이나 구체적인 디자인은 사업 개념에 대한 완벽한 이해를 도울 수 있다. 어떤 내용이 포함되든지 간에, 아이디어의 구체적인 측면들을 명확하고 완전하게 설명할 필요가 있다. 제조물책임과 관련된 유형과 범위를 포함해, 제품이 가질 수 있는 모든 한계점들을 제시해야 한다. 제품/서비스 분석에서는 또한 정부 승인이 필요한 모든 사항들과 승인 관련 절차들을 제시해야 한다.

1가지 고려해야 할 사항은, 경쟁 제품과는 다른 독특한 측면에 초점을 맞춘 제품의 차별화이다. 각각의 제품은 범용제품(commodity)과 특수제품(specialty)의 선상에 위치할 수 있다. 범용제품은 지각된 차별화가 거의 없고(주로 가격으로 경쟁), 특수제품은 독특성으로 인해 더 비싼 가격을 받을 수 있는 수준의 차별화 요소를 많이 가지고 있다. 범용제품의 경우, 경쟁자보다 더 낮은 가격에 제품을 공급할 수 있는 능력에 수익성이 달려 있다. 기업은 이러한 점을 달성하기 위해서 높은 수준의 기계설계 관련 역량을 보유하고, 인건비를 낮출 수 있는 능력이 있어야 한다. 이와는 반대로, 수익성이 마케팅 지식과 그 지식의 적용에 달려 있는 특수제품의 경우에는 독특한 판매 제안(USP)의 결정과 실행에 중점을 둔 접근 방식이 필요하다.

독특한 이미지를 구축하려면 광고와 혁신적인 영업 메시지에 의해 뒷받침되는 개별화된 이름이 필요하다. 이를 성공적으로 수행해온 2개 기업으로는 미닛 라이스(Minute Rice)를 보유한 제너럴 푸드(General Foods)와 오트밀(oatmeal)을 보유한 퀘이커 오츠(Quaker Oats)이다. 제너럴 푸드는 쌀 관련 20가지 이상의 제품들이 경쟁하는 시장에서 긴 쌀(long grain)을 특수제품으로 만들었다. 마찬가지로 2009년에 퀘이커 오츠는 "슈퍼곡류(super grain)"의 측면을 살려, 이 제품을 먹으면 심장에 좋다는 편익과 결합시켰다.

범용제품을 좀 더 특수한 항목으로 전환하는 방법 중 하나는, 고객에 대한 부가가치를 증진시키는 독특한 방식으로 제품을 가공하는 것이다. 범용제품을 좀 더 특수한 항목으로 전환시키는 두 번째 방법은, 소비자들이 원하는 실제 제품에 무언가를 추가하여 범용제품군에서 자신의 제품을 다른 제품과 차별화시키는 것이다. 서로 비슷한 맥주를 만드는 다른 경쟁자들과의 싸움에서 밀러(Miller)는 라이트 맥주를 출시하면서 맥주의 칼로리를 줄였다.

밀러의 전략은 자신의 경쟁자인 멕시코 맥주회사 도스 에퀴스(Dos Equis)의 성공적인 제품차별화와 흥미로운 대조를 이룬다. 도스 에퀴스는 "세상에서 가장 흥미로운 사람(the Most Interesting Man in the World)"이라는 캠페인으로 시장점유율을 높였고, 특히 본사가 위치한 멕시코를 벗어나서, 미국 등의 시장에서 성공을 거두었다. 이 캠페인은 전통적인 TV 광고에 추가하여 소셜미디어를 활용함으로써 도스 에퀴스의 경쟁우위를 더욱 강화시켰다.

범용제품을 특수제품으로 전환하는 세 번째 방법은, 선발 총력전(being the firstest with the mostest)을 사용하는 것이다. 이는 선발주자 우위(first mover advantage)를 만들어낸다. 이 전략에서는 기업이 소비자들에게 편익이 있지만, 이전에는 이용할 수 없던 자신의 범용제품에서 무언가 새로운 것을 찾아내는 것이다. 비록 경쟁 제품이 동일한 품질을 가지고 있을지라도, 광고를 처음이자 지속적으로 수행함으로써 자사의 제품이 이러한 품질을 진짜로 보유하고 있음을 소비자에게 확신시킬 수 있다.

이러한 좋은 사례로는 원더 브레드(Wonder Bread)가 있다. 이 회사가 12가지의 미네랄과 비타민의 조합을 얘기하며 자사의 광고를 시작하였을 때, 모든 경쟁기업이 같은 속성을 주장할 수 있었다. 그러나 원더 브레드가 첫 번째였기에, 이 회사는 트렌드 선도자로서 제빵 분야에서 원조 기업이라는 이미지를 시장에서 특색 있게 포지셔닝할 수 있었다.

범용제품을 특수제품으로 전환하는 세 번째 방법은 포장 방법 혹은 포장과 브랜드명의 조합을 통해서 가능하다. 소금산업에서 소금의 성분은 모두 동일하지만, 모턴(Morton)은 "비는 왔다 하면 쏟아지기 마련(When it rains, it pours)"이라는 슬로건의 독특성을 소비자들에게 알리면서, 자사의 특허 받은(지금은 특허권이 소멸됨) 개봉구를 통해 모턴 소금에 대한 포지셔닝을 범용제품군에서 특수제품군으로 이동시킬 수 있었다.

포장과 브랜드명을 조합한 사례로는 "제니터 인 어 드럼(Janitor in a Drum)"을 들 수 있다. 이것은 바닥 청소 시 사용하는 세제로서, 마치 전문 청소용역회사에서 사용하는 공업용 드럼 같은 용기에 담겨 있는 제품이다. 브랜드명과 결합한 이 드럼은 소비자로 하여금 타사 제품보다 자사 제품이 더 강력한 세제라는 것을 암시했다. 이 제품은 실제 청소부가 청소한 것처럼 소비자들이 말끔하게 청소할 수 있게 해주는 세제라고 마케팅을 하였다.

When it rains, it pours
안 좋은 일은 같이 일어난다는 미국 속담에서 나온 말로서, 모든 소금업체들이 품질을 강조할 때 모턴은 소금을 밀봉한 후 한 번 더 박스로 포장하여 습기에 강한 포장 덕분에 자사의 소금이 항상 건조한 상태를 유지한다고 광고하여 자사 제품을 차별화함.

Janitor in a Drum
바닥 청소 시 사용하는 세제로서 마치 공업용 드럼 같은 용기에 담겨 있는 제품이다. 미국에서 60~70년대에 유행한 제품.

범용제품을 특수제품으로 전환하는 마지막 방법은, 제품을 다르게 구성하는 것이다. 주류와 혼합해서 사용하는 제품인 슈웹스 토닉 워터(Schweppes Tonic Water)로 재구성된 키닌향(quinine-flavored) 탄산음료가 그 사례이다. 워너 램버트(Warner-Lambert)가 홀스캔디(Hall's Candy Company)를 인수할 때 같은 전술이 사용되었다. 홀스는 40여 가지의 범용 캔디 제품을 만들고 있었으나, 사업이 잘되지 않아 적자가 이어지고 있었다. 이들 범용 제품 중 하나를 "숨 쉬기 편하게 해주는 캔디(It helps you breathe easier)"라는 슬로건을 가지고 기침방지용 캔디로 재구성하였다. 이 제품은 홀스의 멘토-립터스(Mentho-Lyptus)라는 이름으로 미국에서 성

워너 램버트
기존 의약품에서부터 캔디에 이르기까지 다양한 제품을 만드는 제조업체로 화이자와 합병되었다. 유명한 고지혈증 치료제인 '리피토(Lipiotor)'를 개발했고 현재는 화이자(Pfizer)가 판매중이다.

공적으로 출시되었다.

제품이나 서비스를 설명할 때 고려해야 하는 몇 가지 기타 사항들이 있다. 여기에는 브랜드명, 상표, 로고, 및 특허 등이 포함된다. 제조업체의 브랜드는 제품을 만드는 제조사가 이름을 등록하는 시점의 이름이다. 이 이름은 엄브렐러 이름(umbrella name), 제품 범주 이름(category name), 또는 특정한 제품 이름이 될 수 있다. 패밀리 브랜드명(기업 상호, 엄브렐러 브랜드, 또는 패밀리 브랜드라고도 불린다)은 한 기업이 판매하는 모든 제품에 붙여지는 브랜드 이름이다. 보든(Borden)이라는 기업은 자사의 다각화된 수많은 범용제품들(파스타에서 수프와 접착제까지)을 포함하기 위해 패밀리 브랜드명을 활용하는 기업이다.

제품 범주 브랜드명은 일반적인 제품 범주에 사용되는 브랜드명이다. 제품 범주 이름을 사용하는 기업들은 보통 몇 가지 제품 범주에 따라 브랜드를 가지고 있다. 미국 백화점인 시어스(Sears)가 한 사례인데, 시어스는 가정용 전기제품 브랜드인 켄모어(Kenmore)를 보유하고 있다. 특정 제품명은 오직 1가지 제품에만 사용되는 브랜드명이다. 특정 제품명이 두 번째 제품에 사용되면, 흔히 이를 두고 제품 범주 이름의 시작이라고 본다.

상표는 기업에게 상표와 결부된 모든 제품들에 대한 배타적 소유권을 부여한다. 이스트만 코닥(Eastman Kodak)이 가진 부여된 코닥(Kodak)이라는 이름은 이 회사에게 귀속된 것이고 유사한 제품에 그 누구도 이를 사용할 수 없다. 크리넥스(Kleenex)는 브랜드라기보다는 휴지를 지칭하는 일상어가 되어버린 상표의 다른 예이다.

로고는 상표의 한 단어 혹은 전체 단어들을 나타내는 글자, 상징 혹은 표시이다. 이러한 것들을 정부에 등록할 수도 있고 배타적으로 사용할 있다. 시럽이 담긴 병에 있는 앤트 제미마(Aunt Jemima)의 사진은 로고인 반면에, 앤트 제미마라는 단어들은 상표이다. 시각적인 상징들은 기업의 메시지와 브랜드를 언어 장벽을 뛰어넘어 알릴 수 있는 가치 있는 방식이다.

브랜드명에는 특허가 부여되지 않지만, 다음과 같은 사항들에는 특허가 부여된다. 첫째, 무언가 새로운 것을 최신 기술에 접목시킨 독특한 아이디어, 둘째, 기존에는 사용되지 않았지만 원래의 물질이나 성분을 대체할 수 있는 새로운 소재나 성분이다. 특허는 또한 제품의 실제 생산에 사용된 기계적 장치 자체에도 부여될 수 있다. 예를 들어, 모턴 솔트의 개봉구 부분은 특허가 등록되어 있다.

기업이 의미 있는 브랜드명을 선택할 때, 지리적 명칭을 피할 필요가 있다. 많은 기업들이 도시, 국가, 강, 혹은 계곡 등의 이름을 차용한 것을 후회하곤 하는데, 그 이유는 나중에 다른 기업들도 동일한 이름에 대해 사용권이 있다는 것을 알게 되기 때문이다. 이와 관련된 고전적인 사례로 원조 스미스필드 햄스(Smithfield Hams)를 들 수 있는데, 이 명칭은 기업 소재지가 버지니아(Virginia)주의 스미스필드(Smithfield)라는 마을 명칭에서 나온 것이다. 한때는 서로 다른 3개의 회사에서 만든 스미스필드 햄스가 있었는데, 그 이유는 원조 스미스필드 햄스라는 이름을 독점적으로 사용할 수 없었기 때문이다.

조직이 피해야 할 브랜드 명칭의 기타 범주는 일반적인 용어이다. 일반적인 범주는 구성이나 사용 측면에서 동종의 제품들을 지칭하는 말이다. 예를 들어, 소디움 아세틸칠리산 애시드(sodium acetylsalicylic acid)는 아스피린 알약을 지칭하는 일반적인 용어이다. 명칭이 일반화되면 모두가 그 이름을 사용할 수 있다. 또한, 특정 제품 범주에서 어떤 제품을 지칭하는 단어와 유사한 발음이 나는 단어의 사용도 위험하다. 밀러 맥주(Miller beer)는 "라이트(Lite)"라는 이름으로 실수를 하였는데 맥주를 지칭하는 데 흔히 사용하는 "light(라이트)"와 발음이 비슷하다. 모든 맥주회사는 같은 용어를 사용할 권리가 있는데, 앤호이저-부시(Anheuser-Busch)와 암스텔(Amstel)은 이 점을 정확히 이용하는 전략을 사용하였다.

코카콜라(Coca-Cola)가 자신의 상호를 유지하기 위해 수년간 싸워왔지만, 미국 법원은 코카콜라로 하여금 "콜라(Cola)"라는 이름을 포기하도록 하였다. 그 이유는 콜라라는 이름이 일반음료라는 느낌을 주기 때문에 다른 회사가 이를 사용하도록 허용하였다. 이로 인해 펩시콜라(Pepsi-Cola) 같이 아주 다양한 종류의 콜라 표기가 가능해졌다.

흔히, 이미 입증된 브랜드명을 신제품과 효과적으로 연결지을 수가 있는데, 그렇게 함으로써 실패의 기능성이 감소된다. 많은 기업들은 쉽게 알 수 있는 입증된 브랜드명이라는 자산을 사용함으로써, 새로운 시장에 진출하여 성공적으로 신제품을 출시하였다. 이러한 사례로는 빅(Bic)의 빅롤러(Bic Roller)펜, 리바이스(Levi's)의 스커트와 운동화, 델몬트(Del Monte)의 멕시코 음식, 이지오프(Easy-Off)의 유리창 세정제 및 바셀린(Vaseline)의 인텐시브 케어 스킨로션(Intensive Care skin lotion), 바디오일 및 베이비파우더 등이 포함된다. 그러나 그런다고 해서 성공이 보장되지는 않는다. 암앤해머(Arm & Hammer)의 발한억제제(antiperspirant), 서츠(Certs)의 껌 그리고 리스테린(Listerine)의 가정용 세정제의 실패 사례는 어떤 한 제품 범주의 강력한 브랜드명이 다른 제품 범주에서도 꼭 성공을 가져다주는 것은 아니라는 것을 보여준다.

브랜드명을 선택하고 정립하는 데 사용될 수 있는 다수의 기준이 있지만, 가장 중요한 기준은 발음, 함축된 의미 및 기억의 용이성이다.

브랜드명은 주어진 시장에서 1가지 방식으로 쉽게 발음되어야 한다. 이러한 점은 카드보드지에 3cm나 6cm 정도로 제안된 이름을 인쇄해서, 그 이름을 실험대상이 되는 사람들에게 발음하게 함으로써 실험해볼 수 있다. 상이한 문화와 언어를 가진 새로운 시장에 진입할 때 가능한 한 이 브랜드명이 일관되게 발음되도록 하는 것이 중요하다. 2009년에 펩시콜라가 아르헨티나(Argentina)에서 자사의 브랜드명이 좀 더 잘 받아들여지도록, 오래된 이름인 펩시(Pepsi)를 펙시(Pecsi)로 변경하였다.

쉽게 기억되는 이름이 가장 바람직한데, 그 이유는 브랜드명은 소비자의 마음속 깊이 뿌리박힐 필요가 있기 때문이다. 가장 좋은 30개의 이름을 골라서, 일단의 표본 고객들에게 이 30개의 이름이 식료품이나 잡화 품목, 의약품 혹은 하드웨어 제품과 같은 제품 범주 명칭에 사용되어야 한다고 얘기해줌으로써, 쉽게 기억되는 이름을 결정할 수 있다. 각각의 이름을 카드에 적어 제시한 뒤에 표본이 되는 소비자들에게 발음을 들려준다. 실험 대상이 되는 소비자들은 각각의 제품 범주에서 가장 빈번하게 기억나는 이름들 중 가장 기억이 잘 나는 이름을 적는다.

제품/서비스 아이디어에서 마지막으로 고려해야 할 영역은 포장이다. 제품 포장의 최종 구성을 통해 다양한 영역에서의 의사결정들이 드러난다. 좋은 포장 구성은 브랜드 메시지에 대한 일관성을 만들어주고, 제품 자체를 보호해주며, 생산 라인의 속도에 적합해야 하고, 제품을 홍보하거나 판매할 수 있고, 제품 밀도(product density)를 높여주고, 제품 사용을 촉진시켜 주고, 소비자에게 재사용 가치를 제공해주고, 법적 요건을 충족시켜 주며, 친환경적이고, 마지막으로 비용이 가능한 적게 들게 한다.

소비자용 포장(consumer package)은 소비자들이 구입해서 집으로 가져가는 포장을 의미한다. 소비자용 포장은 때때로 소매상 단계에서 소비자들에게 보여주기 위한 전시용으로 만들어지기도 한다.

운송용 케이스(shipping case)는 제품을 선적하고 창고에 보관할 때 사용되는 용기이다. 컨테이너 안에 물에 타먹는 위장약인 알카-셀처(Alka-Seltzer) 소매 박스처럼 전시용 박스로 포장되거나, 필스베리(Pillsbury) 케이크 가루 박스처럼 소비자용 포장으로 포장된다. 혹은 못 통과 같이 벌크 제품으로 포장되기도 한다.

좋은 포장 디자인에 대한 첫 번째 요구 사항은 제품을 보호하는 것이다. 적절한 포장은 제품 각각의 필요에 따라 제품을 파손이나 멸실로부터 보호해야 한다. 제품이 쉽게 상할 수 있는 것이라면, 제조업자는 제품이 판매되는 지역의 습온도표를 구비해야만 한다.

포장은 또한 제품의 보호뿐만 아니라 제품의 독특성을 확보하는 데 사용될 수 있다. 모턴 소금(Morton Salt)의 소금이 나오는 개봉구 부분은 소비자들에게 매우 편리할 뿐만 아니라, 사용 후 포장을 밀봉할 수 있어서 습기로부터 소금을 보호할 수 있다. 포장 소재를 만드는 제조업자들은 포장에서의 혁신을 자주 가져왔다. 프록터 앤드 갬블(Procter & Gamble)은 아메리카 컨테이너 코퍼레이션(Container Corporation of America)과 협조하여 복합소재로 된 보호용 캔을 도입하였는데, 이 캔은 현재 프링글스(Pringles)나 치토스(Cheetos)와 같은 스낵용 캔으로 널리 사용되고 있다.

메가-캐스크
마분지 상자 안에 잘 접히는 주머니와 항산화 방지 필름이 입구에 연결되어 있다. 일반 병은 일단 개봉하면 공기와 접촉되나, 이 특수 팩은 개봉 후 와인의 양이 줄어듦에 따라 같이 수축되어 공기의 접촉을 최소화한다.

와인 산업에서 일어난 포장 혁신의 사례로는 특수한 종이 팩인 메가-캐스크(Mega-Cask)를 들 수 있다. 이 특수 용기는 좀 더 효율적인 방식으로 와인을 따를 수 있으면서, 와인의 품질을 유지할 수 있기에 레스토랑, 호텔 및 클럽에서 많은 비용을 절감시키고 있다.

포장의 마지막 용도는 제품을 소비자에게 판매하는 것이다. 4가지 일반적인 상품화 원칙은 외관상 크기(apparent size), 소비자의 이목을 끄는 매력(attention-drawing power), 품질에 대한 느낌(impression of quality) 그리고 브랜드명의 가독성(brand name readability)이다.

한 제품이 무수히 많은 경쟁 제품 속에서 전시가 될 때, 상품포장은 목표 고객의 주의를 끌어내고 이를 유지하는 내재적인 힘을 가지고 있어야 한다. 무엇이 사람들로 하여금 상품 포장에 주의를 기울이게 하는가? 상품포장 디자인이다. 이 상품포장 디자인은 매력, 순수성, 욕구의 자극 및 고품질을 같이 만들어내는 구성요소들의 결합이다. 어린이용 아침식사 시리얼(cereal)은 부모와 아이라는 2개의 목표시장을 가지고 있다. 어린이는 최종 소비자이지만 어머니는 식료품점에서 가끔 아이를 대동한 채 시리얼을 구입한다. 켈로그(Kellogg)와 같은 기업들은 이러한 점을 고려하여, 아이들이 추구하는 재미있고 화려한 이미지와 부모들이 원하는 영양가를 포장에 확실하게 담아내려고 한다.

식료품의 경우처럼, 제품의 사진이 식욕을 자극하는 방식으로 포장 앞면에 나와 있어야 한다. 식품 사진만큼 흥미를 유발하고 유지시키는 것도 없다.

상품포장은 품질에 대한 느낌을 전달해야만 한다. 상품포장 때문에 품질이 형편없게 보이지의 여부를 시험해볼 수 있는 방법은 완성된 포장을 좋은 품질과 나쁜 품질이라는 선상에서 몇 가지로 계량화하여 평가하는 것이다. 상품포장 인쇄 상태가 색이 바라거나 희미하게 보이지 않도록 기업은 세심한 주의를 꼭 기울여야 하는데, 그 이유는 품질이 좋지 않은 오래된 제품이라는 인상을 주지 않기 위해서이다. 인쇄 상태는 선명해야 하지만, 또한 천박해서도 안 된다.

상품포장에 적힌 브랜드명은 쉽게 읽을 수 있어야 한다. 가독성은 대규모 셀프 아울렛을 통해 주로 유통되는 상품의 경우에 특히 중요한데, 그 이유는 그러한 상품들은 상대적으로 제한된 전시 공간에서 동일한 상품군의 수많은 제품들과 경쟁해야 하기 때문이다. 가독성을 획득하기 위해서는, 일간지의 커다란 헤드라인에서 사용되는 인쇄 방식처럼 활자를 가능한 크게 키워서 표시하는 것이 중요하다.

새로운 아이디어가 생산 활동에 관한 것이라면, 최초 생산계획서가 필요하다. 이 계획서에는 전체 생산 공정에 대한 설명이 담겨 있어야 한다. 생산 공정의 일부 혹은 전체에 대하여 외주를 주어야 하는 경우, 이 계획서에는 외주업체가 위치한 장소, 선택한 이유, 비용 및 계약 사항 일체 등 외주업체에 대한 설명이 담겨 있어야 한다.

모기업과의 적합성

제품/서비스 아이디어의 중요한 측면은 모기업과의 적합성(Corporate Fit)이 기업의 사명선언문(mission statement), 방향성 및 중점 분야를 지원한다는 것이다. 사내창업 사업계획서에서 이 부분이 일반적인 스타트업(start-up) 창업 사업계획서와 차별화되는 점이다. 제품/서비스 아이디어가 모기업의 목적을 좀 더 잘 달성시키고, 해당 기업의 자산을 좀 더 잘 활용할수록, 더 많은 호의적 주목을 받을 확률이 높다. 제품/서비스 아이디어를 좀 더 매력적으로 만드는 기타 적합성은 동일한 고객 기반에게 판매하는 것, 동일한 유통 시스템을 사용하는 것 그리고 제품/서비스 아이디어를 만들고, 전달하며, 마케팅하는 데 기존 인력이 보유한 전문성을 적용하는 것 등이 포함된다. 시너지가 많으면 많을수록, 제품/서비스 아이디어가 모기업과 더 훌륭하게 맞을 수 있다.

시장 분석

사내창업 사업계획서의 이 부분이 준비하기가 가장 어려운 부분이 될 수 있는데, 조직에서 기술 분야 출신의 사람들에게는 특히 그러하다. 아메리칸 그리팅 카드(American Greeting Card)와 제록스 벤처스(Xerox Ventures)와 같은 일부 기업들은 시장 분석(Market Analysis), 정보 원천 및 마케팅계획에 대한 워크숍을 제공하여 이러한 문제를 줄일 수 있도록 도움을 준다. 이러한 워크숍을 통해 사내창업 사업계획서의 효과적인 작성에 대해 더 잘 이해하게 되고, 시장 분석의 중요성에 대한 인식을 높여준다.

시장 분석은 제품/서비스 아이디어에 대한 시장의 욕구에 초점을 맞추어야 한다. 시장에 대해 파악하기 위해서는 시장 크기, 지난 3년간의 트렌드, 성장률 및 특성들을 고심해야 한다. 추가적으로, 이 부분에서 현재 이러한 시장 욕구에 부응하는 제품/서비스 또는 기업들을 모두 파악하는데 중점을 둘 필요가 있다.

일반 정보, 산업/시장 정보. 경쟁 기업/제품 정보, 검색 엔진 및 무역협회나 정기간행물 등과 같은 다양한 정보 원천은 4장인 "기회의 인식, 평가 및 선택"편에서 논의되었다.

시장세분화

이 시장 정보는 새로운 제품/서비스 아이디어를 위한 중요한 시장세분화(Market segmentation)의 기반을 제공해준다. 표 9.1은 3가지 주요 시장 각각에서 구체적으로 적용할 수 있는 6가지의 전체적인 세분화 기준을 열거하였다. 여기서 3가지 주요 시장이란 기업과 소비자 간 거래(business-to-consumer: B2C), 기업과 기업 간 거래(business-to-business: B2B) 그리고 기업과 정부 간 거래(business-to-government: B2G)를 말한다. 가장 보편적으로 사용되는 세분화 기법은 인구통계학적 기준과 지리적 기준으로서 이와 관련된 2차 자료가 가장 많이 공개된 상태이고, 이들 정보 원천들은 앞에서 언급하였다. 가장 광범위하게 사용되는 소비자 인구통계학적 변수들로는 소득, 성별 및 연령이 있는 반면에, 가장 광범위하게 사용되는 산업 변수들로는 제품 라인과 매출이다. 이 변수들은 지리적으로 정의된 모든 영역에서 사용할 수 있다.

다소 덜 사용되는 기타 기법에는 심리적 편익, 사용량 및 통제 가능한 마케팅

요소가 포함된다. 이들 중, 가장 효과적인 결과를 산출해내는 세분화 변수는 편익 세분화(benefit segmentation)이다. B2C와 B2B 범주에서 사용하기 위한 일반적인 편익으로서 내구성, 의존가능성, 신뢰성, 경제성, 소유를 통한 사회적 지위 그리고 운영 효율성이 표 9.1에 정리되어 있지만, 기업조직은 시장조사를 통해 소비자가 원하는 정확한 편익을 결정해야만 한다. 이러한 편익들이 고려 중인 제품/서비스의 독특한 판매 제안(unique selling position)과 일치할 때 성공적인 제품/서비스를 출시할 확률이 더 높다.

[표 9.1] 시장 유형별 시장세분화

세분화 기준	시장 유형 기반		
	기업과 소비자 간 거래(B2C)	기업과 기업 간 거래(B2B)	기업과 정부 간 거래(B2G)
인구통계학적	교육수준, 소득, 국적, 직업, 연령, 인종, 성별	직원 수, 매출 크기, 이익 크기, 제품라인의 유형	기관의 유형, 예산의 크기, 자율성 정도
지리적	국가, 도시, 지방	국가, 지방	중앙정부, 지방정부
심리적	개인특성, 동기, 생활유형	산업 내 리더십 정도	진보적 사고 수준
편익	내구성, 의존 가능성, 경제성, 자아존중감 증진, 소유를 통한 사회적 지위, 편리함	의존 가능성, 판매자의 신뢰성과 서비스 지원, 운영 또는 사용 효율성, 기업 이익의 증진, 내구성	의존 가능성, 판매자의 신뢰성과 지원 서비스
사용량	많음, 중간, 적음	많음, 중간, 적음	많음, 중간, 적음
통제 가능한 마케팅 요소	판매 촉진, 가격, 광고, 보장, 보증, 제품특성, 판매자 평판	가격, 서비스, 보증, 판매자의 평판	가격, 판매자의 평판

마케팅 계획

마케팅 계획(Marketing Plan)은 제품/서비스 아이디어에 대한 시장 분석과 시장세분화에 기초해야 한다. 사내창업 사업계획서의 이 4번째 부분은 4개의 주요 영역에서 개발될 필요가 있다. 4개의 주요 영역은 그림 9.2에 제시된 바와 같이 제품/서비스 정책, 가격 정책, 유통 정책 및 촉진 정책이다. 각각의 구성요소는 시

[그림 9.2] 마케팅 계획

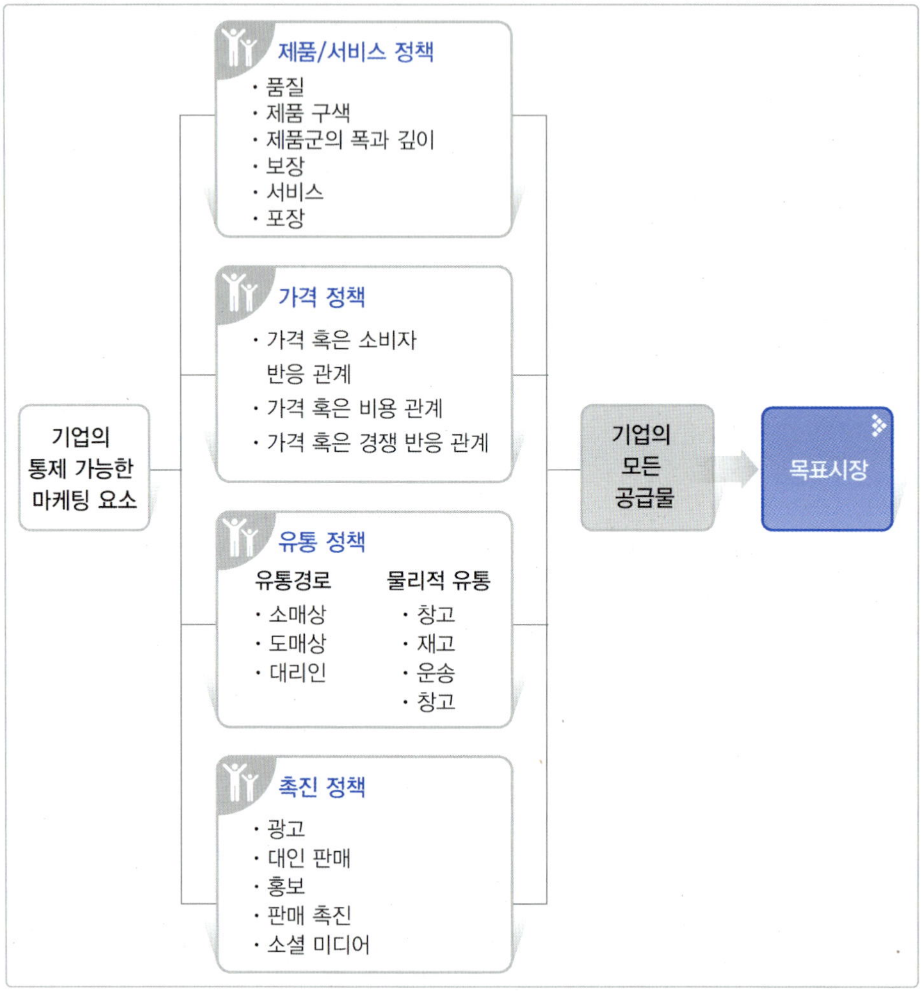

장의 욕구를 충족시키고 소비자 만족을 달성하기 위해 고유한 정책을 가지고 있다. 이 구성요소들은 목표 고객군의 만족을 지향할 필요가 있는데, 이는 고객이 모든 기업 활동의 중심이 되어야 하기 때문이다. 고객의 필요(wants)와 욕구(wants)가 분석되어야 하고, 이를 통해 마케팅 개념의 핵심인 기업의 제공물(offering)과 이러한 것들이 일치된다.

제품/서비스 영역에는 물리적 제품/서비스를 구성하는 모든 측면들이 포함된다. 품질, 제품 구색, 제품군의 폭과 깊이, 보증, 보장, 서비스 및 포장에 대한 결정들을 내릴 필요가 있다. 이 모든 특징들은 최종 제품/서비스를 목표 시장에 좀 더 매력적이거나 덜 매력적으로 만든다.

가격은 제품 자체와 그리고 제품의 구성과 밀접하게 연관되어 있다. 아마도 이해 수준이 가장 낮은 요소이지만, 제품의 가격은 제품의 구매 가능성뿐만 아니라 이미지에도 크게 영향을 준다. 가격수립에는 비용, 경쟁, 고객인 3C(cost, competition, consumer)를 고려할 필요가 있다.

가격이 유통경로상의 구성원들에게 미치는 영향에 대한 설명이 그림 9.3에 표시되어 있다. 그림에서와 같이, 유통경로에 구성원들이 추가될 때마다, 각각의 이익률이 소비자가 지불하는 최종 판매가격을 상승시킨다. 유통 상인을 전혀 이용하지 않으면 가격이 가장 저렴하겠지만(직접주문, 우편주문 또는 인터넷 기반의 판매와 같이), 보통은 성공적인 판매를 위해 유통상들이 필요하다. 유통 상인들은 대개의 경우 목표로 하는 세분시장에 좀 더 용이하게 접근할 수 있게 해주고 최종 소비자와의 관계를 촉진시킬 수 있다.

[그림 9.3] 유통상과 가격

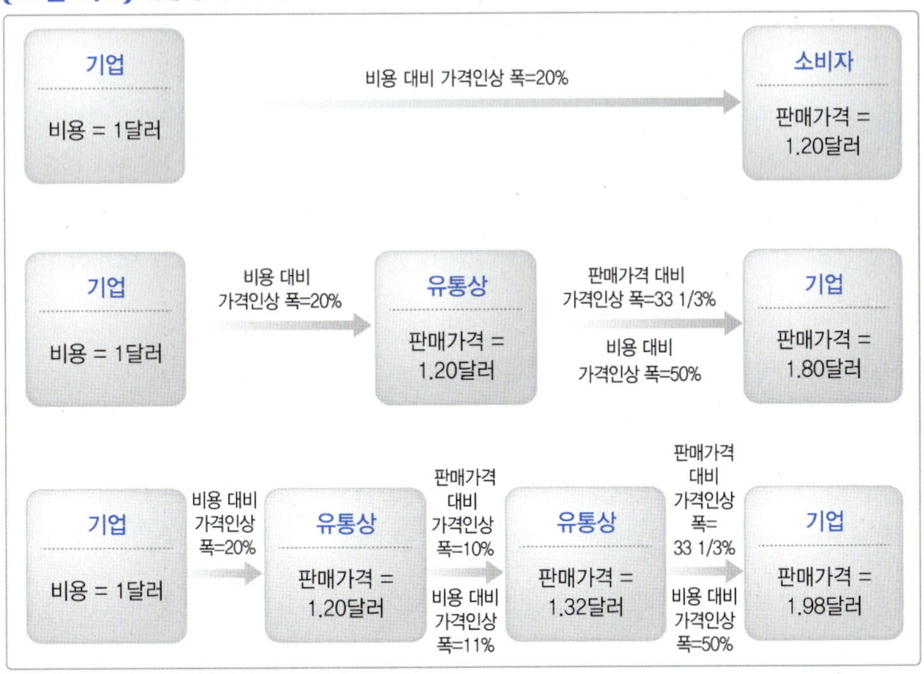

마케팅 믹스의 세 번째 기본적인 구성요소인 유통은 2가지 서로 다른 영역을 포함한다. 첫 번째 영역인 유통경로는 제품을 기업에서 소비자의 손으로 전달해 주는 도매상이나 소매상 같은 기관들을 다룬다. 두 번째 영역인 물리적 유통은 기업으로부터 소비자에게 물리적으로 제품을 이동시키는 것을 다룬다. 여기에는 창고, 재고 및 운송과 같은 것들이 포함된다. 마케팅 계획의 이 부분은, 흔히 사업계획서에서는 일반적으로 다루지 않는데, 특히 모기업의 기존 유통경로와 시스템을 사용하는 경우가 그러하다.

마지막 요소인 촉진은 5가지 영역과 연관된 정책과 절차를 포함한다.

1 **대인 판매.** 제조업체 조직과 무역에서 강조되어 사용되는 대인 판매 방식은 흔히 자동차 중개업, 제약회사 및 주거용 주택 건설 분야에서 자주 사용된다.

2 **광고.** 예산, 메시지 및 텔레비전, 라디오, 인쇄물 광고 등과 같은 미디어와 관련된 정책과 절차.

3 **촉진.** 예산, 할인 유형, 거래 촉진 및 업소 내 전시와 관련된 정책과 절차.

4 **홍보.** 효과적인 미디어 노출과 강력한 기업 이미지를 위한 포괄적 프로그램과 관련된 정책과 절차.

5 **소셜미디어.** 페이스북, 트위터, 배너광고, 구전광고 및 새로운 제품/서비스의 가치와 편익을 성공적으로 목표 고객에게 연결할 때 사용 가능한 기타 미디어.

유통과 같은 이유로, 최소한 최초의 사내창업 사업계획서에서는 대개의 경우 이 부분들이 필요치 않다.

수익성

사내창업 계획서의 수익성(Profitability) 부분은 그림 9.4에 보이는 바와 같이 추정손익계산서(Pro forma income statements)와 새로운 제품/서비스의 개발과 출시에 필요한 장비들에 대한 모든 자본적 지출(Capital expenditures)에 중점을 두고 있다. 모든 항목들을 추정할 필요는 없지만, 총매출, 매출원가 및 총매출이익과 같은 가장 중요한 것들은 최소한 첫 번째 연도에 한해서 가능한 아주 자세하게 추정되어야만 한다. 추정손익계산서의 예시가 그림 9.5에 제시되어 있다.

[그림 9.4] 추정손익계산서

	3개년 요약		
	1년	2년	3년
총매출[1]			
– 매출원가[2]			
총매출이익			
운영비			
사무직 급여			
복리후생비			
기타 임금			
기타 복리후생비			
자문료			
광고 및 홍보비			
발송비			
대손상각			
일반관리비			
법무비용			
임차료			
수도광열비			
보험료			
세금 및 로열티			
이자			
세무사 기장비			
감가상각비			
기타			
총 운영비			
세금전 영업이익(손실)			
세금			
순이익(손실)			

1. 총매출의 계산은 주석과 함께 마케팅 계획에서 보여줘야 한다.
2. 매출원가는 별도의 표에 항목별로 나누어 표기해 주어야 한다.

[그림 9.5] 추정손익계산서의 예

가정:	1) 1,400개 판매	
	2) 가격 = $40	
	3) 비용 = $10	
총매출:	단위×가격	
	1,400 × 40	$56,000.00
– 매출원가	단위×비용	
	1,400 × 10	$14,000.00
총매출이익		$42,000.00
운영비:		
급여		$60,000.00
복리후생비(25%)		$15,000.00
임차료 및 공통비용	($300/월)	$3,600.00
전기료	($70/월)	$840.00
가스료	($20/월)	$240.00
법무비(창업비용)		$4,000.00
판매 대행수수료	(소매가 $40에 대해 5%) 1,400×40×5%	$2,800.00
광고비(광고예산상의)		$40,000.00
전화비(무제한요금제 휴대폰)	($100/월)	$1,200.00
자문료	($3,000/월)	$36,000.00
세무사 기장비	($75/월)	$900.00
총운영비		$164,580.00
영업이익(손실)		($122,580.00)
세금		$0.00
순이익(손실)		($122,850.00)

향후 활동 계획

사내창업 사업계획서는 "향후 활동 계획(Plan for Further Action)"이라 불리는 간략한 부분으로 끝을 맺어야 한다. 이 부분에서는 조직에게 주어지는 예상 편익뿐만 아니라 제품/서비스 아이디어의 개발과 마케팅 관련 모든 잠재적 문제점들을 다루어야 한다. 이 부분은 제품/서비스 아이디어의 성공적인 개발과 출범을 위해 필요한 관리자/직원의 규모와 유형에 대한 일반적인 논의로 결론을 끝을 맺는다. 이 마지막 부분은 구체적이지 않아도 된다.

요약

이번 장은 사내창업 사업계획서에 초점을 맞추었다. 사업의 형태와 필요로 하는 요구 사항은 보통 기업별로 다르지만, 대부분의 사내창업 사업계획서에서 발생하는 중요 영역들이 논의되었다. 또한 사내창업 계획서의 주요 측면들(사업개요, 제품/서비스 분석, 기업 적합성, 시장 분석, 시장세분화, 마케팅 계획, 수익성 그리고 장래 활동 계획)이 그들의 중요성과 활용이라는 측면에서 다루어졌다.

Scenario 9 애플(Apple Inc.)

2000년대 후반에, 애플은 세계에서 가장 혁신적인 기업 중 하나로 인식되었다. 애플의 혁신적인 성공은, 애플이 이익이 전혀 나지 않아 거의 붕괴되기 직전인 1990년대에 이루어졌다. 이 혁신적인 기업은 어떻게 깜짝 놀랄 만한 반전을 이루었을까?

1976년 4월에 스티브 위즈니악(Steve Wozniak), 스티브 잡스(Steve Jobs) 그리고 론 웨인(Ron Wayne)이 캘리포니아 주 팔로알토(Palo Alto)에 있는 스티브 잡스의 집 차고에서 1,300달러의 자본금을 가지고 스타트업(Start-up) 벤처로 애플 컴퓨터를 설립하였다. 설립 후 1달 만에 애플은 50대의 Apple I 컴퓨터를 주문 받았다. 8월에는 투자자들이 줄을 섰는데, 엔젤투자가이자 나중에 애플의 2번째 CEO가 된 마이크 마쿨라(Mike Markkula)는 92,000달러를 투자하였다. 애플은 직원 수, 컴퓨터 판매 수량 및 가격 측면에서 지속적으로 꾸준히 성장했다. 1980년 5월에 Apple II가 시장에 출시되었고 7,800달러의 매출을 올렸다. 그 해 12월에 애플 컴퓨터는 주식시장에 상장이 되었고, 상장 당일 애플의 주가는 32%나 올라서, 40명의 직원들을 백만장자로 만들었다.

애플은 1982년에 매출이 10억 달러에 이르렀고, 개인용 컴퓨터 부문에서 가장 수익이 많은 기업이 되었다. 1983년 5월에도 애플의 성공이 이어져 포춘지 선정 500대 기업에 들어갔으며, 12월에는 단가가 2,995달러인 Apple III+를 출시하였다. 스티브 잡스가 CEO 자리에서 쫓겨난 해인 1985년에는 500,000대의 매킨토시(Macintosh)를 판매하였다.

1990년 초반에, 애플 제품은 마이크로소프트. IBM, 모토롤라, NeXT(스티브 잡스가 새운 신규 회사)와의 심각한 경쟁에 직면하게 된다. 1993년부터 애플은 적자가 나기 시작했고, 1998년까지 이익을 내지 못했다.

애플의 20주년이 되는 해인 1996년에 애플은 스티브 잡스의 NeXT를 3억 4천만 달러에 매입하였고, 1997년 초에 스티브 잡스는 애플로 복귀하였다. 그해 말에, 맥 운영체제 8(Mac Operating System 8)이 출시되었고, 출시 2주 만에 125만 장이나 팔렸다. 이로 인해 OS8은 당대 최고로 잘 팔린 소프트웨어가 되었다.

1998년에 애플은 1사분기 만에 4,700만 달러의 이익을 냄으로써, 다시 한 번 수익을 내기 시작했다. iMac과 PowerBook G3 모델이 출시되고, 많은 사람들이 이 제품들을 세계에서 가장 혁신적인 제품으로 인식하였다. 덧붙여, 스티브 잡스는 휴대용 컴퓨터나 데스크톱 컴퓨터를 원하는 개인고객과 법인고객을 목표로 애플 사업계획의 초점을 재조정하였다. 1998년 2사분기의 이익은 1억 1백만 달러에 이른다.

또한, 1998년에는 컴퓨터와 100% 연관되지 않은 제품들을 개발하기 시작한다. 아이무비(IMovie)와 파이널 컷 프로(Final Cut Pro)가 출시되어 비디오 편집 시장을 공략하였다. 몇 개월 후 음악용 애플리케이션인 이매직(Emagic)과 가라지 밴드(GarageBand)를 출시하였다.

애플은 2001년에 첫 번째 애플 소매점(Apple Retail Store)을 버지니아(Virginia)주에 개설하고, 그해 말에 아이팟(iPod)을 출시하여 크게 비상하였다. 2003년에는 아이튠즈(iTunes)가 만들어져, 사용자들로 하여금 노래를 한 곡당 99센트에 자신의 아이팟에 다운로드할 수 있게 하였다. 2008년 중반 소비자들은 50억 곡 이상을 다운로드 받았다.

2007년에 애플은 공식적으로 자사의 상호를 애플 컴퓨터(Apple Computer)에서 애플(Apple Inc,)로 변경하였고, 애플 TV와 함께 아이폰(iPhone) 생산을 시작하였다. 애플 스토어가 2008년에 개점되자마자, 애플은 매일 1백만 개 이상 팔았고, 몇 개월 후에는 3번째로 큰 핸드폰 공급업자가 되었다.

스티브 잡스의 리더십과 고도로 숙련된 엔지니어들이 애플의 복귀에 중요한 역할을 한 것은 의심의 여지가 없지만, 이러한 대성공을 거두는 데에는 훌륭한 프로그래머나 CEO 그 이상의 것이 작용하였다. 제품혁신(아이폰, 애플TV, 아이팟)에서 도약할 수 있게, 애플은 혁신과 독특한 기업문화에 중점을 두었기 때문이다. 이로 인해 애플은 주도권을 잡았고 어떤 측면에서는 시대를 앞서가게 되었다.

애플의 위대해지기 위한 노력의 성공은 특히 몇 가지 핵심 측면들 때문이다. 애플은 소위 "네트워크 혁신(Network Innovation)"이라 불리는 것을 활용하였다. 이 프로세스는 외부의 아이디어를 애플만의 변환 능력과 매력으로 함께 묶어주는 능력을 보유하고 있다. 예를 들어, 아이팟은 컨설턴트가 구상하였다. 이 제품은 이미 기존에 존재하는 외부의 기술에다가, 독특하고 우아하며 스타일이 좋은 디자인을 결합한 것이다. 모든 위대한 아이디어들이 회사 내부에서만 잉태될 수 없다는 점을 인정하였고, 그 덕분에 애플은 내부에서 개발된 아이디어와 제품들이 회사 밖에서 만들어진 것들보다 더 가치가 있다는 NIH 증후군(not invented here syndrome)을 피할 수 있었다.

내부 혁신은 또한 사업계획서의 활용을 포함하는 전략을 필요로 한다. 스티브 잡스에 따르면, 위대한 제품을 발명하고 창조하는 데에는 단순한 원칙, 프로세스 및 절차 그 이상의 것이 필요하다. 직원들끼리 서로 잘 알고 있고, 진행 중인 프로젝트에 대해 논의하기 위해 복도에서 이야기를 나누거나, 밤 10시에 서로에게 전화하는 것이 불편하지 않는 수평적이고 편안한 기업문화가 필요하다. 애플은 직원들이 완전히 새로운 아이디어에 대한 피드백을 얻기 위해 6명 정도가 모이는 임시회의를 소집해서 목소리를 높이는 것을 두려워하지 않는 문화를 만들어왔다. 스티브 잡스에 따르면, 위대한 아이디어 하나를 얻기 위해서는 수천 가지의 좋은 아이디어가 필요하다고 한다.

많은 기업들이 기술에 대한 수요에 집중한 반면, 애플은 사용자의 욕구를 이해하고 거기에 집중하는 능력을 갖추도록 내부적으로 조직 구조를 갖추었다. 엔지니어 수준의 스킬이 있어야만 사용할 수 있는 그저 그런 또 하나의 다른 음악 재생기를 만드는 대신에, 애플은 엔시니어가 아닌 일반 사용자들의 욕구와 필요에 초점을 맞추었다. 애플의 경쟁자들을 포함한 기술 기반의 기업들이 좀 더 복잡한 것을 만들기 위해 몸부림칠 때, 애플은 직관적이고 사용이 편리한 제품들을 통해 일반 대중들에게 어필함으로써 회사의 정체성, 혁신 전략 및 제품들을 차별화하였다.

시장에서의 통상적인 믿음과는 다르게, 애플은 시장의 목소리에 귀를 기울이지 않고도 믿기 힘들 정도의 회복을 이루었다. 아이러니하게도, 애플이 소비자의 반응에 따라 제품 디자인을 수정하는 "사용자 중심적인 혁신(user-centric innovation)"에 매달렸다면, 애플은 아마 아이팟을 절대로 생산하지 못했을 것이다. 아이팟은 너무나 혁신적이었기 때문에, 2001년 출시되었을 때 터무니없는 제품이라고 간주되었다.

혁신 문화가 사내벤처활동(corporate venturing)에 중요한 것처럼, 현명하게 실패하는 능력도 사내벤처 활동에서 중요하다. 애플은 실패를 비판하기보다는 실패가 용납되고 전사적인 학습과 풍부한 경험으로서 비추어지게 하는 환경을 만들어 왔다.

출처

www.apple.com/about/
www.apple-history.com/?page=history&section=h1

사내창업가의 선발, 평가 및 보상 10장

학습목표

1. 사내창업가 팀을 모집하고 선발할 때 중요한 요인들에 대해 학습한다.
2. 사내창업 아이디어의 성공적 개발을 위해 사내창업가가 취해야 할 행동에 대해 학습한다.
3. 사내창업을 평가하는 가장 효과적인 방법에 대해 학습한다.
4. 성공에 대해 어떤 형태의 보상과 성과급이 사용되어야 하는지에 대해 학습한다.

들어가면서

많은 벤처들이 현재 직면하고 있는 도전과제는 사내벤처의 성공에 기여할 수 있는 성공적인 사업접근법을 어떻게 개발하느냐 하는 것이다. 이를 위해서는 창업가적 능력을 보유한 개인들의 모집과 선발, 그들의 성과에 대한 평가 그리고 동기를 부여시키는 공정한 보상의 제공이 필요하다.

사내창업가의 역할은 다양할 필요가 있다. 사내창업가는 창업가적 기회를 인식하고 이를 실제 행동으로 옮겨야 한다. 또한 그들은 지속적으로 새로운 벤처 기회를 추구할 필요가 있다. 사내창업가는 기존 조직 내에서 성공적인 신생 사내벤처를 창조해낼 수 있는 잠재력을 평가하기 위한 기업 관리 체크리스트를 활용함으로써 변화를 모니터링하고, 역동적 환경에서 경쟁할 수 있다(표 10.1 참조). 본 장은 사내창업가의 선발, 평가 그리고 보상에 대하여 논의한다.

사내창업가와 사내창업팀의 선발

사내창업 활동의 성공을 결정짓는 가장 중요한 1가지 요인은 아이디어를 현실로 바꿀 수 있는 능력과 열정을 가진 사내창업 리더와 팀을 보유하는 것이다. 사내창업의 적임자를 선발하고 유지하는 것은 어렵지만, 올바른 동기부여를 통해 이를 실현시킬 수 있다. 제너럴 일렉트릭(GE)의 전 CEO인 잭 웰치(Jack Welch)는 그의 마지막 재임기간에 GE가 창업가적인 사람들을 모집, 선발 및 유지할 수 할 수 있게 하고 기존 직원들 사이에서 필요한 창업가적 잠재성을 개발할 수 있게 하는 정책과 절차들을 발전시켰다. 보통은 한 사람이 사내벤처를 개발하는 데 필요한 광범위하고 다양한 스킬들을 보유할 수 없기에, 올바른 사내창업팀을 구성하는 것이 필요하다. 신기술을 상용화하는 사업부인 제록스 뉴 엔터프라이즈(Xerox New Enterprise)에서는 각각의 신생 기업들의 선임 사내창업가들을 외부에서 모집한다.

[표 10.1] 기존 조직에서 성공적인 사내창업 활동 창출의 가능성을 평가하기 위한 체크리스트

평가기준			
다음 기준과 관계된 벤처 평가:	아니오	불확실	예
1. 사업계획서가 작성되었는가?			
2. 사업 아이디어 혹은 개념이 실현 가능한가?			
3. 재무제표와 재무 추정치가 준비되었고 재무 관리자와 논의되었는가?			
4. 충분한 재무적 자원이 이용 가능한가?			
5. 양(+)의 현금흐름에 도달하기까지 걸리는 시간은 현실적인가?			
6. 필요한 스킬과 역량을 가진 인적 자원이 이용 가능한가?			
7. 기존 조직의 능력으로 신생벤처의 재무적 요구 사항을 충족시킬 수 있는가?			

시장에서의 실행 가능성

다음 기준과 관계된 시장 실현 가능성의 평가:	불충분	경쟁사와 유사	경쟁자 보다 우위	탁월함	불확실
1. 실행 가능하고 신뢰할 수 있는 시장 기회의 잠재력에 대한 평가					
2. 다음 사항을 위한 전략들이 포함된 시장 접근에 대한 평가 • 고객 관리 • 공급업자 • 경쟁자 • 기타 외부 요인들					
3. 모기업 조직 보호와 동시에 성공적인 사업 창출이 가능한지에 대한 능력 평가					

벤처경영진에 대한 기준

다음 기준과 관계된 벤처 경영진에 대한 평가:	아니오	불확실	예
1. 벤처경영팀 중 최소한 1명이라도 필요한 작업의 수행을 위해 팀을 이끌 수 있는 자격이 있는가?			
2. 필수적인 일을 수행할 적절한 경영팀이 존재하는가?			
3. 모기업 조직이나 또는 외부에서 추가적인 경영진을 데리고 올 가능성이 있는가?			
4. 모기업 조직이나 외부 자문가 중에 적절한 전문가 집단이 존재하는가?			
5. 벤처경영팀은 희소한 자원을 활용할 능력과 전문성을 보유하고 있는가?			

기술적 실현 가능성

다음 기준과 관계된 기술적 실행 가능성에 대한 평가:	부적절	경쟁자와 유사	경쟁자 보다 우위	탁월함	불확실
1. 기술 개발과 구체적인 목적 및 목표의 성취에 대한 타당성과 실현 가능성의 평가					
2. 제안된 개발 프로그램을 기존 기술과 비교 (또는 경쟁 기술이나 미래 기술과 비교)					
3. 현재 조직이 보유한 기술적 성취도를 평가					

자 원

다음 기준과 관계된 자원에 대한 평가:	부적절	경쟁자와 유사	경쟁자 보다 우위	탁월함	불확실
1. 잠재적인 신생벤처의 맥락에서 조직의 예산 적정성에 대한 평가					
2. 신생벤처가 이용 가능한 잠재적 자금 원천뿐만 아니라, 해당 프로젝트를 수행하기 위한 추가적 자금 조달 가능성에 대한 평가					
3. 신생벤처를 위한 공간의 이용 가능성과 연계되어 필요한 시설들이 적정한가에 대한 평가					

상 용 화 다음 기준과 관계된 상용화에 대한 평가:	부적절	경쟁자와 유사	경쟁자 보다 우위	탁월함	불확실
1. 다음 사항과 관련된 상용화 일정에 대한 평가					
1.1 연구·개발					
1.2 독점권에 대한 보호					
1.3 인적 자원					
1.4 마케팅					
1.5 생산					
1.6 잠재적인 규제 요구 사항					
2. 시장에서의 성공적 경쟁을 위한 조직 능력의 평가					
3. 조직의 유통경로에 대한 평가					
4. 조직의 고객 서비스 철학에 대한 평가					
5. 조직 역량의 평가					
• 재무적 통제 측면					
• 경영관리 측면					
• 전략기획 측면					
6. 조직의 상용화에 대한 타당성 평가					

사내창업 활동은 편향되지 않은 조언을 해줄 수 있고, 모기업의 내부 정치에 대해 상대적으로 무관심한 사람들이 필요하다. 대부분의 조직에서 그러한 사람들을 찾아낸다는 것은 상당히 어려운 과제이다. 적합한 사람들을 끌어들이는 비결은 사내창업에 필요한 스킬과 지식을 먼저 결정하는 것이다. 이러한 인재들을 끌어들이기 위해서는 적절한 보상과 우대 정책이 필요하다.

사내창업 활동은 외부 자문가들을 자주 활용한다. 이러한 사람들은 좀 더 공식적인 자문단과는 별개이다. 마치 자문가들을 정규직으로 채용하는 것처럼, 외부 자문가들의 배경을 확인한 후, 면접을 보거나 평가를 거치게 해야 한다.

사내창업팀을 설립할 때, 모기업은 사내창업팀을 모기업과는 다른 규칙과 정책을 가진 독립적인 신규 조직 단위로 설립하는 것을 주저할 수도 있다. 따라서 일부 모기업의 모집, 선발, 평가 및 보상 전략들이 일부 수정되기도 한다. 이러한 점은 현재 시행 중인 표준적인 보상 패키지와는 다른 사내창업의 보상 수준을 결정할 때 특히 문제가 될 수 있다. 모기업이 자기의 경영자로 하여금 사내벤처의 고위직 대부분을 차지하게 하고, 일반적인 기업문화와 통제 방식으로 사내벤처를 이끌어 나가려고 하면, 여러 가지 이슈들이 불거져 나온다. 모기업의 문화와 조직에 대한 첫 번째 도전은, 새로운 문화와 환경이 필요하다는 점을 깨닫는 것이다.

월마트(Walmart), 제너럴 밀스(General Mills), 인텔(Intel) 및 유나이티드 파슬 서비스(united Parcel Service)와 같은 기업들은 수백만 달러를 자사의 벤처활동에 투자하였다. 사내창업 벤처에서는 초기 단계의 재무적 의사결정을 어떻게 내려야 하는지가 하나의 도전과제이다. 초기에 시스코 시스템즈(Cisco Systems), 제넨테크(Genentech) 및 야후(Yahoo!)와 같은 조직들이 대기업처럼 단기 이익을 근거로 평가받았다면, 이들은 오늘날과 같은 기업들이 되지 못했을 것이다.[1] 사내창업가는 모기업의 핵심사업에 미치는 잠재적 파급효과를 인식하고, 필요로 하는 모든 기업 활동들에 영향을 줄 수 있는 욕구와 능력을 가지고 있어야 하며, 현실적인 이정표를 만들어 수립하고 충족시켜야 한다. 사내창업가는 신생벤처의 장기적 실행 가능성을 염두에 두고 혁신가가 될 필요가 있다.

기존 조직에서 가장 훌륭한 관리자들이 신규 사내창업 벤처에서도 꼭 최선이지만은 않다. 흔히 이러한 관리자들은 기업 전통을 기꺼이 바꾸기보다는 유지하는 데 더 몰입한다. 그들은 대부분 신생벤처에서 필요한 경험과 능력을 갖추고 있지 못한 경우가 많다.

그러나 모기업의 경영진이 생각하는 것보다 더 많은 사내창업가적인 사람들이 조직에 존재할 수 있다. 조직은 자사의 임원들을 개발하고, 창업가적 문화를 육성하는 어려움을 받아들여야 한다. 세브론(Chevron Corporation), 유나이티드 에어라인(United Airline), 포드(Ford Motors) 및 제록스(Xerox)와 같은 기업들은 자사의 사내창업 리더들을 내부에서 선발하였다. 신규 사내창업 벤처로 이직한 조직 내부의 인력들은 모기업의 인재들이 사라졌다는 공허함을 다른 사람들에게 남기지 않아야 한다는 점이 중요하다. 사내창업가는 다음과 같은 질문을 통해 스타트업(start-up)의 사업과 수요를 이해하는 핵심 인력 그룹을 파악할 필요가 있다.

- 신생벤처를 이끌 역량과 능력을 갖춘 사내창업가를 보유하고 있는가?

- 기존의 이사진과 자문가들은 사내창업 벤처를 다음 단계의 수명주기(life cycle)로 이동시킬 수 있는 전문성과 지식을 보유하고 있는가?
- 이러한 신생 사내창업 벤처의 일부로 참여하게 될 욕구, 동기 및 경험을 가진 사람들을 보유하고 있는가?
- 사내창업가와 그 팀이 시너지를 달성하기 위해 효과적으로 협업할 수 있다는 확증이 있는가?

일부 사내벤처 부문은 사내창업 벤처와 관련 있는 스킬과 경험을 갖춘 외부 인력을 모집한다. 새롭게 고용된 사내창업가는 관리자, 리더, 대변인, 네트워킹을 만드는 사람, 의사결정자 및 조정자로서 역동적인 리더가 될 필요가 있다. 새로운 사내창업팀은 공통의 목적과 비전으로 똘똘 뭉쳐, 창의적이고 혁신적으로 같이 일할 필요가 있다. 이 사내창업팀은 지속적으로 서로를 발전시키고 피드백을 공유하는 개방적인 의사소통을 통해 긴밀하게 통합되어야 한다. 사내창업 벤처 프로젝트의 수명주기에 따라서 서로 다른 스킬(예를 들어, 마케팅, 재무, 기술 등)들이 요구된다.

사내창업팀의 역할

사내창업 벤처팀은 의사결정을 신속하게 내릴 수 있다는 점이 중요한 요소 중 하나이다. 사내창업팀에는 여러 가지 역할이 필요하다.

- **벤처 CEO.** 프로젝트의 개발과 발전에 총괄책임을 지는 사내창업가.
- **기술 혁신가.** 3M의 포스트-잇을 개발한 아트 프라이(Art Fry)처럼 주요한 기술 혁신에 책임을 지는 사람.
- **제품/서비스 챔피언.** 프로젝트의 실행까지 모든 핵심 단계들을 통해 프로젝트의 개발과 발전을 촉진시킴으로써 프로젝트에 기여하는 모든 사람들.

- **자원 배분가.** 사내벤처가 필요한 인적/비인적 자원들을 획득하도록 도움을 주는 사람.

사내창업 리더의 핵심적인 특성

사내창업 리더는 다음의 특성들을 보유할 필요가 있다.

- 높은 수준의 에너지, 욕구 및 열정.
- 적합한 사람을 모집하고, 선발하고, 동기부여를 시킬 수 있는 능력.
- 사내벤처와 그 팀을 내·외적으로 이끌어갈 수 있는 카리스마.
- 풍부한 지략과 책략.
- 탁월한 의사소통 스킬.
- 조직이 내·외부에서 프로젝트를 납득시킬 수 있는 능력.

사내창업 리더는 아래와 같은 사람들의 기대치들을 관리할 필요가 있다.

- 모기업의 고위 임원진.
- 새로운 사내창업 벤처 관리자들과 그들의 팀.
- 일반 조직 구성원.
- 신규 사내창업 벤처와 연관된 모든 구성원.

신생벤처를 이끄는 사내창업가는 다음과 같은 사항을 할 필요가 있다.

- 사내창업팀을 지원하고 보호한다.
- 실수에 대해 인내한다.
- 경영진과 사내창업팀을 이끌고 조언한다.
- 적당한 수준의 위험을 감수한다.
- 비전을 공유한다.
- 내부 경쟁을 용인한다.

- 혁신과 창의성을 고무시킨다.
- 아이디어를 적극적으로 탐색한다.
- 무질서를 감수한다.
- 실험과 테스트를 장려한다.
- 경영진과 사내창업팀을 신뢰한다.
- 모호성을 참는다.
- 사내창업팀을 움직이게 하고 동기를 부여한다.

사내창업가는 새로운 사내창업 벤처와 조직 전체 모두의 이해관계를 위해 최선을 다하고, 적절한 지원과 협조를 얻어내고, 자원을 활용할 필요가 있다. 사내창업팀은 사내창업의 목적과 목표 달성을 위해 적절하게 통합된 각자의 활동들과 함께 창업가적 정신(entrepreneurial mind-set)을 가져야 한다.

사내창업가의 생존 지침

여기에서는 성공한 사내창업가들이 지켜왔던 몇 가지 지침들을 제시한다.

- 잠재적인 보상이 잠재적인 위험을 정당화시키는 경우에만 아이디어를 추구한다.
- 각각의 개발 단계에서 피드백을 요청한다.
- 중요 챔피언과 기타 핵심 제휴자들을 파악한다.
- 최대한 객관적이고 엄격하게 비판적이어야 한다.
- 자신의 핵심역량들을 인식하고 잠재적인 약점들을 보완하기 위해 그러한 역량들을 최대한 활용한다.
- 조직 내부나 외부 미디어에서의 불필요한 유명세를 피한다.
- 사내창업 벤처 수명주기의 단계를 인식하고 이에 적응한다.
- CEO가 신생벤처의 정책과 절차들을 발전시키고 지원하도록 확실히 한다.
- 벤처를 위한 리더십과 경영을 보여주어 솔선수범한다.

벤처수명주기와 사내창업팀의 선발

사내창업 벤처 수명주기(corporate entrepreneurial venture's life cycle)의 각 단계에서, 사내창업팀을 교체하거나, 심지어는 그 팀을 이끄는 사내창업가를 교체할 필요가 있을 수 있다. 일부 팀 구성원들은 수명주기의 모든 단계에서 사내벤처의 발전을 원할 것이다. 다른 구성원들은 사내창업팀을 모기업에서의 승진하기 위한 기회로 볼 수 있다. 또 다른 사람들은 추가적인 신규 사내창업 벤처를 원할 수도 있고, 원래의 자기 직책으로 복귀하고 싶은 사람도 있을 수 있다. 이러한 프로세스 상의 단계에 따라 상이한 스킬과 경험이 필요하다.

- **보상과 개발 단계.** 사내창업가는 이 단계에서 사내창업팀과 주어진 기회에 대해 의사소통할 수 있는 욕구, 동기, 인내, 지략과 책략, 카리스마, 능력을 보여줄 필요가 있다. 사내창업 리더는 혁신적이고, 집중력 있고, 사내창업이 만들어낼 수 있는 아이디어와 기회에 대한 믿음을 가져야 하며, 과업의 완수에 필요한 에너지를 가지고 있어야 한다.
- **상용화 단계.** 사내창업가는 열정, 욕망 및 역량을 보여주어야 하고, 행동 지향적이어야 한다.
- **성장과 개발 단계.** 사내창업가는 새로운 벤처의 더 나은 성장과 발전을 확실히 하기 위해 혁신과 창의성이 필요하다.
- **성과 단계.** 이 단계에서는 사내창업 벤처가 출범하고 시장에서의 위치를 어느 정도 확보하였기에, 사내창업가가 자사의 위치를 유지하기 위한 혁신을 발전시킬 필요가 있다.

인텔이나 보잉과 같은 기업들은 시간을 두고 투자 금액을 늘린다는 목표를 두고 자사의 사내창업 그룹에 수백만 달러를 투자한다.

사내창업가는 아래의 사항들로 사내창업팀을 인솔해야 한다.

- 효과적인 문제해결 기법(problem-solving technique)의 개발.

- 새로운 방법론에 대한 시험적 운영(예: 변화해야 할 필요가 있는 것들은 무엇인가?).
- 해야 될 일을 하는 것(예: 헌신과 몰입).
- 어떤 일들이 이루어져야 하는지에 대한 명확한 제시.
- 참여적 의사결정의 장려.
- 해당 벤처 프로젝트에 대한 지식.
- 비전에 대한 집중.
- 팀워크의 증진.

사내창업팀 성과의 평가

성과 평가는 사내창업팀이 자신의 목적과 목표를 얼마나 근접하게 성취하였는지에 초점을 둔다. 사내창업 벤처는 명확하게 정의된 목적과 목표를 가지고 시작하지만, 현실에 적합하게 유연해질 필요가 있다. 시스코(Cisco)는 "외부 연구·개발(external R&D)"이라고 알려진 비전통적인 형태의 사내벤처 활동을 해왔다. 이 회사는 지난 10여 년 동안 65개 이상의 스타트업들을 인수할 때 스타트업과 성장 중인 기술 기반 기업들의 평가, 인수 및 통합에 사용되는 아주 엄격한 공식을 개발하였다. 새로운 사내창업 벤처는 모기업의 현금흐름과 조직에 직접적으로 영향을 주기 때문에, 단 하나의 벤처 성과만으로 모기업의 사내창업 활동이 억제되지는 않는다.

사내창업팀의 평가 기준

새로운 사내창업 벤처를 모기업의 전통적인 평가 기준을 가지고 평가하는 것은 적절하지 못하다. 평가 기준은 합리적인 비용으로 시간 내에 일정한 품질 기준을 만족하는 특정 업무를 완수했는지에 중점을 둘 필요가 있다. 팀워크, 협조 및 몰입도 고려할 필요가 있다.

적절한 평가 기준을 세우는 접근 방식이 아래와 같이 제시되어 있다.

- **무엇을 평가할지에 대해 파악한다.** 모든 평가는 명확하고, 객관적이며 일관된 접근 방식으로 수행될 필요가 있다. 적절하고 일관된 평가 전략의 수립을 위해 모든 중요한 측면들을 고려할 필요가 있고, 그렇게 함으로써 명확한 비교가 가능하다.
- **희망하는 성과 기준을 명확히 정의한다.** 모든 관련 당사자들에 대해 현실적이어야 하고, 그들과 명확하게 의사소통할 필요가 있다. 어떠한 일들이 합리적인 비용에 합리적인 시간 안에서 완료되도록 성과 기준을 완료 시점에 측정하기도 하지만, 간격을 두고 측정할 수 있다.
- **실제 성과 기준으로 측정하고 평가한다.** 최종적 판단과 대안적인 행동 방침에 기초하여 주어진 시간 내에 측정을 할 필요가 있다.
- **희망하는 성과 기준을 실제 성과 기준과 비교한다.** 실제 성과와 희망하는 성과 간의 차이가 받아들일 만한 수준이면, 그 정도의 편차는 평가 및 통제 프로세스를 통해 굳이 수정할 필요는 없다.
- **편차가 확인되면 적절한 행동 방침이 취해질 필요가 있다.** 편차가 수용할 수 없는 수준이면 신속한 행동이 취해져야 한다.

효과적인 통제 시스템이 조직의 성공을 보장하지는 못하지만, 조직의 성공에 기여를 한다. 사내창업은 조직의 장기적인 목적과 목표의 기반에서 개발되고, 실행되는 통제 시스템이 필요하다. 각각의 벤처 통제는 다음과 같아야 한다.

1. 신생벤처에게 쉽게 이해되고 적용되어야 한다.
2. 모든 중요한 벤처 활동들을 측정하고 평가해야만 한다.
3. 적절한 시간 안에서 수행되어야 한다.
4. 단기, 중기 및 장기적이어야 한다.
5. 모든 편차들을 신속하고 심도 있게 파악해야 한다.
6. 신생벤처의 탁월성에 도움이 되게 수정되어야 한다.

결론적으로, 사내창업가와 그 팀의 성과를 평가할 때 통제 시스템은 유연하게 운영될 필요가 있다.

사내창업가에 대한 보상

사내창업가에 대한 보상과 인센티브의 실행 방식은 매우 다양하다. 노키아에서는 재무적인 인센티브가 없다. 디씨에이 푸드(DCA Food Industries Inc.)에서는 이익의 20%가 사내창업팀에게 돌아간다. 테크트로닉스(Tektronix)는 원급과 연동된 기준에 따라 포상을 제공한다. 3M의 경우, 새로운 사내벤처에 참여한 모든 사람들은 달성된 제품 매출 증가분에 따라 자신의 고용과 보상에 변화가 있게 설계하였다. 신제품을 지원하는 것은 관리자의 책임이기에, 3M은 그러한 관리자들을 위해 특별한 보상 인센티브를 가지고 있다.

사내창업가들을 위한 보상 프로그램은 사람들이 희망하는 성과를 달성하도록 동기가 부여될 수 있는 인센티브를 가져야 하고 조직의 수익과 연계되어야 한다. 재무적인 인센티브 패키지는 적합한 사내창업팀을 유인하고 유지하는 데 도움을 준다. 적절한 보상 계획을 개발할 때 고려할 필요가 있는 몇 가지 측면들이 아래에 열거되어 있다.

- 장기적 성과를 강조한다.
- 신생벤처에 특화되게 맞춤식으로 개발되어야 한다.
- 성과 결과를 뛰어나게 달성한 직원들에게 맞는 보상 계획이 필요하다.
- 팀워크에 대한 인센티브와 더불어 개인성과를 강조한다.
- 인센티브 성과급을 기반으로 한다.
- 일정 기간에 걸쳐 상당한 재무적 보상을 한다.
- 외부 공정성(external equity), 즉 다른 기업에서 자신과 비슷한 업무를 수행하는 직원이 받는 임금 수준과 비슷한지에 근거하여 보상한다.

보상 계획은 혁신적이고 창의적 인재들을 유지하는 데 중요하다. 이러한 인센티브들은 동기유발적일 필요가 있다. 자기 주도적인 이유로 일하는 것뿐만 아니라, 팀의 일원이 되는 것을 장려하기 위해 개인 인센티브는 집단 인센티브와 균형을 맞출 필요가 있다. 보상을 사내창업 벤처의 집단적 성과에 연동하는 것이 좀 더 어렵긴 하지만, 임금 증가분을 기준 목표의 달성여부에 기초하게 하거나, 사내창업가에게 사내벤처의 성과 또는 지분의 일부를 제공함으로써 가능하다. 이러한 것들은 대규모 상여금 혹은 일정 기간에 걸쳐 귀속되는 주식 옵션의 형태를 띨 수가 있다.

보상 패키지는 다음과 같은 상황에서 사람들을 유인하는 데 특히 중요하다.

- 내부 직원이 새로운 사내창업팀에 합류하기 위해 중요한 프로젝트에서 손을 떼도록 요청 받는 경우.
- 외부 사람이 새로운 사내창업팀에 합류하기 위해 기존의 좋은 일자리를 그만두도록 요청 받는 경우.
- 내부 또는 외부 인사가 사내창업 벤처의 자리를 수락하는데 재무적 인센티브가 주요한 동기부여 요인일 경우.
- 사내창업팀의 노고와 몰입에 대한 감사의 표시를 하는 경우.

만약 사내창업가와 그의 팀이 적정하게 보상을 받지 못하면, 모기업은 기본적으로 그들에게 조직을 떠나라고 하는 것과 같다. 모기업이 비현실적인 목표에 가중치를 둔 보상 계획을 개발한다면, 직원들은 좌절하게 된다. 성공에 대한 보상을 해야 하지만, 제록스와 같이 실패에 보상하는 것이 더욱 중요하다. 제록스는 결과로 사람을 판단하지 않고, 그들의 노력이 가지는 질적인 측면으로 판단한다.

휴렛팩커드와 마이크로소프트는 소프트웨어 프로그래머를 두고 경쟁하지만, 이 두 회사는 서로 다른 기업문화를 보여주는데, 특히 보상 시스템에서 더욱 차이가 두드러진다.[2] 이는 도요타(Toyota)와 도시바(Toshiba)에도 적용이 되는데, 그들은 동일한 국가 문화를 공유하지만 상이한 조직 문화와 보상 제도를 가지고 있다. 전략적인 측면에서, 조직은 사내창업 문화를 발전시키는 보상 제도를 구조화해야 한다.

보상 및 인센티브 제도의 구성요소

다음의 보상 및 인센티브 구성요소들이, 신생벤처의 발전에 성공적으로 기여할 사내창업가를 유인하고 유지할 수 있는 보상 계획을 개발하는 데 도움을 줄 수 있다.

- **주식.** 보통주나 우선주의 형태로 새로운 사내창업 벤처나 모기업이 소유주 지분을 나누어주는 것.
- **보너스.** 개인 혹은 집단의 매출, 이익 및 투자수익률과 같은 성과 달성과 연계된 금전을 의미한다. 금액은 고정적일수도 변동적일 수도 있으며 임의적일 수도 있다.
- **임금 증가.** 기존 조직에서와 같은 방식으로 신규 사내창업 벤처에 적용된다.
- **경력 개발과 승진.** 기회가 생기면, 새로운 사내창업 벤처에 커다란 공헌을 한 사람들을 표창하고, 그들에게 좀 더 높은 자리에 응모할 수 있는 기회를 주어야 한다.
- **표창과 보상.** 비재무적인 인센티브는 재무적 인센티브만큼이나 많은 사내창업가들에게 가치가 있을 수 있다. 시상식이나 상장(듀폰 같은 경우에는 재무적인 것일 수도 있다), 동료에 의한 시상, 이달의 직원 또는 안식년 지원 같은 것을 통해서 직원들의 기여에 대해 표창할 수 있다. 인센티브는 조직의 문화와 일관되어야 하고, 신생벤처에 일정 정도 기여를 하거나 업적을 달성한 사람들 모두에게 공평해야 할 필요가 있다.

새로운 성공을 위한 보상 및 인센티브 구성요소

표 10.2는 사내창업 벤처의 성공에 기여할 수 있는 몇 가지 보상 및 인센티브

들을 보여준다.

사내창업 행동들을 보상하는 몇 가지 창의적인 접근 방식들로는 다음과 같은 것들이 있다.

- 직원들이 자신들의 급여 중 일정 퍼센티지를 걸고, 팀 성과에 기초하여 걸어 놓은 금액을 손해 보거나, 2배 혹은 3배를 가져가게 하는 방식이 있다.
- 창업가적 기여를 한 직원들에게 "혁신가(Innovator)"라고 새겨진 맞춤형 재킷, 셔츠 및 고급 가죽 폴더 같은 것들을 제공할 수 있다.
- 새로운 아이디어가 CEO에게 받아들여지면, CEO는 해당 직원에게 주식을 선물한다.
- 자신의 직무와 관련 있는 혁신적 아이디어에 사용할 수 있도록 500달러 정도를 제공한다.
- 회사가 스포츠 경기장을 빌려서 직원, 가족 및 친구들을 초청한 뒤, 혁신 챔피언의 이름이 호명되면, 운동장으로 나오게 한 뒤에 그의 업적을 전광판에 비추어준다.
- 회사가 목표를 정하고 그 목표를 상회하는 이익 증가분의 30%를 직원 성과급 보너스에 추가하여 적립시켜 준다.
- 무언가 새로운 일을 시도하여 실패한 직원들에게 소액의 현금 보상을 해주고, 분기마다 최고의 실패(the best failure)에는 더 큰 금액을 제공한다.
- 일부 기업들은 포인트 제도를 두고, 서로 다른 범주의 혁신에 기여한 바에 따라 상이한 포인트 점수를 제공한다. 이 포인트를 컴퓨터, 일반 상품, 휴가, 학자금 및 기타 유형의 보상으로 교환하여 받을 수 있다.
- "이달의 혁신가"라고 새겨진 특별한 주차 공간을 제공한다.
- 주요 혁신에 참여하는 팀원들에게 프로젝트 초반에는 가격이 기입이 안 된 주

식을 주고, 시간 내에 일정 기준을 넘어서면 미리 정해놓은 가치를 주식에 기입해준다. 기준에 도달하지 못하면 주식 가치는 하락한다.

- 어떤 기업은 직원에 대한 현금 보상을 일정 기간 동안 만들어낸 혁신 활동 포트폴리오(아이디어 제안, 특허 신청, 시제품 개발 등등)와 연동시킨다.
- 어떤 기업은 항공사 마일리지 프로그램 같은 "혁신 마일리지" 제도를 보유하고 있다.
- 달성한 혁신과 개인적 배경 등의 내용이 담긴, 해당 직원의 "영웅전기(Hero biographies)"를 작성한다.
- 어떤 기업은 직원의 아이디어가 실행되는 바로 그날에 상품권을 제공하고, 다른 기업은 직원을 "보물 상자(treasure box)"로 데려가서 여러 가지 선물 중에 자신이 원하는 것을 고르게 한다.
- 어떤 기업은 혁신가의 아이디어를 사용한 처음 두 해 동안 달성한 현금 절약분의 15%를 지급하고, 해당 아이디어가 제품 그 자체인 경우에는 첫 해 매출의 3%를 지급한다.
- 혁신 측면에서 가장 성과가 좋은 팀은 일주일 동안 휴양지에 보내준다.
- 어떤 기업은 경영진 회의 때 가장 도전적인 문제를 제기하는 직원에게 저축채권(savings bond)을 제공한다.
- 어떤 조직은 특별히 주도적 행동을 보여준 모든 이들에게 현장에서 500달러의 보상을 한다.
- 일부 기업들은 적극성과 수월성을 파악하기 위한 시도로서 회사 내에서 올림픽, 로데오 경기, 경연 대회, 게임쇼, 인기 순위표 및 추리 대회를 개최한다.
- 일부 기업들은 칭찬 및 표창 위원회(praise and recognition boards), 획기적 성과 클럽(threshold performance club) 및 훌륭한 사람 표창(atta-person awards) 등을 시행하고 있고, 다른 기업들은 혁신가들을 자사의 광고에 출연시키기도 한다.

[표 10.2] 사내창업을 위한 보상 및 인센티브 요인들

사내창업 성공 요인	만족에 영향을 주는 보상 및 인센티브 요인
제공된 보상 및 인센티브에 대한 만족	• 구매력: 생활수준에 기반을 둔 구매력
	• 공정성: 능력, 기여도 및 노력에 적절하게 상응하는 것으로 비춰지는 개별화된 평가의 공정성
	• 공평성: 내부 비교와 외부 비교의 측면에서의 공평성
	• 기대와 가치: 자신의 가치에 대해 기대치를 만족시키는 보상과 기대치를 달성하기 위해 필요한 노력과 스킬에 상응하는 보상
	• 균형: 내적 보상과 외적 보상 간의 균형
	• 총보상: 전체적인 보상 및 인센티브의 구성에 따라 달라지는 총보상
CEO, 벤처경영진 및 벤처팀 사이의 욕구, 동기 및 몰입	• 경쟁력 있는 소득 기회
	• 보상 및 인센티브의 투명성과 공평성
	• 모기업과 외부 조직과 관련되어 공평하고 경쟁력 있는 계획
	• 개인적인 보상 및 인센티브 계획
	• 재무적/비재무적 인센티브 제공
효과적인 팀워크와 시너지	• 팀워크에 대한 인센티브 계획
	• 모든 팀 구성원과 그들의 기여에 대한 공평성과 공정성
	• 효과적인 팀원의 구성
	• 팀 표창
모기업의 신생벤처 지원	• 모기업은 신생벤처를 지원하고 그들 사이의 차이점 인식 및 존중
	• 감수하는 위험과 제공되는 보상 간의 균형을 맞춤
외부 환경의 중요성 인식	• 외부 환경적 요인들에 대한 유연성과 적응성
	• 변화라는 측면에서 희망하는 결과를 성취하기 위한 개인 및 집단별 자율성

기업과 그들의 신생벤처를 위한 핵심적인 교훈들로는 다음과 같은 것들이 있다.

- 사내벤처는 모기업의 문화가 지원하고 장려하는 환경을 만들어 낼 필요가 있다.
- 신생벤처의 목적과 목표는 모기업의 목적 및 목표와 다르다.
- 신생벤처는 성장과 발전을 위한 혁신적 기회를 파악하는 방식으로서 모기업으로부터 가치 있는 교훈을 배울 수 있다.
- 적재적소에 적합한 사람을 가지고 있다는 것은 신생벤처의 성공에 매우 중요하다.

- 신생벤처가 발전하기 위해서는 시간, 몰입 및 에너지가 필요하다. 변화의 필요성을 인식하고 신생벤처의 발전을 측정하기 위해 신생벤처를 감독하고 평가해야 한다.
- 신생벤처의 목적과 목표, 경영진의 문화와 욕구 및 신생벤처팀의 맥락에서 보상 및 인센티브의 실행은 공정하고 공평해야 한다.

요약

이번 장은 사내창업 벤처활동의 근본적인 구성요소(사내창업가와 그 팀을 유인하고, 모집하고, 선발하고, 평가하며, 보상하는 것)에 중점을 두었다. 사내창업 활동을 통해 인재를 유인하고 잠재적인 파트너, 자문가, 컨설턴트 및 고객들과의 관계를 정립할 필요가 있다. 사내창업가는 몰입되고 열정적이며, 효과적으로 관리하고, 인솔하고 통합할 필요가 있다. 내·외부의 잠재적인 혁신적 후보자들을 위한 적절한 모집 및 선발 절차의 수립이 필요하다.

과업의 완수에 기반을 둔 기준과 희망하는 결과가 달성될지의 여부에 따라, 사내창업 활동을 감독하고 평가할 필요가 있다. 보완적인 활동이 신속하게 이루어지기 위해서는 지속적인 평가가 필요하다. 적절한 보상 및 인센티브 계획이 실행될 필요가 있으며, 주식, 보너스, 임금 인상, 경력 발전과 승진 그리고 표창과 기타 보상을 포함하는 재무적/비재무적 보상 및 인센티브 계획 모두가 있어야 한다.

벤처 자금 조달 11장

학습목표

1. 벤처캐피탈의 역사와 유형에 대해 학습한다.
2. 사내벤처의 아이디어 가치 평가 방식에 대해 학습한다.
3. 사내벤처의 평가 프로세스에 대해 학습한다.
4. 사내창업에서의 자금 조달 방법에 대해 학습한다.

들어가면서

이 장에서는 먼저 금융의 필요성을 살펴보고 벤처캐피탈 산업의 개요를 제시함으로써, 사내창업 활동의 자금 조달에 초점을 맞춘다. 본 장은 평가 프로세스에 대해 살펴본 후, 벤처 가치평가 기법에 대해 논의한 후 끝을 맺고 있다.

자금 조달의 필요성

혁신적인 아이디어와 개념은 여러 발전 단계에서 금융을 필요로 하고, 조직의 내부 금융은 금전적 혹은 비금전적 재무적 타당성과 어느 정도의 수익을 요구한다. 기대 수익은 수익성, 회전율, 매출액, 판매량 증가, 비용 절감, 고용, 평가, 라인 증설 또는 기타 편익의 형태로 나타날 수 있다. 이사회(자문가), 사장, 부사장 및 내부 자본 투자 위원회는 대안적인 투자 기회보다 잠재 수익률이 더 크거나 같다는 증거가 있어야만 사내창업 벤처에 돈을 투자한다. 어느 조직이든 자금은 한정적이기 때문에, 사내창업 아이디어를 지원할 경우 상세한 재무적 예상 추정치, 광범위한 조사, 매출이나 이윤과 같은 추정치가 과대평가된 경우의 대비책을 요구한다. 아이디어에 대한 열정의 수준과는 상관없이, 사내창업가는 재무적 추정과 계산에 능숙해야 하고, 그렇지 않다면 사내창업팀에 벤처 사업계획서의 일부인 이러한 숫자들을 발전시킬 수 있는 스킬을 가진 누군가를 보유하고 있어야 한다(9장 참조). 많은 사내창업가들은 신뢰성 있는 매출, 재무추정, 이윤폭이 적다는 이유로 자금 지원이 거절당했다고 말한다.

이러한 자원 획득의 어려움은 새로운 사내창업 아이디어의 초기 개발 단계에서는 특히나 문제가 된다. 재정, 인력, 원재료 및 조직의 생산/서비스 시스템의 사용과 같은 자원들의 확보가 어렵기 때문에 사내창업가들은 심각하게 구속이 된다. 9장 “사업계획서의 작성”에서 논의하였듯이, 아이디어가 상당히 새롭고(기존 조직에게는 불연속적 혁신일 때), 기존 조직의 목표, 자산, 고객기반 및 유통 시스템 측면에서 모기업과의 적합성이 낮은 경우 특히나 문제가 된다. 전체적으로 조직의 자원이 주어졌다고 가정하면, 사내창업가는 조직의 다른 측면에서 자원이나 인력을 확보하려고 노력한다.

벤처캐피탈 산업의 개요

벤처캐피탈은 이해가 잘 되는 영역은 아니다.[1] 전반적으로 벤처캐피탈은 전문적으로 관리되는 자기자본의 풀(pool)로서 가장 잘 표현된다. 흔히, 유한책임사원의 자원을 가지고 자본의 풀이 형성된다. 유한책임회사로서 벤처캐피탈을 구성하는 기타 주요한 투자자들은 외국인 투자자들을 포함하여 연기금, 기부 기금

(endowment fund) 및 기타 기관투자가들이다. 투자에서 거두어들인 이익의 일부와 수수료를 대가로 일하는 무한책임사원(즉, 벤처캐피탈회사)이 자본의 풀을 관리한다. 투자는 1단계, 2단계, 3단계 투자 또는 차입매수(leverage buyout)에서뿐만 아니라 초기 단계에서도 이루어진다. 사실, 벤처캐피탈은 장기 투자 원칙(보통은 초기 기업의 설립에서 5년에서 7년 이상), 기존 사업의 확장과 재건, 대기업의 기존 사업부 또는 개인 기업에 대한 차입매수(leveraged buyout)에 대한 금융 등을 특징으로 한다. 각각의 투자에서, 벤처캐피탈리스트들은 주식, 워런트 및 전환증권, 또는 부채를 이용하여 지분에 참여하고, 투자한 기업에 투자유치, 재무계획 및 사업상의 스킬들을 가져와서 각각의 포트폴리오 회사에 대한 감독에 적극 참여한다.

벤처캐피탈의 역할이 미국의 산업화 기간 동안 내내 중요한 수단이었지만, 제2차 세계 대전 후까지는 제도화되지 못하였다. 벤처캐피탈 산업을 제도화하는 첫 단계가 1946년 보스턴에 소재한 아메리칸 연구·개발 기업(ARD: American Research and Development Corporation)과 함께 시작되었다. ARD는 선별된 신흥 사업에 대한 적극적인 투자를 위해 조지 도리어트 장군(General Georges Doriot)이 개인 투자가와 기관투자자들로부터 모은 소규모 자본 풀이다.

그 후 두 번째 큰 폭의 발전은 1958년 중소기업특별법(Small Business Investment Act of 1958)인데 이를 통해 민간 자본과 정부 자금을 합쳐서 스타트업과 소규모 성장 기업에 대한 자본 투입을 위해 전문적으로 관리되는 중소기업 투자회사들(SBIC firms)이 사용하도록 하였다. 세금 혜택, 차입을 위한 정부자금의 활용 및 민간자본 기업으로서의 지위로 인해, SBIC는 현재의 벤처캐피탈 산업의 공식적인 시작이었다. 1960년대에는 2억 5백만 달러 이상의 민간자본이 참여하는 약 585개의 SBIC 면허를 승인할 정도로 확장하였다. 현재 약 360여 개의 SBIC 기업이 운영 중이며, 그 중 130여 개가 소수인종이 운영하는 기업들에게 자금을 지원하는 소수인종 중소기업 투자 회사들(MESBICs: minority small-business investment companies)이다.

1960년대 말에는 소규모 민간 벤처캐피탈 회사들이 나타났다. 이들은 보통 유한책임회사로 설립되고 벤처캐피탈 회사들은 운영 수수료와 투자에서 얻은 수익 중 일정 비율을 수취하는 무한책임사원(general partner)이 된다. 자금을 제공하는 유한책임사원(limited partners)은 흔히 보험회사, 기부기금(endowment fund), 은행 신탁 부서, 연기금 및 부유한 개인들과 같은 기관 투자가들이었다. 미국에는 이러한 유형의 벤처캐피탈이 900여 개 이상 설립되어 있다.

또 다른 유형의 벤처캐피탈회사가 현재에도 발전되었는데 대기업의 벤처캐피탈 사업 부문을 의미한다. 대략 100여 개인 이러한 회사들은 은행 및 보험회사와 제휴되어 있고, 본서의 Scenario 속에서 논의되었던 것처럼, 3M, 몬산토, 제록스, 인텔, 그리고 유니레버와 같은 기업들은 자체적인 벤처캐피탈 기업을 보유하고 있다. 사내벤처캐피탈 회사들은 자사의 기업 사명(mission)에 적합한 기술이나 새로운 시장 진출과 같은 기회에 투자하는 경향이 있다.

경제 발전의 필요성에 대한 대응책으로, 미국의 경우 주(州) 정부가 후원하는 벤처캐피탈 기금의 형태로 4번째 유형의 벤처캐피탈회사가 출현하였다. 주(州)정부가 지원하는 이 기금에는 다양한 방식이 있다. 주별로 규모와 주요 투자 분야 및 지향하는 산업은 상이하지만, 각 기금은 보통 자본의 일정 비율을 특정한 주에서만 투자하게 하였다. 주정부의 관료주의와 정치적인 과정에서 벗어나, 일반적으로 민간 부문에 의해 전문적으로 관리되는 이 기금들이 더 좋은 성과를 거두어 왔다.

벤처캐피탈회사의 유형에 대한 개요가 그림 11.1에서 나타나 있다. 앞에서 언급한 4가지 유형 이외에도, 현재는 대학이 지원하는 벤처캐피탈 기금도 나타나고 있다. 보통 독립된 단위로서 관리되는 이러한 기금들은 특정 대학의 기술에 투자한다. 스탠포드, 콜롬비아, MIT 등과 같은 대학에서는 학생들이 교수나 다른 학생들이 자금 조달을 위한 사업계획서를 작성하는 것을 도와주고, 또한 펀드매니저들의 실사(due diligence)를 보조함으로써 벤처 자금 모집 프로세스에 대해 더 많은 것을 배우게 된다. 성공적인 투자를 위해서는 경험이 많은 펀드매니저가 필요하다.

【그림 11.1】 벤처캐피탈회사의 유형

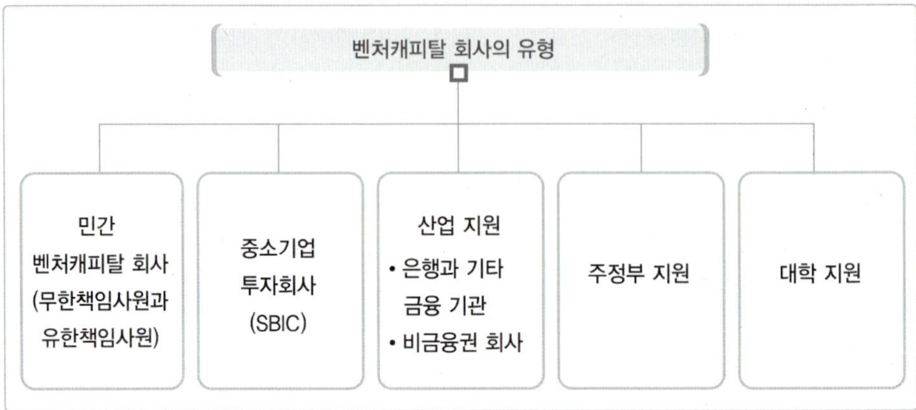

사내벤처캐피탈 부문

사내창업 벤처활동(corporate entrepreneurial venturing)은 기존 사업 조직들의 새로운 기업에 대한 투자나 신규 기업을 만드는 사내창업 노력과 관련이 있다. 모회사의 조직 영역 내에서 새로운 기업이 만들어질 때, 이것은 종종 "내부 사내벤처활동(internal corporate venturing)"이라 불린다. 외부 사내벤처활동(external corporate venturing)은 이번 장의 사례에서 논의된 것처럼 모기업의 조직 영역 외부에서 기업들의 설립과 성장을 촉진하는 투자와 관련이 있다. 공동 사내벤처활동(joint corporate venturing)은 외부 사내벤처활동의 다른 유형으로서 모기업이 다른 기존 조직과 함께 새로운 외부 기업에 투자하는 것이다. 사내창업 벤처활동의 이 3가지 접근법 모두는 기업이 필요로 하는 혁신에 대응하기 위한 중요한 수단이다. 유니레버, 구글, 인텔, 3M, GE, 모토로라, 프록터 앤드 갬블, 마이크로소프트, 모두는 그들의 혁신 전략의 핵심 구성요소로써 사내창업 벤처활동 계획을 성공적으로 활용하였다.

대다수 사내벤처캐피탈 부문은 내부적으로 사내창업 아이디어를 창출하는 것에 덧붙여, 모기업의 사명과 일치하는 제품/서비스 아이디어를 가진 외부 기업에 투자하는 책임을 부여 받았다. 다우 케미컬(Dow Chemical)의 벤처캐피탈 부문은 오직 화학제품과 관련된 제품 분야의 기업들에게만 투자하는 것에 관심을 둔다.

보통 이러한 투자들은, 투자하는 회사의 운영 기술이나 제품 기술에 대한 사용 대가로 보통주나 전환우선주로 소수 지분을 보유하는 형태를 띤다. 메드트로닉(Medtronic)은 의료기술 분야에서 이러한 방식을 정기적인 기술 개발 전략으로 사용한다. 어떤 의미에서는, 이는 연구·개발을 위한 부외금융(off-balance sheet financing)의 한 형태라고 볼 수 있다. 기존의 명성 있는 회사의 벤처캐피탈 부문이 투자하면, 아직 무명인 젊은 벤처 기업은 대중으로부터의 정당성을 높일 수 있다. 유명한 투자가가 투자함으로써 대외적으로 인정받는, 이러한 "인증서"의 역할은 투자대상 기업이 새로운 법인고객과 일반고객들을 모집할 때에도 도움을 줄 수 있다. 게다가 신생벤처는 먼저 자리 잡은 투자 기업으로부터 기술 개발, 판매, 공급 사슬과 유통 및 산업 전반에 걸쳐 도움을 받을 수 있다.

사내벤처캐피탈 부문의 기타 책임은 회사 내부에 설립된 내부 벤처들에게 투자하는 것이다. 이것은 사내창업 프로그램의 성공적 실행을 위해 필요한 자본을 제공한다. 투자받은 각각의 내부 벤처는 다음의 평가 프로세스를 거치게 된다.

평가 프로세스

첫째, 현재 종사하고 있는 제품 라인과 시장 영역의 측면에서 보통은 새로운 제품/서비스 아이디어를 모기업의 방향성과 사명선언문(mission statement)에 일치시킬 필요가 있다. 기업들은 무언가 새로운 일이 성공적으로 시작되고 시너지가 발생하는 데 도움이 되도록, 현재의 제도적 지식을 활용하는 것을 좋아한다. 기업이 조직의 생명주기 상에서 자주 일어나는 현상인 제2의 창업을 하지 않는 이상, 이러한 제도적 적합성은 평가 프로세스의 적용 기준이 된다.

두 번째, 만약 제품/서비스 아이디어를 기술적으로 특정 시간 내에 구현할 필요가 있다면, 벤처캐피탈 부문은 보통 연구·개발을 위한 자금의 원천이 아니기 때문에, 상업화의 측면에서 개발 비용과 시간이 명확하게 이해되어야 한다.

세 번째, 기업 입장에서 시장에 진입할 필요가 있을 만큼 충분히 크고 접근이 가능해야 한다. 특히, 이 기준 때문에 높은 수준의 매출과 이익을 요구하는 대기업의 경우에는 특정 아이디어에 대한 자금 조달이 종종 축소되기도 한다. 그리고 성공적인 제안과 사내창업의 발생을 위해서는, 특히 기술을 기반으로 하는 회사의 경우, 이러한 기준 관련된 부분이 가장 많은 도움을 필요로 하는 영역이다. 시장 데이터를 얻기 위한 방법은 4장 "기회의 인식, 평가 및 선택"에서 논의되었다. 하지만 기업이 활기찬 사내창업 프로그램을 보유하는 것에 정말 관심이 있다면, 이 부분은 회사가 훈련과 지원을 제공할 필요가 있는 분야이다. 9장 "사업계획서의 작성"에서 논의했던 사내창업 사업계획서의 개발 단계에서도 유사한 지원이 필요하다.

네 번째, 아이디어 챔피언이 반드시 존재해야 한다. 이 아이디어 챔피언이 보통은 아이디어의 창시자이지만, 해당 아이디어가 성공적으로 시작되게 하겠다는 열망과 필요한 역량을 보유하고 있음을 증명하기 위해서는 소규모 팀이 필요하다. 아이디어를 제출하는 사내창업가와 모든 사내창업팀원들의 역량, 배경, 교육 및 근무 경력을 면밀히 검토할 필요가 있다.

다섯 번째, 수익과 비용 관련 몇 가지 지표들이 제시되어야 한다. 표 11.1에서부터 표 11.4에 걸쳐 제시된 추정 재무제표의 예는 제품/서비스 아이디어에 대한 수익 잠재력의 판단을 위한 지침으로 사용될 수 있다. 훈련 및 지원 활동을 통해 추정 재무제표의 정확도를 크게 향상시킬 수 있지만, 그러한 자원과 훈련이 없더라도 제안서를 제출하는 사내창업가는 가격 결정과 예상매출에 대해 잘 유념하고 있어야 한다. 많은 회사에서는 첫 해의 매출만을 요구한다. 표 11.2는 제품/서비스의 비용 또는 매출원가의 결정에 도움을 준다. 단위당 비용을 구성하는 다양한 항목들을 고려해야 비용 관련 결정이 가장 잘 이루어지고, 이 단위당 비용은 표 11.1의 판매량과 곱해져서 연간 매출원가를 제공해준다. 몇 년간을 추정할지는 기업별로 다르다. 표 11.3은 일시불 비용과 매월 지급 비용에 포함될 만한 몇 가지 항목들을 보여준다. 다시 말하면, 이 항목들은 표 안의 일반적인 항목들을 가지고 회사별로 특정 상황에 맞게 다시 만들 필요가 있다. 마지막으로, 새로운 제품/서비스 아이디어에 대한 수익 잠재력을 보여주기 위해서 표 11.1, 11.2 그리고 표 11.3

에 따른 결과가 표 11.4로 정리되어 있다. 각각의 표들에서 원하는 세부 사항들은 회사마다 각기 다르지만, 각 표들은 사내창업벤처 제안서에 일부가 되어야 하는데, 그 이유는 사내창업가가 시장과 이윤에 좀 더 초점을 맞추는 데 도움이 되기 때문이다.

[표 11.1] 수익 잠재력

1년	예상치
1. 판매가격은 얼마인가?	
2. 판매량은 얼마인가?	
수익: 1번과 2번을 곱한다.	$
2년	**예상치**
1. 판매가격은 얼마인가?	
2. 판매량은 얼마인가?	
수익: 1번과 2번을 곱한다.	$
3년	**예상치**
1. 판매가격은 얼마인가?	
2. 판매량은 얼마인가?	
수익: 1번과 2번을 곱한다.	$

[표 11.2] 매출원가

각 부문	비용		
단위당 총비용	$	$	$
연간 비용	**1년**	**2년**	**3년**
판매 단위			
단위당 총비용			
매출원가	$	$	$

[표 11.3] 예산 비용

	1년	2년	3년
일시불 지급액			
회계수수료			
컴퓨터 하드웨어			
컴퓨터 소프트웨어			
장비			
가구			
설립 비용			
법무 비용			
시장 조사			
제품 인증			
시제품			
제품 테스트			
포장			
프로모션			
전화비			
기타			
총 일시불 지급액	$	$	$
매월 지급액			
임금			
사무실 임대료			
임차료			
대출상환금			
사무용품			
기타			
총 월지급액	$	$	$

[표 11.4] 수익 잠재력

	1년	2년	3년
매출			
판매 단위			
판매 가격			
총매출	$	$	$
매출원가			
총매출이익	$	$	$
비용			
일시불			
월지급액 x 12			
총비용	$	$	$
순이익	$	$	$

아이디어 가치 평가

벤처캐피탈 부문이 직면하는 문제 중 하나는 아이디어의 가치를 결정하는 것이다. 가치 평가는 아이디어의 실제 가치와 자금 투여에 대한 결정의 핵심이다. 이것은 가치 평가의 여러 요인들을 고려함으로써 결정된다.

가치 평가의 요인들

비록 아이디어 평가 요인들이 상황에 따라 다를 수 있지만 아이디어의 가치 평가와 관련된 몇 가지 요인들이 존재한다. 모든 가치 평가의 첫 번째 요인이자 출발점은 아이디어의 성격과 과거 이력이다. 관련 위험들과 모든 불리한 여건들을 극복하는 기업 능력이 평가 프로세스에서 중요하듯이, 아이디어와 그 아이디어가 운용되는 산업의 특징들도 모든 평가 프로세스에서 핵심적이다.

가치평가 프로세스는 특정 산업의 전망뿐만 아니라, 또한 일반적인 경제 전망도 반드시 고려한다. 이 두 번째 요인은 국내 경제와 글로벌 경제에서 해당 산업의 재무적 자료들을 검토하는 것과 관련이 있다.

현재와 미래 경영진의 역량이 평가되어야 하고, 또한 아이디어 관련 미래 시장들과 이 시장들이 성장할지, 쇠퇴할지, 혹은 안정적일지의 여부 그리고 어떠한 경제적 조건들을 고심해야 할지도 평가되어야 한다.

비율분석

벤처캐피탈 부문은 추정 재무상태표와 포괄손익계산서를 작성하므로, 일부 비율분석(Ratio Analysis)은 보통 이 재무제표들의 작성과 같이 이루어진다. 분석과 통제 도구로서 재무비율의 계산은 신생 사내창업 벤처의 재무 상태 검토를 위해 매우 가치가 있다. 이러한 비율들은 제안된 사내창업 벤처의 재무적 강점과 약점을 측정하는 역할을 한다. 그러나 이러한 비율들은 단지 재무적 성공을 설명하기 위한 통제 수단의 하나이기 때문에 사용에 주의가 필요하다. 반드시 사용되어야 하는 비율들이 있는 것도 아니고, 모든 비율들에 대한 표준적인 정의가 있는 것도 아니다. 사내창업가가 재무적 데이터의 생성에 사용 가능한 대략적인 산업별 산출 방식이 있다. 비율분석은 일반적으로 실제 재무 결과에 바탕을 두고 활용되지만, 재무비율은 또한 추정 재무제표상 어디에 문제가 있는지에 대한 단서도 제공할 수 있다. 논의할 비율의 4가지 항목들로는 유동성, 활동성, 레버리지 및 수익성이 있다.

유동성 비율

유동성 비율(Liquidity Ratio)은 단기 채무가 만기되었을 때 조직의 단기 채무에 대한 지불 여력을 나타낸다. 유동성은 얼마나 빨리 자산이 현금으로 전환될 수 있는지를 측정하는 측정치이다. 유동성이 높은 조직들은 대출금의 상환이 필요할 경우, 자산을 현금으로 전환할 수 있다. 유동성이 낮은 조직들은 대출 상환이나 낮은 이자율로 대출을 받기가 어렵다. 가장 일반적인 2가지 유동성 비율은 유동비율과 당좌비율이다.

유동비율(Current Ratio)

이 비율은 흔히 사내창업 벤처의 단기 지불능력 또는 단기 채무에 대한 상환능력을 측정하기 위해 사용된다. 유동부채는 반드시 현금 및 등가물로 상환해야 한다. 그렇지 않으면, 사내창업가는 채무이행 의무를 지키기 위해서 차입을 해야 한다. 유동자산이 108,050달러이고 유동부채가 40,500달러일 때의 이 비율의 공식과 계산은

$$\frac{\text{유동 자산}}{\text{유동 부채}} = \frac{108{,}050}{40{,}500} = 2.67\text{ 배}$$

2:1의 비율이 일반적으로 괜찮다고 여겨지지만, 사내창업가는 이 비율을 산업 표준과 비교해야 한다. 이 수치에 대한 해석 중 1가지는, 이 기업이 유동 부채 1달러당 이에 대응되는 2.7달러의 유동 자산을 보유하고 있다는 것이다. 이 비율은

회사가 유동성이 있음을 나타내고, 비록 현재 보유중인 현금을 소진시키는 갑작스러운 비상상황에 처하더라도 어떠한 채무이행 의무도 지킬 수 있다는 예상을 가능하게 한다.

당좌비율(Acid Test Ratio)

이 비율은 가장 유동성이 떨어지는 재고자산을 제외하고 측정하는 것이므로, 벤처의 단기 유동성을 가장 엄격하게 측정하는 방식이다. 유동자산과 유동부채는 앞의 예와 같고 재고자산이 10,450달러라면 다음과 같은 공식이 사용된다.

$$\frac{\text{유동자산} - \text{재고자산}}{\text{유동부채}} = \frac{108,050 - 10,450}{40,500} = 2.40\text{배}$$

이 비율의 결과는 단기 지급의무 1달러당 2.40달러의 현금 전환 가능한 자산을 보유하고 있기 때문에 이 사내벤처는 매우 유동적임을 보여준다. 대부분의 산업에서는 보통 1:1의 비율이 적정 수준으로 여겨진다.

활동성 비율

활동성 비율(Activity Ratio)은 조직이 자사의 자원을 어떻게 효과적으로 사용하고 있는지를 나타낸다. 예를 들어, 재고자산회전률은 조직의 재고가 연간 몇 번이나 팔리는지를 측정한다. 이것은 조직의 매출원가를 현재의 재고자산으로 나눈 값이다.

평균회수기간(Average Collection Period)

이 비율은 매출채권이 현금으로 전환되기 위해 걸리는 평균 일수를 나타낸다. 해당 비율은 사내창업가가 매출채권의 유동성이나 고객으로부터 돈을 회수하는 능력을 가늠하는 데 도움을 준다. 매출채권 46,400달러와 매출액 995,000달러에 대한 공식의 사용 결과는 다음과 같다.

$$\frac{\text{매출채권}}{\text{일평균 매출액}} = \frac{46,000}{995,000 \div 365} = 16.9\text{일}$$

이 결과는 특히 산업 표준과 비교해봐야 하는데, 채권 회수는 산업별로 많은 차이가 있기 때문이다. 그러나 만약 송장(invoice)에서 20일 내 지불을 요구했다면, 대부분의 고객들이 제때에 대금을 지불하고 있다고 결론지을 수 있을 것이다.

재고자산회전율(Inventory Ratio)

이 비율은 재고 자산의 관리와 판매 측면에서 사내창업 벤처의 효율성을 측정한다. 높은 회전율은 사내창업 벤처가 재고를 신속하게 판매할 수 있음을 보여주는 긍정적 신호이다. 그러나 사내창업 벤처의 재고가 적정 수준을 유지하지 못해 회전율이 너무 높게 나타나면 주문 손실을 가져온다. 재고자산 관리는 신생 사내창업 벤처의 현금흐름과 수익성 측면에서 매우 중요하다. 매출원가가 645,000달러이고 재고자산이 10,450달러이면, 이 비율은 다음과 같다.

$$\frac{\text{매출원가}}{\text{재고자산}} = \frac{645,000}{10,500} = 61.4\text{배}$$

이 결과는 사내창업가가 재고 수준이 낮아 판매가 어렵다고 판단하지만 않으면 매우 훌륭한 회전율로 보인다.

레버리지 비율

레버리지 비율(Leverage Ratio)은 채권자와 주주가 기업에 제공한 자금의 상대적인 금액을 보여준다. 주주에 의해 공급되어 사업에 투자되는 상대적인 자금의 양을 보여준다. 통상적으로 사용되는 2가지 레버리지 비율은 부채비율과 자본대비 부채비율이다.

부채비율(Debt Ratio)

많은 신규 사내창업 벤처들은 스타트업을 위한 자금 조달 방안으로 부채를 사용하기도 한다. 부채비율은 사내창업가가 장·단기의 모든 채무이행 의무를 지키기 위한 회사의 능력을 평가하는 데 도움을 준다. 이 비율은 또한 위험을 측정하는 데에 사용되는데, 그 이유는 부채가 이자와 원금 상환의 형태로 고정적인 지급 의무를 가지기 때문이다. 총부채 249,700달러와 총자산 308,450달러로 이루어진 경우 부채비율은 다음과 같다.

$$\frac{\text{총부채}}{\text{총자산}} = \frac{249,700}{308,450} = 81\%$$

이러한 결과는 이 사내창업 벤처가 자기 자산의 약 81%를 부채로 자금 조달했다는 것을 보여준다. 서류상으로 이 수치는 매우 합리적으로 보이지만, 이 또한 해당 산업자료와 비교해야 한다.

자본대비 부채비율(Debt-to-Equity Ratio)

이 비율은 기업의 자본 구조를 평가한다. 이것은 채권자(부채)와 투자자들(자본)이 투자한 자금을 고려해서 채권자에 대한 위험을 측정한다. 부채비율이 높을수록, 채권자의 위험 정도는 커진다. 자기자본을 58,750달러로 가정하고 위와 동일한 총부채를 사용하여 이 비율을 계산하면 다음과 같다.

$$\frac{\text{총부채}}{\text{자기자본}} = \frac{249,000}{58,750} = 4.25\text{ 배}$$

이 결과는 이 사내창업 벤처가 주로 부채로 자금 조달해왔다는 것을 나타낸다. 사내창업가의 실제 투자 혹은 자본 기반이 전체 부채의 약 1/4 정도이다. 그러므로 자본 부분은 채권자에게는 완충재의 역할을 한다.

수익성 비율

수익성 비율(Profitability Ratio)은 순이익과 비교하여 매출 혹은 투자에 대한 재무적 성과를 창출하는 조직의 능력을 나타낸다. 이러한 비율들은 시간이 지남에 따라 경영진이 어떻게 성공적으로 기업을 운영했는지를 보여준다. 2가지 일반적인 수익성 비율은 매출이익률과 투자수익률이다.

순이익률(Net Profit Margin)

이 비율은 매출액을 이익으로 전환하는 사내창업 벤처의 능력을 보여준다. 또 다른 종류의 수익성 측정치를 제공하기 위해서 순이익 대신에 매출총이익을 사용할 수 있다. 어느 경우에도, 해당 산업 내에서 무엇이 합리적인지를 파악하고, 시간에 걸쳐 이 비율들을 측정하는 것이 중요하다. 순수익이 8,750달러이고, 순매출액이 995,000달러일 때의 계산은 다음과 같다.

$$\frac{\text{순이익}}{\text{순매출액}} = \frac{8,750}{995,000} = 0.88\%$$

이 정도 순이익률이면, 기존 기업의 경우에는 낮은 수준이지만, 신생 사내창업 벤처의 경우에는 그리 크게 걱정할 정도는 아니다. 많은 신생 사내창업 벤처들은 2~3년 차까지는 이윤을 발생시키지 못한다. 이러한 경우에 이익 측면에서 상황이 괜찮은 편이다.

투자수익률(Return on Investment)

투자수익률은 자산에 대한 총 투자를 관리하는 측면에서 사내창업 벤처의 능력을 측정한다. 만약 아래의 공식에서 총자산 대신 자기자본을 대입하면, 자본이익률(ROE: Return on Equity)을 구할 수 있고 이것은 주주에 대해 이익을 발생시켜 주는 사내창업 벤처의 능력을 나타낸다. 총자산 200,400달러, 순이익 8,750달러일 때의 투자수익률의 계산은 다음과 같다.

$$\frac{\text{순이익}}{\text{총자산}} = \frac{8,750}{200,400} = 4.4\%$$

이 계산의 결과 또한 해당 산업의 자료와 비교해야 한다. 그러나 이 회사는 첫 해에 이윤이 발생했고 자산에 대한 투자를 통해 4.4%의 이익을 거두었다는 점에서 긍정적이라고 결론 내릴 수 있다.

비재무적 요인

많은 비재무적 요인들 또한 평가를 할 필요가 있다. 여기에는 아이디어의 독창성, 제품 라인에 대한 기여도, 아이디어가 가지는 모기업 능력과의 시너지, 개발기간, 대안적 투자 대비 투여된 투자금액, 경영진의 강점, 시장 규모 및 해당 분야에서의 향후 제품/서비스에 대한 가능성 등이 포함된다.

요약

이 장에서는 아이디어와 사내창업 벤처에 대한 자금 조달이라는 주제를 다루었다. 사내창업에서 좀 더 활발해지기를 원하는 비금융 회사의 벤처캐피탈 부문에 대한 설명과 함께 벤처캐피탈 산업의 개요를 제시하였다. 이러한 벤처캐피탈 부문은 내부적으로 사내창업 아이디어를 창출하거나, 기존의 사내창업 프로세스에 자금을 조달하는 것뿐만 아니라, 회사 밖의 아이디어와 벤처들에게 투자하는 책임도 부여 받았다.

아이디어 평가에 사용되는 일반적인 요인들은 다음과 같다. 아이디어가 모기업의 사명 및 전략과 일치하는 정도, 모기업의 자원 하에서 해당 아이디어의 기술적인 가능성, 모기업의 현재 역량으로 충분히 도달할 수 있는 정도의 시장 크기와 시장의 중요도, 아이디어를 성과로 이어지게 할 수 있는 사내창업 챔피언과 사내창업팀, 그리고 모기업의 다른 부서의 수익증가나 비용 감소를 통하든, 아이디어 자체에 의해 창출되든 간에, 충분한 매출과 이익을 창출할 수 있는 아이디어의 능력 등이 그 요인들이다. 유사하게, 재무적 가치도 추정재무제표와 비율분석을 사용하여 결정된다.

Scenario 10 유니레버(Unilever)

많은 기업들처럼, 유니레버(Unilever)는 혁신, 연구·개발 그리고 독특한 신제품에 가치를 두고 있다. 이 회사는 14개 산업에 걸쳐, 400여개의 자사 브랜드를 지원해주기 위해서 정기적으로 약 10억 달러가량을 연구·개발에 사용하고 있다. 연구·개발을 위한 많은 신규 연구 프로젝트들을 대학이 맡아왔는데, 유니레버 임원들이 대학에서 개발된 아이디어들을 벤처캐피탈들이 가져가는 숫자가 점점 늘어나는 것을 눈치채기 시작하였다. 이 회사는 훌륭한 확장 기회를 놓치고 있었음을 깨달았다. 유니레버는 또한 내부에서 창출된 아이디어가 하나의 사업으로서 효과적으로 자리를 잡을 수 있을지 시험하는 것이 어려운 일임을 깨닫는 중이었다. 유니레버 임원들은 내부에서 창업 분위기를 조성하기보다는, 사업 전략과 함께 외부 자원을 통한 혁신과 사내창업 벤처활동을 추진하기로 결정하였다. 결국, 사내창업 벤처 프로그램이 고위 경영진으로부터 지원을 얻게 되었다. 2002년에 유니레버 테크놀로지 벤처스(UTV: Unilever Technology Ventures)가 캘리포니아에, 그리고 유니레버 벤처스(UV: Unilever Ventures)가 런던에, 각각 독립적인 사업단위로서 설립되었다.

UTV와 UV는 3개의 주요 기본 원리 하에 관리되었다. 첫째, 경영진은 벤처캐피탈 모델과 최대한 유사하게 사내벤처 프로그램을 개설했다. 둘째, 경영진은 사내창업 벤처를 서로 다른 역할과 중점 투자 영역으로 나누었다(스타트업, 후기 개발 단계 그리고 매수). 셋째, 투자한 프로젝트들이 독특한 특징이 있는 사업으로서 확실히 운영되도록, 유니레버 벤처스의 임원들은 자금 조달 프로세스에 다른 벤처캐피탈과 사모펀드 파트너들을 참여시키기로 결정했다.

이러한 사내창업 벤처 프로그램은 3가지 주요한 목적을 가지고 있었다. 첫 번째, 신규 사업을 창출하거나, 혹은 성장 가능성과 수익성을 입증한 회사들의 지분을 인수함으로써 유니레버를 위한 성장 옵션을 만드는 것과 관련이 있다. 그 목적은 유니레버의 브랜드를 새로운 분야로 확장하는 것이었다. 두 번째 목표는 유니레버가 새롭게 떠오르는 기술에 접근하기 위해, 반드시 기술 중심의 스타트업에 투자하는 것과 관련이 있다. 세 번째, 유니레버의 지적 재산을 활용하여 독립된 회사로 만들기 위해(spin-out) 신규 기업들이 설립되는 것과 관련이 있다. 유니레버 벤처 프로그램의 목적은 유니레버가 돈을 벌 수 있도록 돕는 것이다. 이 펀드가 후원하는 기업들은 유니레버의 대규모 기술적 기반과 지적재산에 대해 접근이 가능하기 때문에, 사내창업 아이디어는 5년에서 8년 사이에 유니레버가 매수에 관심을 가질 정도의 2개 내지 3개의 기업으로 만들어진다. 이 기업들은 새로운 혁신적인 제품/서비스로 유니레버의 브랜드를 확장시켜 순이익에 기여한다. 또한, 유니레버의 임원들은 유니레버가 다른 기업들이 무엇을 하고 있는지 살펴보는 것이 중요하다고 생각했고, 이러한 외부 탐색의 이상적인 방법으로서 외부 스타트업들에게 자금을 조달하였다.

유니레버 테크놀로지 벤처스(UTV)는 기술 분야의 기업들에게 자금을 제공하는 것에 중점을 두고 설립되었다. 2002년에 설립된 UTV는 생명과학과 소재 분야의 스타트업에 투자하는 것에 초점을 맞추고, 2009년 즈음에 다음과 같은 기타 분야의 회사들까지 포함하도록 확대되었다. 신기술(예: 신경물리학과 두뇌 연구), 선택 및 행동 과학 제품 설계, 나노기술, 공정기술(소형화, 최적화, 로봇공학, 감지 센서, 물리학 및 식품·가정 분야의 화학), 퍼스널 케어(기능 설계, 모형 제작, 섬유 기술, 안전, 자가 조립, 계측공학, 새로운 정수 방식) 등이 있다. 생명 과학 투자에는 바이오기술, 유전학, 식품과 영양, 약물 투여 장치, 제약, 시스템 생물학, 최신 화학, 진단학 및 화장용 기구 등이 포함되었다. 이와 같이, 깊이 있는 과학과 기술 혁신에 집중하는 것이 유니레버의 가장 큰 관심사이기에, 모기업으로서 유니레버는 그러한 기술 기반의 스타트업과 초기 단계 기업들에 대한 투자가 유니레버의 최첨단 혁신 제품의 연속성을 촉진하는 데 도움이 된다는 것을 깨달았다.

이상적인 투자대상 회사들은 100명 이하의 직원을 고용하며, 500만 ~ 2,000만 달러 사이의 기업 가치를 가진다. 가능하다면 UTV는 각 회사들의 소수 지분을 인수하고, 투자지분 측면에서는 계속해서 제3자로 남아 있기를 선호한다. 자사의 창업 전략과 발맞추어, UTV는 광범위한 관계 네트워크, 글로벌 공급 사슬에 대한 지식 그리고 다양한 산업에서의 연구·개발 경험과 함께 전략적으로 중요한 기업 운영과 재무에 관한 자문을 제공한다. UTV는 경쟁사가 신속하게 복제가 어려운 독특하고 발전된 독점적 제품과 기술을 만들어내는 회사들을 선정한다. 이상적으로, 이러한 기업들은 광범위한 목표 시장, 매력적인 시장 기회, 발전된 과학 기술 능력을 가진 탁월한 운영팀 그리고 과거에 입증된 성공적인 운영 경험을 보유하고 있어야 한다.

유니레버 벤처스(UV)의 두 번째 지점은 런던 중심부에 기반을 두고 있으며 유럽으로의 확장에 초점을 맞추고 있다. 중심 산업에는 소비재, 서비스, 헬스 케어, 레저, 소매업, 미디어 그리고 환경 관련 서비스를 포함한다. UV는 기존의 유니레버의 브랜드, 기술, 전문 분야 또는 노하우를 포용할 수 있고, 그 속에 안성맞춤인 기업에 대한 투자를 모색하고 있다. 최초에는 성공적인 성장이 기대되는 스타트업과 초기 단계 기업에 투자하기 위해 설립되었지만, 현재 유니레버 벤처스는 개발 후기 단계에 있는 기업에 대한 자금 조달을 검토하고 있고, 기업 매수도 고려한다. 후기 개발 단계의 회사들은 UV의 벤처 자금을 추가적인 운영 자본으로서 뿐만 아니라 생산과 제품 개발의 향상에 자금을 투입하여 기업 성장을 가속화하는데 사용한다. 기존 경영진에 의한 차입매수(management buyout)는 기업 가치로 최고 5,000만 유로까지 고려한다. 매수 기준은 독립형 투자 또는 유니레버의 기존 포트폴리오에 전략적으로 추가되는 형태로 이루어져 있다.

2002년과 2009년 사이에 유니레버 벤처스는 약 20여 개의 기업에 투자했다. 2006년 5월, 유니레버 벤처스가 또 다른 벤처 회사 '벡트라그룹(Vectra Group)'과 공동으로 설립한 기업은 '파르마코덱스(PharmaKodex)'였다. 파르마코덱스의 설립 목적은 소비자 건강과 처방전 약품의 공급원을 만들기 위한 것이었다. 이 회사는 의약제품의 품질 개선, 기존 약품의 새로운 용도 개발 그리고 새로운 관리 경로의 개발에 초점을 맞추었다. 유니레버와 벡트라의 지적재산과 기존 기술들을 사용함으로써, 파르마코덱스는 훌륭한 성공 기회를 잡았다. 유니레버 벤처스(포튼 캐피탈 [Porton Capital], 플로셰어 이노베이션스[Ploughshare Innovations] 그리고 레인보우 시드 펀드[Rainbow Seed Fund]와 함께)는 2008년 4월의 또 다른 투자를 통해 슈퍼 방수제인 이온마스크(ion-mask)를 공급하는 기업인 '피투아이(P2i)'에게 투자했다. 이미 오래 전에 진정한 기술 혁신은 드물다는 사실을 깨달은 유니레버는 혁명적인 발명이라고 생각되는 것에 투자하고, 그 발명품들을 시장에 도입하는 것에 도움을 주었다.

유니레버 벤처스의 기타 투자들로는 브레인 주서(Brain-Juicer)와 같은 서비스 분야에서도 이루어졌다. 이 회사는 질적으로 향상된 마케팅 데이터를 만들기 위해, 혁신적인 소프트웨어를 활용하여 온라인을 통한 정량적 시장 조사 서비스를 제공한다.

오늘날 유니레버는 약 174,000명의 사람들을 고용하고 있고, 20여 개국 출신의 국적이 다른 고위 경영진을 보유하고 있으며, 100여 개국에서 운영되고 있다. 유니레버는 독특한 자금 조달 프로세스를 통하여 혁신을 지속하고 있다.

출처

www.thedeal.com/corporatedealmaker/2008/03/unilevers_unique_model.php
www.ariadnecapital.com/journal/v2e6/comment_last_corp_venturers.htm
www.h-i.com/downloads/casestudy_unilever.pdf
www.unileverventures.com

조직 내 사내벤처활동의 실행 12장

학습목표

1. 사내의 창업 모델 간의 차이점을 이해한다.
2. 조직이 수행하는 사내벤처활동을 이해한다.
3. 사내창업의 구체적 사례들을 학습한다.
4. 사내벤처활동 결과에 대한 평가 방법에 대해 학습한다.
5. 사내벤처활동의 평가에 사용될 수 있는 측정 방법과 벤치마킹에 대해 학습한다

들어가면서

이번 장에서는 실행 가능한 사내창업의 서로 다른 모델들에 대해 살펴보고자 한다. 그리고 이미 운영 중인 사내창업 프로세스의 몇 가지 특정 사례들에 대해 논의한다. 마지막으로 사내창업의 결과를 벤치마킹하고 평가하는 방법에 대해 논의하며 이번 장을 마무리한다.

사내창업의 모델

사내창업은 기업 성과를 향상시키기 위한 전략 중 하나이다. 내부 사내창업(internal corporate entrepreneurship)은 모기업 조직의 내부 영역 안에서 신규 프로세스 또는 신규 사업이 만들어질 때 발생한다. 외부 사내창업(external corporate entrepreneurship)은 모기업의 조직 영역 바깥의 전략적 투자를 포함한다. 합작 사내벤처활동(Joint corporate venturing)은 다른 모기업 조직과 함께 공동투자를 하는 외부 사내벤처활동의 한 형태로서 두 모기업 모두 존속한 상태에서 새로운 조직이 만들어진다. 사내창업의 일반적인 비즈니스 모델은 전체적으로 5가지로 나뉜다.

1번 모델

앤드루 캠벨(Andrew Campbell)에 따르면, 1번 모델은 서로 다른 사내창업 비즈니스 벤처의 4가지 유형을 강조한다. 이 4가지 유형은 (1) 생태계(ecosystem) 벤처활동, (2) 혁신(innovation) 벤처활동, (3) 수확(harvest) 벤처활동, 그리고 (4) 사모펀드(private equity) 벤처활동이다.[1] 먼저 생태계 벤처활동은 비즈니스 네트워크(고객, 공급업자, 유통업자, 프랜차이즈 가맹점)의 활동성을 높이는 것을 의미한다. 생태계 벤처활동은 특정 사업 공동체 내에서 기존 사업들의 성공 가능성을 향상시키기 위하여 벤처캐피탈(venture capital)을 통해 창업자들을 지원하는 것이다.[2] 투자 대상 회사의 소수 지분을 확보함으로써 가치가 창출된다.

두 번째 벤처활동 유형인, 혁신 벤처활동은 벤처캐피탈이 사용하는 방식을 연구·개발(R&D)과 같은 기존의 기능별 직무에 적용하는 것이다. 이 유형은 기존의 기능별 직무에서 창출된 가치에 기반을 두고 사람들을 보상함으로써 직무 활동을 촉진시키는 데 사용되곤 한다.

세 번째 벤처활동 유형은 수확 벤처활동이다. 이 유형은 라이선싱(licensing) 또는 자산매각을 통해 기업의 잉여자원에서 현금 흐름의 창출을 추구한다. 새로운 사업들은 종종 잉여자원들을 충분히 활용하기 위해 만들어지기도 한다.

네 번째 벤처활동 유형은 사모펀드 벤처활동으로서 재무적 수익의 확보를 목적으로 설립되어 독립적인 사모펀드 그룹의 역할을 하는 기업의 조직 단위와 관련이 있다.

2번 모델

2번 모델은 기존의 모기업에 전략적으로 편익을 제공한다는 측면에서 기업들이 벤처활동을 어떻게 하는지 설명하기 위해 사내벤처활동(CV: Corporate Venturing)과 사업전략(BS: Business Strategy) 간의 5가지 관계 유형을 다음과 같이 설명한다: (1) CV와 BS는 서로 무관하거나 거의 관련이 없다, (2) BS가 CV의 원동력이 된다, (3) CV가 BS의 원동력이다, (4) CV와 BS는 상호의존적이고, (5) CV는 BS로서 기능한다.[3] 사내벤처활동은 신규 사업이 기존 기업의 영역 내에서 만들어지는 내부적 CV가 될 수 있다. 두 번째 유형은 모기업의 영역 바깥에서 신규 사업을 창출하거나, 기존의 사업을 성장시키는 것과 연관된 외부적 CV이다. 세 번째 유형인 합작 CV는 기존의 기업과 다른 모기업 조직(parent organization)에 의해서 설립되는 외부적 CV를 일컫는다.

3번 모델

가루드와 반드벤(Garud and Van de Ven)이 제시한 내부적 사내창업 모델은 '시행착오 학습'이다.[4] 이 모델은 내부적 사내창업 프로세스는 불확실성과 모호함으로 채워졌다는 관찰에 기반을 두고 있다. 불확실성은 수단과 목적 간의 근본적 관계의 불완전한 정보로 정의된다. 사내창업가들은 연관된 결과가 긍정적일 때 자신의 계획을 지속하며, 결과가 부정적일 때는 그들의 행동 방침을 변경하거나 중단한다는 것을 가정한다. 이 모델은 모호함의 수준이 높고 사용 가능한 잉여 자원이 존재할 때, 사내창업가들은 부정적 결과가 예상됨에도 불구하고 자신의 행동 방침을 지속하려는 경향이 있다고 주장한다.

혁신적 기업의 경우에는 높은 불확실성의 수준을 이유로 초기 개발 프로세스에서 창업가들을 곤란하게 만들지 않으려는 경향이 있다. 창업가가 성공적 결실을 이끌어낼 것이라는 자신의 신념에 근거하여 의사결정을 내리는 시행착오 과정을 지원해주는 것이 기업의 입장에서는 훨씬 이롭다.

한편, 모호함은 추구해야 할 결과가 무엇인지에 대한 불완전한 정보를 뜻한다. 모호함이 작용하고 잉여자원들이 존재할 때, 창업가는 부정적인 결과에 직면하더라도 자신의 행동 방침을 지속하는 경향이 있다.

4번 모델

기업의 근간은 기존의 사업 활동이기 때문에 사내창업은 해당 기업에 신규 비즈니스 모델을 소개하는 것이다.[5]

기존의 사업 활동으로 수익이 창출되는 기업의 핵심운영 부분의 경우 위험이 더 낮다. 성장을 위한 사업 확장의 경우에 그보다 조금 더 큰 위험이 존재한다. 이 시점에서, 해당 기업은 신제품을 도입하거나 새로운 시장에 진입한다. 쇄신(renewal)을 위한 벤처들이 기존 사업 활동에 참여함으로써 위험은 낮은 수준에서 중간 수준으로 올라간다. 새로움이 증가함에 따라 위험도 증가한다. 그러므로 비핵심적인 창업활동 영역이 대부분의 위험을 감수하게 된다.

기업 활동과 비즈니스 모델을 전략적 쌍으로 분석한 것에 기초해보면, 전략적 관점에서 기업들은 파괴적 변화에 대한 방어책으로써, 창업가적인 핵심역량을 유지해야 한다. 비핵심적인 벤처 대신에, 기업은 기존의 사업 구조 내부에서 사내창업에 집중하는 것이 중요하고 실질적이다.

5번 모델

로버트 버글맨(Robert A. Burgelman)은 다각화된 주요 기업들의 내부적 사내벤처활동(ICV: Internal Corporate Venturing)을 위한 프로세스 모델을 제시하였다.[6] ICV를 위한 프로세스 모델에는 3가지 주요 구성요소가 있다: (1) 정의와 추진, (2) 전략적 그리고 구조적 배경, (3) 관리적 활동이다. ICV의 핵심 프로세스로서, 정의와 추진은 이 모델의 프로세스에서 첫 번째 단계이다. 정의를 내리는 프로세스는 개발 프로세스의 개념화 단계와 벤처 이전 단계를 포함한다. 더욱이, 이 모델은 특정 프로젝트가 초기 사업 조직으로 발전될 수 있도록 ICV 프로젝트의 기술·경제적인 품질을 보여주는 것과 관련이 있다. 연결 프로세스는 새롭게 발전된 사업 개념이 시장의 요구와 합치된다는 것을 보여주는 데 중요하다. 제품 지원 활동(product championing)은 연계 프로세스를 발전시키고 추진 프로세스로 넘어가게 해준다.

그러고 나서 조직 내부에서의 지원은 추진 프로세스를 통해 획득되는데, 그 이유는 시장에서 관심이 형성되고 자원이 이동되기 때문이다. 추진 프로세스에서는, 프로젝트가 벤처 아이디어에서 그 사업 자체로 변환된다. 전략적 강요(strategic forcing)는 신제품의 상용화를 뜻하는데, 이것은 전략 수립에서의 여러 노력들이 결합될 필요가 있다. 이러한 방법으로, 신규 사업을 위한 좀 더 광범위한 전략과 그 전략의 실행, 2가지 모두가 발전된다.

ICV 프로세스의 두 번째 구성요소는 전략적 배경과 구조적 배경을 포함한다. 전략적 배경의 결정은 정치적 과정인데, 이 과정을 통해 사내창업 관리자들은 신생벤처가 포함되도록 모기업의 관리자들이 기존의 전략 개념을 변경하게끔 설득한다. 이것의 목표는 사내창업 활동이 현재의 전략과 어떻게 적합한지와 전략적 편익을 어떻게 가지는지를 모기업의 최고 경영진에게 증명함으로써 최고경영진의 지원을 얻는 것이다. 설명(delineation) 또한 사업 개발이 기존 기업을 이끌어가려는 새로운 무대에 대한 윤곽을 보여주는 데 도움을 주는 중요한 요소이다. 구조적 배경은 기업 관리자들이 ICV 프로세스에 대한 지배력을 행사하는 내부적 환경의 선택을 의미한다.

ICV 프로세스의 세 번째 요소는 중간 관리자들이 수행하는 중요한 역할을 다룬다. 이 프로세스는 상향식 접근법으로, 관리자들은 신규 벤처 활동을 위해 전략적으로 지원하고 자원을 확보해야 한다. 신규 사내창업 활동을 지원하는 경영진은 신사업 벤처를 모기업의 전략과 연결하는 데 능숙하다.

사내창업의 구체적 사례

사내창업이 조직 내부에서 작용하게 할 수 있는 방법을 좀 더 잘 이해하기 위해, 3M, 그라민 은행(Grameen Bank), 제록스(Xerox) 및 구글(Google)의 4가지 사례가 아래에 제시되어 있다.

3M

창의성, 위험, 혁신 그리고 창업 정신(spirit of entrepreneurship)은 3M(과거에 Minnesota Mining and Manufacturing이라 알려져 있는)과 불가분의 관계가 있는 단어들이다. 이 회사의 제품들은 어디에서도 흔히 볼 수 있다. 어떤 것들은 포스트-잇(post-it)과 사포(sandpaper) 제품처럼 매우 유명하고, 또 어떤 것들은 의료 기기, 개사료, 애플 아이폰에 사용되기도 한다. 사실, 현재까지 시장에서 55,000개의 3M 제품들이 출시되어 왔다.[7] 이 기업이 기존 제품들을 개선시키고 시장에 신제품을 도입하는 비법은 바로 혁신과 사내창업 문화에서 비롯된다. 3M의 몇 가지 특징들은 아래와 같다.

- **15% 규칙(15% rule).** 3M은 연구자들의 업무 시간 중 15%까지는 연구자가 관심을 가질 만한 연구 주제에 자신들의 시간을 사용하도록 하는 권한을 부여한다. 직원들은 이 시간들을 다른 연구소나 학회 참가 목적으로 여행을 가거나, 연구와 아이디어 개발을 하거나 혹은 연구실에서 이것저것 생각하는 데 사용할 수 있다. 3M의 연구·개발 책임자인 빌 코인(Bill Coyne)은 15% 규칙의 목적이 "시스템에는 여분의 기업 자원들(slack)이 존재합니다. 만약 여러분들이 좋은 아이디어를 갖고 있고, 그 아이디어에 착수하기 위해 시간을 비축할 마음이 있고, 연구소 관리자의 희망사항들을 무시할 수 있는 용기가 있다면, 한 번 해보세요!"[8]
- **의사소통(Communication).** 이 기업은 연구자들이 연구실 외부로부터의 의견 청취를 장려한다. 기업 내부에서 아이디어의 흐름을 장려하고 공동체 의식

을 배양하기 위해, 관리자들은 회의, 컨퍼런스, 다기능팀, 컴퓨터 소프트웨어 및 데이터베이스와 같은 반구조화된(Semi-structured) 행사들을 통해서 사람들을 하나로 모으려고 노력한다.

- **제너시스 보조금(Genesis Grant).** 이 보조금은 부분적으로 사업부의 사업 계획에 적합하지 않은, 별난 아이디어라는 이유로 자금 조달이 어려운 연구 프로젝트를 대상으로 동료들의 평가에 의해 사내의 과학자들에게 부여되는 보조금이다. 상금은 최대 100,000달러까지이다.[9]
- **한 걸음 더(Pacing Plus).** 이 제도는 특정 시장에서 성과를 낼 수 있는 높은 잠재력을 가진 프로젝트들을 신속하게 진행시키는 시스템이다. 한 걸음 더(Pacing Plus) 프로그램의 기준과 특징은 "기존 혹은 새로운 시장에서의 경쟁의 기준을 바꾸는 것이고, 매력적인 투자수익률과 함께 대규모 매출과 이익 가능성을 제공하며, 3M 자원에 대한 우선적인 접근을 부여받으며, 빠른 시간 내에 운영을 하고, 그리고 이용 가능한 가장 최선의 제품 상용화 프로세스를 실행시킨다."[10] 한 걸음 더(Pacing Plus) 프로그램은 높은 잠재력을 가진 프로젝트를 장려하기 위해 3M에서 사용된 가장 효과적인 관리 기법 중에 하나로 평가된다.
- **목표(Goal).** 3M은 지난 5년간 도입된 신제품들로부터 매출의 30%를 창출하기 위한 기업 수준의 목표를 설정했다. 스트레치 타겟(stretch target)이라 불리는 이 30% 목표는 전사적으로 창의성을 유발시키는 데 도움을 주었다.

3M의 마지막 사내창업 요인은 경영진의 인내와 고위험의 감수이다. 이 회사는 실패를 학습 기회로 여기고, 이를 통해 아이디어의 실용성 혹은 비실용성을 증명하고자 하는 사람들을 격려한다.

그라민 은행(Grammen Bank)

사내창업 실행의 핵심에는 아주 기본적인 형태로서 자원에 대한 절실한 욕구가 자리 잡고 있다. 인도의 조바르(Jobra) 지역의 대나무 의자 제조업자인 수피아 카툰(Sufia Khatun)은 고금리 대출 압박으로 지역 사채업자에 예속되어 시달리고 있는 창업가였다. 대출을 해주는 조건으로, 고리대금업자는 그녀가 만든 의자를 아주 저렴한 가격에 자신에게 판매할 것을 요구했고, 그녀의 하루 예상 이익은 1.25달러인 데 반해 그 고리대금업자에게 납품함으로써 하루에 단지 2센트의 이익만을 얻을 수 있었다. 이는 조바르 시에서 흔히 일어나는 일로서 빈곤 악화에 일조를 하고 있었고, 1974년 경제학 교수인 무함마드 유누스(Muhammad Yunus)의 눈길을 끌었다.

그 이후에 실시한 조사에 따르면, 카툰(Khatun)과 같이 예속적인 상태에 놓여 있던 47명의 지역 창업가들이 만약 고금리 대출에서 벗어날 수 있다면 상당히 많은 이익을 낼 수 있는 잠재력을 지니고 있었다. 유누스는 이러한 대출 상환에 겨우 27달러만 필요하다는 것을 알게 되었고, 합리적인 이자율에 이 금액을 기꺼이 투자할 비공식 후원 단체를 찾았다. 47명의 대출이 모두 상환되었고, 이 창업가들은 더 높은 이윤을 내고 극빈층을 벗어날 수 있었다. 이것이 바로 인도 방글라데시에 본사를 둔 그라민 은행(Grameen Bank)의 시초이며, 소액 금융(microfinance)과 소액 대출(microcredit) 산업의 시발이 되었다.

1983년 인도 정부로부터 공식적으로 인정을 받은 소액 대출 그라민 은행의 창립자인 무함마드 유누스는 노벨 평화상을 수상하였다. 그의 목표는 이미 돈을 모아놓은 사람들에게 대출을 해주기보다는, 가난한 가정에 다가가서 잠재력이 있는 창업가들이 부를 이룰 수 있게 힘을 보태는 것이었다. 이를 통해 창업 활동의 번성을 위한 도약판을 만들 수 있었고, 가난에 시달리는 가정과 미개발 국가들이 매우 중요한 금전적 자원이 전무한 상태에서도 좀 더 높은 수준의 삶을 영위하는 것이 가능하게 되었다.

그라민 은행에 의해 실현된 소액 대출 비즈니스 모델은 사회적 주도(social initiative)와 경제적 결과(economic result)가 결합한 공동의 목적에 기반을 두고 있다. 그라민 은행은 가장 빈곤한 계층, 특히 시골에 살고 있는 여성 계층에서 창업가들을 만들기 위한 금융 대출에 초점을 맞추고 있다. 유누스와 그라민 은행은 합리적이고 상환 가능한 수준에서의 이자율을 가진 대출이 이러한 대출을 몹시 필요로 사람들에게 이용 가능한 기본적 권리가 되어야 한다고 믿는다. 1주일 단위의 금액에 기초한 상환 계획과 함께, 대출 금액이 조금씩 증가하는 방식으로 이루어진다. 대출은 신뢰(집단의 사회적 책임)를 바탕으로 제공되고, 만약 대출자가 재정적으로 곤란한 상황에 처해지면 상환 기간이 연장되기 때문에 대출금 상환을 보장하는 공식적인 서류가 존재하지 않는다. 재무적 문제와 사회적 가치 측면에서 서로를 집단적으로 도와줄 수 있도록, 대출자는 반드시 5명으로 구성된 창업가 집단의 일원이어야 한다.

전통적 대출과는 달리, 분기별 복리보다는 단리에 기초하며, 금융 비용이 회수된 이후의 초과 이윤들은 은행으로 다시 귀속되거나, 그 지역의 어린이 또는 여성들을 위한 교육, 영양 결핍자를 위한 영양가 있는 요구르트의 제공, 모기에 의해 전염되는 말라리아로부터 지역민을 보호하기 위한 모기장, 시골 지역을 21세기 지역으로 탈바꿈시키기 위한 정보 기술과 같은 그 지역의 발전 계획에 사용된다. 이러한 사업 관행 때문에, 소액 대출은 금전적 가치로는 적지만 사회적으로 큰 수익을 얻고자 하는 투자자를 필요로 한다. 유누스와 그라민 은행은 저개발 지역의 창업 지원을 위한 대출을 뒷받침하기 위해, 노르웨이, 스웨덴, 독일 같은 외국 정부 및 비정부 기구뿐만 아니라 다농(Danone), 인텔(Intel), 바스프(BASF)와 같은 글로벌 대기업들을 투자가로 모았다.

그라민 은행의 소액 대출 활동으로부터 깜짝 놀랄 만한 긍정적인 결과가 나타났다. 즉, 상환률이 99%에 이르고 대출 받은 가정의 58%가 빈곤으로부터 벗어났다. 그라민 은행은 설립 초기부터 660만 명 이상의 사람들에게 57억 달러의 대출을 하였고, 그 중 97%는 여성이었다. 이 은행은 현재 71,000개 이상의 마을을 담당하는 2,226개의 지점을 갖고 있다. 그 결과가 보여주듯, 이 창업가들은 필요한 자원들을 이용할 수 있게 되자, 정말 어마어마한 잠재력을 보여주었다.

2010년 12월 현재, 그라민 칼얀(Grameen Kalyan)이라고 알려진 그라민 은행이 분사시킨 기업에 1억 달러의 지원금을 사용했다는 이유로 유누스와 그라민 은행은 노르웨이 정부와 방글라데시 수상인 셰이크 하시나(Sheikh Hasina)에 의해 철저한 조사를 받아왔다. 이러한 자금 이동은 기부금에 대한 세금 축소의 방편으로 인식되고, 서류상의 행적들이 투명하지 않아서, 그 결과 그라민 은행과 유누스는 자신의 소액 대출 활동에 대한 부정적인 인식을 경험하게 되었다. 또한, 사회적 압박으로 대출금을 상환할 수 없는 사람의 자살 증가와 같은 소액 대출의 의도치 않은 부정적 결과로 인해 여러 가지 의문점이 제기되었다.

최근의 이러한 후폭풍에도 불구하고, 소액 대출의 목적은 경제적으로 가장 빈곤한 계층을 위하여 가장 기본이 되는 수준에서 창업을 지속적으로 일으키는 것이다. 이것은 다시 국가의 전반적인 부를 증대시키고, 여성들을 위한 교육과 사업 경험을 향상시키고, 궁극적으로는 개인과 그들 가족들의 생활 방식을 개선시킨다. 창업의 장려는 이러한 개개인들이 자신의 삶을 통제하고, 독립성을 키우고, 시골 지역의 틈새시장의 욕구를 채워주며, 나아가 좀 더 높은 생활 수준을 달성하는 것과 밀접한 관련이 있다.

제록스(Xerox)

제록스의 역사는 사진 인화지를 만들고, 판매하기 위해 할로이드(Haloid Company)가 설립되던 1906년으로 거슬러 올라간다. 인화지 시장에서 수십 년간의 혁신적인 차별화를 이룬 후에, 제록스의 경쟁우위는 녹슬기 시작했다. 이 회사는 2001년에 2억 7,300만 달러의 손실을 보았다.[11] 결국, 최고운영책임자(COO, Chief Operating Officer)였던 앤 멀케이(Ann Mulcahy)가 새로운 CEO로 임명되어 열정을 가지고 제록스의 시장 복귀를 이끌었다. 제록스의 경쟁우위에 기여했던 것은 제록스의 기업 전략에 적합한 신기술과 새로운 고객에 대한 접근성이 있는 기업들을 인수한 것이었다. 제록스가 혁신적 우위를 유지할 수 있는 또 다른 방법은 이 회사가 가진 유명한 연구·개발 프로그램이었다.

기업 인수는 제록스의 사내창업 모델에서 중요한 역할을 한다. 이 전략을 통해 제록스는 새로운 고객과 기술, 모두에 접근할 수 있다. 예를 들어, 제록스는 사무기기 유통회사인 글로벌 이미징(Global Imaging)을 12억 달러에 인수했다. 이 계약으로 제록스는 20만 명 이상의 고객에 접근할 수 있었다. 2010년 초, 어필리에이티드 컴퓨터 서비스(ACS; Affiliated Computer Services)사를 인수하여, 제록스는 신규 법인고객과 정부 고객, 비즈니스 프로세스 아웃소싱과 관련된 기술과 정보 기술 서비스에 접근할 수 있었다. 2010년 11월, 제록스는 불법 주정차 단속 소프트웨어 회사인 스퍼 인포메이션 솔루션(Spur Information Solutions)사를 인수하였다.

제록스의 연구·개발 프로그램은 오랜 시간동안 이 회사의 성장 동력이 되어왔다. 연구·개발은 이 기업의 장기적 성장 측면에서 매우 중요하기 때문에, 막대한 부채에 직면한 상황에서도 멀케이와 우르술라 번스(Ursula Burns; 당시 COO로 임명, 이후에 CEO가 됨)는 연구·개발에 대한 예산 감축을 시행하기보다는 회사 내 다른 분야에서 비용을 줄이는 방법을 선택했다. 제록스의 연간 연구·개발 예산은 약 15억 달러에 달한다. 제록스 이노베이션 그룹(Xerox Innovation Group)은 4개의 연구소로 구성된다. 캐나다 토론토(Toronto) 연구소에서는 소재를 다루는 일을 하며, 프랑스 그르노블(Grenoble) 연구소는 전적으로 지능형 서류를 다루는 일을 하며, 뉴욕의 로체스터(Rochester) 연구소는 차세대 시스템을 연구하며, 가장 널리 알려진 팔로알토 연구 센터(PARC; Palo Alto Research Center)는 캘리포니아의 스탠포드 대학 근처에 위치하고 있다. 이러한 연구소 구조는 3가지 역할을 한다. 첫 번째는 혁신적 아이디어를 만들어내기 위한 창의력의 육성 및 촉진과 관련 있는 탐험가적(explorer) 역할이다. 두 번째는 인큐베이터(incubator) 역할이다. 여기서는 아이디어들이 향후 상용화를 위한 기업 투자에 적합한지 여부를 살펴보기 위해, 실험실에서 그 아이디어를 분석하는 작업을 한다. 이 필수적 역할은 기업의 내부 창업가정신(intrapreneurial spirit)을 강조한다. 세 번째 역할은 동반자적 역할인데, 연구소의 비즈니스 그룹에 속한 기술자들이 아이디어를 실제 서비스 또는 제품으로 만들어내는 과제를 맡고 있다.

PARC는 제록스의 혁신적인 성공에서 아주 중요한 역할을 한다; 제록스 제품의 약 95%는 PARC에 기인한다. PARC의 연구자들은 개인용 컴퓨터, 레이저 프린팅 및 이더넷(Ethernet)을 발명한 공로를 인정받고 있다. 일부 연구자들은 실생활의 사무실 운영을 관찰하고, 어디에서 효율성을 만들어낼 수 있고, 어느 곳에 신기술이 적용될 수 있는지를 기록하는 "업무-관행 전문가(work-practice specialists)"로 불린다. 다방면에 걸친 학자 집단에는 과학자, 기술자, 인류학자, 물리학자, 예술가 및 심리학자가 포함된다. 제록스의 연구 기능의 가이드라인은 6S로 불리고, 이는 더 단순한(simpler), 더 빠른(speedier), 더 작은(smaller), 더 스마트한(smarter), 더 안전한(more secure), 사회적 책임(socially responsible)을 의미한다.

아이디어에 대해 공개적으로 얼굴을 맞대고 토론하는 것이 장려되고, 연구자들은 또한 사내 검색 엔진 데이터베이스(intercompany wiki)에 열심히 블로그를 올리고 기여하고 있다. 제록스는 창의적인 생각이 가장 잘 일어나게 할 수 있는 환경을 만드는 데 강한 신념을 가지고 있다. 이 기업의 문화에 녹아 있는 신념은 가장 훌륭한 아이디어와 전략은 바로 위에서 지시하는 것이 아니라 조직 내부로부터 나온다는 것이다. 이러한 문화는 창의적 사고, 사내창업, 그리고 제록스에 대한 충성심과 장기 비전을 촉진시킨다. 특히, 제록스에서의 사내창업은 어떻게 하면 아이디어들을 기업의 전체 가치 사슬에 일치시킬지를 직원들에게 고민시킨다.

구글(Google)

구글은 사내창업에 관련된 좋은 기업 사례이다. 구글은 오랜 동안 스타트업(start-up company)에 투자해왔다. 2009년 3월, 구글은 경기 침체에도 불구하고, 인터넷 소프트웨어, 생명공학기술 및 건강관리(health care) 분야의 뛰어난 스타트업에 대한 투자를 목적으로 10억 달러짜리 벤처 펀드를 조성 중이라고 발표하였다. 이 회사는 또한 무인 자동차, 풍력 발전용 터빈, 그리고 달 탐사용 로봇과 관련 있는 기타 프로젝트에 많은 돈을 투자하였다. 구글은 빠르게 변화하는 산업 환경에서의 혁신 창출을 위해, 종종 그들의 핵심 역량과는 무관한 것처럼 보이는 프로젝트에 투자한다.

구글의 사내창업가정신은 혁신에 뿌리를 두고 있다. 창의성이 가잘 잘 발현되도록 구글의 환경을 조성하기 위해 발전시킨 독특한 방법들로는 다음과 같은 것들이 포함된다.

- **문화.** 구글은 자신의 기업문화에 가장 적합한 사람들을 고용하는 데에 최선을 다한다. 가장 유능하고 가장 훌륭한 아이디어를 제공하는 사람들에게 보상을 한다. 위험 감수성, 창의성 및 혁신성은 인재들이 구글에 적응하는 데 도움을 주는 특성들이다. 사무실 배치는 직원 간의 의사소통이 촉진되도록 설계된다. 구글은 전 직원이 만나서 맥주 한 잔 하며 솔직히 이야기할 수 있는 금요일 회의(Friday meeting)를 주최한다.
- **혁신을 위한 시간의 배분.** 기술자들의 업무 시간 중 20%를 스스로 선택한 독립된 프로젝트에 사용할 것을 권장한다.[12] 마찬가지로 관리자들도 획기적이고 특별한 프로젝트에 사용할 수 있는 시간이 배정된다. 관리자들은 업무 시간 중 70%를 핵심사업에 사용하며, 관련은 있으나 기존의 수행 중인 프로젝트와 다른 프로젝트에 20%를 사용하며, 나머지 10%는 신규 사업 또는 아이디어를 위해 사용한다.
- **검증 프로세스.** 아이디어들은 프로젝트가 승인되기 전에 통제된 실험 상황(controlled experiment)에서 비즈니스 모델로 만들어지고, 시제품을 만들며, 실험을 한다. 아이디어들이 프로젝트로 승인되는 데는 그리 오랜 시간이 걸리지 않는다.
- **크라우드 소싱(Crowd souring).** 구글은 그들이 제공하는 여러 제품들 중에서 어떤 제품이 가장 우수한지에 대해 사용자들이 결정하도록 한다. 이 회사의 전략은 가장 유용한 제품에 주목하여 그 제품들을 좀 더 발전시키는 것이다.
- **위험, 실패 및 혼란에 대한 관용.** 혁신적인 제품을 도입하기 위해서 구글은

위험감수를 장려한다. 이 회사는 실패와 혼란에 대한 많은 관용을 보이고, 구글의 직원들이 실수로부터 빨리 학습하고, 다음의 혁신 제품을 위해 전진하기를 희망한다.

이 기업이 가진 전략의 핵심은 혁신, 열정, 위험감수이다. 구글은 확실히 사내창업의 훌륭한 본보기이다.

사내창업 프로그램의 실행과 평가

사내창업 프로그램을 실행하고 그 결과들을 평가하는 일은 각 조직의 목표에 따라 기업별로 매우 다르다. 몇 가지 중요한 사안은 다음과 같다.

- 가장 적합한 사내창업 모델을 정하는 것.
- 조직 전체는 최소한 3년의 기간 동안 사내창업에 몰입할 것.
- 사내창업을 저해할 수 있는 조직 내부의 모든 "얼어 있는" 장애물(동토의 땅)을 "해빙"시키는 것.
- 사내창업가들을 찾아내는 것.
- 적절한 보상 제도를 마련하는 것.

실행

이번 장의 Scenario 11과 다른 장에서 살펴보았던 각 Scenario들에서 언급되었던 것처럼, 사내창업 프로그램을 조직화하고 실행하는 방법은 여러 가지가 있다. 조직의 특수한 목표에 맞게 변형할 수 있는 일반적인 접근 방식이 아래에 열거되어 있다.

사내창업 프로그램의 개발

- 경영진의 주요 구성원들과 함께 프로그램의 비전과 목표를 만든다.
- 제출될 제안서 예시를 만들고, 평가 기준을 수립한다. 그리고 사용 가능한 자

금의 액수를 결정한다.

- 평가 위원회의 구성원들을 선발한다.
- 4~6주의 제안서 제출 마감 시간과 함께 프로그램의 시작을 공식적으로 발표한다.
- 채택할 제안서를 선발한다.
- 벤처팀을 구성한다.
- 주기적으로 회사 전체에 결과에 대해 알려주고 프로그램에 대한 정보를 제공한다.
- 사내창업 활동과 분위기를 조성하고 구조화한다.

비전 선언문

사내창업의 프로세스에서 첫 번째 단계는 CEO와 경영진의 구성원들이 해당 프로그램에 대한 비전(사명)을 개발하는 것이다. "상세한 지도가 없다면 목적지로 이어지는 길이 많아진다(Without a detailed map, many roads will get you there)"라는 증후군을 피하는 것이 아주 중요하다. 몇 개 기업들의 비전 선언문의 단면들이 표 12.1에 제시되어 있다. 이러한 비전(사명) 선언문들의 몇 가지 공통된 요소는 고객 중심, 양질의 제품과 서비스, 직원의 중요성, 혁신적 활동, 우수한 제품과 서비스의 일관된 제공, 윤리와 사회적 책임이다.

[표 12.1] 선별된 미국 기업들의 핵심 비전(사명) 선언문

기업	핵심 비전(사명) 선언문
3M	• 혁신 • "신제품 아이디어를 죽이지 말라." • 절대적인 성실성 • 개인의 주도와 개인의 성장에 대한 존중 • 정직한 실수에 대한 관용; 제품의 품질과 신뢰성
아메리칸 익스프레스 (American Express)	• 영웅적인 고객 서비스 • 서비스에 대한 세계적 수준의 신뢰성 • 개인적 주도의 장려
포드 (Ford)	• 기업 강점의 원천으로서의 사람 • "우리 노력의 최종 결실"로서의 제품(우리는 차에 신경을 쓴다) • 우리의 성공을 위해 필요한 수단과 측정 도구로서의 이익 • 기본적인 정직과 성실성
제너럴 일렉트릭 (General Electric)	• 기술과 혁신을 통한 삶의 질적 향상 • 고객, 직원 그리고 사회와 주주에 대한 책임 간의 상호의존적 균형 • 개인의 책임과 기회 • 정직과 성실
머크 (Merck)	• "우리는 인간의 삶을 보존하고 향상시키는 사업에 종사하고 있다. 목표 달성이라는 측면에서 우리의 모든 행동들은 우리가 거둔 성공으로 측정되어야 한다." • 정직과 성실 • 기업의 사회적 책임 • 모방이 아닌 과학 기반의 혁신 • 기업의 모든 측면에서의 명백한 우월성 • 이익, 그러나 인류에게 혜택을 주는 노력으로 발생된 이익
노드스트롬 (Nordstrom)	• 고객에 대한 서비스 • 근면과 생산성 • 절대 만족하지 않는 지속적인 개선, 탁월한 명성 그리고 특별함의 일부가 되는 것
프록터 & 갬블 (Proctor & Gamble)	• 제품의 우월성 • 지속적인 자기개선 • 정직과 공정성 • 개인을 향한 존중과 관심
월마트 (Walmart)	• "우리는 우리의 고객에게 공급하기 위해 존재한다." – 저렴한 비용과 다양한 품목으로 그들의 삶을 더 좋게 만들기 위해 존재한다; 그 외 모든 것은 부차적인 것이다. • 상류에서 헤엄쳐라. 사회적 통념을 뛰어넘어라. • 직원들과 파트너십 관계를 맺어라. • 열정, 몰입, 정열을 갖고 일하라. • 낭비 없이 경영하라. • 더 높은 목표들을 추구하라.

프로그램의 구성요소

일단 사내창업 프로그램을 위한 비전이 만들어지고 나면, 사내창업 아이디어의 지원을 위한 몇 가지 서류 제출의 예시가 작성되어야 한다. 이상적으로는, 서류 제출 자체가 예시가 될 수도 있지만, 최소한 필요한 구성요소들을 포함하고 있어야 한다. 저자들 한 명이 도움을 준 회사들에서는, 이러한 예시들을 보유하고 있음으로써 제출된 사내창업 제안서의 수가 상당히 증가하였다. 또한, 이러한 제안서의 평가 기준과 사용 가능한 자금의 액수 또한 결정되어야 한다.

평가 위원회

그 후 제안서를 평가할 위원회가 설립되어야 한다. 이 위원회는 각각의 중요한 기능별 영역에서 온 사람들이 포함되고, 회사 내의 직위라는 측면에서 일정 정도의 다양성을 반영해야 한다. CEO 또는 사업부의 부서장은 이 선발 위원회의 구성원이 되어서는 안 된다. 위원회의 구성원이 되면 전체 프로그램을 후원하는 CEO 또는 사업부 부서장의 능력을 포기하는 것이다.

프로그램 공고

그 다음 단계는 제안서 제출 마감 기한으로부터 4~6주 전에 전사적으로 프로그램에 대해 공고하는 것이다. 공고문에는 필요한 제출 서류의 예시 또는 구성요소, 사용 가능한 자금의 액수, 평가 기준, 그리고 평가 위원회의 구성원이 포함되어야 한다. 이 제안서 공고는 CEO 또는 사업부의 부서장 같은 집단 내에서 가장 높은 직위를 가진 사람 명의로 공표되어야 하고, 모든 직원들의 참여를 독려하는 열정적인 메시지가 담겨 있어야 한다. 이것은 참여도와 제출되는 제안서의 숫자를 상당히 증가시켜 줄 것이다.

제안서 선발

채택된 제안서를 발표함과 동시에, 다른 제안서들이 채택되지 않은 이유에 대한 세심한 설명과 다음 기회에 한 번 더 참가할 것을 장려하는 내용이 담긴 편지를 제안서가 채택되지 않은 사람들에게 보내야 한다. 사내창업 활동에 대해 매우 긍정적인 환경을 조성하기 위해서 선발 과정은 전적으로 투명하게 이루어져야 한다.

벤처팀 구성

필요하다면, 제안서가 채택된 사람들이 벤처팀의 구성원을 선발하는 데 도움을 주어야 한다. 회사로부터의 지원을 받아야만 하지만, 사내창업가가 최종 결정을 내려야 하고 자신이 생각하기에 팀 구성원으로서 적합하다고 느끼는 사람에게 의향을 물어보아야 한다. 언제나 그렇듯이, 그들 중 몇몇은 참가를 원치 않을 수 있고, 따라서 대안이 될 수 있는 사람들을 파악하고 있어야 한다. 직원이 강제적으로 참여하는 일이 발생하지 않아야 하는데, 그 이유는 그러한 일을 경험한 기업들은 성공적인 사내창업을 정착시키는 데 어려움을 겪어왔기 때문이다.

결과 통지

사내창업 프로세스가 기업문화의 일부로 통합되기 위해서는, 자금 지원을 받은 제안서들의 활동상황에 대한 정보를 회사 전체에 정기적으로 알려야 한다. 그 방법으로, 사보 또는 단체 이메일 전송의 2가지 방법이 있다. 정기적으로, CEO와 사업부 부서장은 같은 매체를 통해 그들에 대한 지원 사실을 보여주어야 한다. 당연히 성공은 축하받아야 한다.

프로그램의 실행

두 번째 제안서 제출 날짜는 적어도 마감 기한보다 4주 전에 공고되어야 한다. 이상적으로는, 첫 번째 단계의 제안서 우승자를 선발할 때 발표하는 것이 좋다. 이것은 프로그램을 받아들이는 정도를 향상시키며, 사내창업 프로그램을 회사의 정기적 활동과 자사의 기업문화의 일부로 받아들이게 해준다. 이 책의 저자들 중한 명은 이러한 방법을 활용하여 대기업과 중소기업, 모두에서 사내창업 프로그램을 성공적으로 실행한 경험을 가지고 있다. 당시, 실제 사내창업 프로그램은 조직의 비전과 목표에 따라 기업별로 매우 달랐다.

사내창업 프로그램의 편익

사내창업 프로그램의 설립과 실행이 가져다주는 편익들을 기업에 대한 편익과 직원에 대한 편익의 관점에서 설명하고자 한다.

기업에게 주는 편익

사내창업이 기업에게 가져다주는 주요한 편익들이 아래에 열거되어 있다. 가장 중요한 편익들 중 하나는 새로운 기업문화의 창출을 통해 의욕이 향상된다는 것이다. 직원들은 "자신만의 직무를 가지게" 되며, 할 수 있는 방법 중에 가장 효율적인 방법으로 자신의 직위에 따른 역할을 충실히 하게 된다. 새로운 문화는 직원들의 출근길을 즐겁게 만들 것이다.

기업 측면에서 사내창업의 편익

- 새로운 문화 건설, 사기 충전.
- 직원 이직률 감소.
- 직원 동기부여.
- 새로운 사업 개념.
- 새로운 일처리 방식.
- 더 유연한 조직 구조.
- 조직 학습.
- 매출과 이익에 긍정적 영향.

직원들이 자기가 하는 일을 스스로 좋아하게 되면, 직원 이직률은 감소한다.

신규 직원의 모집, 채용, 그리고 훈련에 들어가는 고비용을 생각했을 때, 높은 고용 유지율은 숙련되고 경험 많은 직원을 유지하는 것뿐만 아니라 상당한 비용 절감도 가져온다.

또한 회사가 가능한 잘되기를 바라는 방향으로 확실하게 동기가 부여된다. 경험 있고 동기가 부여된 팀이 가져오는 결과물들과 성과의 질을 상상할 수 있겠는가? 이렇게 고도로 동기 부여된 직원들은 매출 증가, 비용 감소 그리고 이익 증대에 기여할 것이다.

사내창업은 새로운 사업 개념을 제공해준다. 여기에는 새로운 제품/서비스, 더 나은 시스템, 새로운 업무 처리방식이 포함될 수 있다. 직원들이 자신의 위치에서 최고의 성과를 거둘 수 있도록 새로운 일을 시도하도록 장려될 때, 새로운 업무 처리 방식은 회사 내에서 규범이 된다. 또한 실패가 허용되고, 실험이 권장된다.

이러한 과정은 기업이 좀 더 유연한 조직 구조로 진화하게 되는 결과를 낳는다. 자신의 영역 보호에 대한 여지가 거의 없을 것이며, 처음부터 마지막까지 프로젝트를 수행할 팀들이 쉽게 만들어진다. 새로운 제품/서비스 및 신규 고객이 나타날 것이며, 기존 고객은 더 만족하게 될 것이다.

조직 내에서 유연성과 새로움이 지속적으로 발생하면, 조직 학습은 기업 운영의 필수적인 부분이 될 것이다. 학습을 통해 직원들은 여러 업무를 수행할 수 있고, 그들 고유의 역량을 강화시킬 수 있게 되며, 기업의 생산성이 향상된다.

이러한 모든 편익들은 기업의 매출과 이익 증대로 나타난다. 새로운 제품/서비스, 신규고객 그리고 더욱 효율적인 사업 운영은 운영비 감소 및 매출과 이익의 증가로 이어진다.

직원에 대한 편익

직원의 관점에서 사내창업의 주요 편익은 다음과 같다. 유연한 조직 구조와 사내창업 문화로, 직원들은 자아실현을 느낄 수 있다. 자기 성취에 대한 경험은 다시 충성심, 효율성 및 성과를 증가시킬 것이다.

직원 측면에서 사내창업의 편익

- 자기 성취감.
- 직무 만족의 증대.
- 스킬 향상.
- 재무적/비재무적 보상.
- 즐거운 출근.
- 창의적 능력.

직무 만족의 증대는 사내창업의 공통적인 결과이다. 시행착오와 도전/실험 문화로, 직원들은 그들이 할 수 있는 한 최고의 방법으로 직무를 적극적으로 완수하여 출근이 즐겁게 된다. 이것은 아마도 직원들에게 사내창업의 가장 큰 편익일 것이다. 자신들의 직무와 기업에 대해 만족을 느끼는 직원들은 기업의 성장과 번성을 위해 할 수 있는 모든 일들을 할 것이다.

학습 조직으로 운영이 되면, 직원들은 자신들의 스킬을 향상시킨다. 물론 향상된 스킬을 보유한 직원들은 좀 더 효율적으로 업무를 수행하는 자신들의 능력과 스스로에 대해 좀 더 나은 기분이 들 것이다.

재무적/비재무적 보상은 참여한 직원들에게 주어지게 된다. 성과급 제도에 따른 보상은 정기적으로 발생하며, 비재무적 보상도 마찬가지이다. 성공적 활동은 다른 사람들에게 구전되고, 보상되며, 전 조직에 알려지게 될 것이다. 시행착오 문화는 업무 방식의 변화, 새로운 업무 프로세스의 개발 그리고 새로운 제품/서비스의 개발 측면에서 직원들을 좀 더 개방적이고 창의적으로 만든다.

결과의 평가

사내창업을 시행하는 기업은 사내창업의 결과를 평가할 수 있는 시스템을 마련해야 한다. 저자들 중 한 명은 벤치마킹(benchmarking)과 산출량 측정(measurement of output)이라는 2개의 전체적인 평가 절차를 성공적으로 만들었다.

벤치마킹

전체적인 기업문화에 대한 사내창업의 영향력을 파악하기 위해서는, 사내창업 프로그램이 시작되기 전에 벤치마킹이 시행되어야 하고, 처음 2년 동안에 매 6개월마다, 그 후에는 3년째부터는 매년 시행되어야 한다. 전반적으로 훌륭한 벤치마킹 도구가 표 12.2에 제시되어 있다. 이 표는 사내창업 프로그램에 참여하는 사람이 1부터 7점까지의 척도로 점수를 매기는, 쌍으로 이루어진 단어 또는 문구로 구성되어 있다. 저자들 중 한 명은 이 척도를 1~5점 척도 또는 1~9점 척도로 변형하여 사용해보았다. 1~5점 척도는 개인들이 극한 값을 피하려는 성향으로 인하여 데이터가 충분히 고르게 분포하지 못하고, 1~9점 척도는 척도 상에 9개의 척도가 존재하여 혼란을 초래한다. 1~7점 척도에서는 변수의 방향에 대해 의견이 없는 중간 값인 4가 존재한다.

표 12.2는 사내벤처활동 프로그램의 영향력 측정을 목적으로 사용되는 일반적인 몇 가지 변수들의 쌍을 보여준다. 여기에는 '지침-비전', '출근하기 싫은-출근하고 싶은', '불신-신뢰', '사람을 한정시킴-사람을 성장시킴'과 같은 벤치마킹 변수들이 포함된다. 이 변수들 중 전부는 아니더라도 일부는 기업문화 내 특정 변화를 측정하기 위해 기업이 사용하려는 특정 변수의 쌍들과 함께 사용되어야 한다. 탄탄한 사내창업 프로그램의 출범과 실행은 기업을 전통적 조직 문화에서 창업가

[표 12.2] 문화 가치와 규범의 벤치마킹

전통적 조직 문화		사내창업 문화	1 ~ 7점 척도로 평가
단편적인	→	전체적인	
지침	→	비전	
행동의 통제	→	행동의 자유	
출근하기 싫은	→	출근하고 싶은	
책임이 없는	→	책임이 있는	
동기부여가 없는	→	열정과 동기부여	
규정된 한계	→	한계가 거의 없는	
사람을 제한시킴	→	사람을 성장시킴	

적 문화로 이동하게 만든다. 가장 중요한 변화는 최초 2년 안에 나타날 것이고, 이러한 변화는 2년마다 측정되어야 한다.

산출량 측정

사내창업 프로그램은 기업문화의 변화와 더불어 기업의 운영에도 영향을 주어야 한다. 다음의 6가지 측정 방법은 최초 2년 동안 매년 같은 시기에 이루어져야 하며, 3년째에는 매년 한 번씩 이루어져야 한다.

- 원가절감 달성액(화폐단위로 측정).
- 매출성장 달성액(화폐단위로 측정).
- 직원 이직률(실제 인원수와 비율로 측정).
- 고객 회전율(실제 고객 수와 비율로 측정).
- 최근 5년 이내에 출시된 제품과 서비스가 전체 매출에서 차지하는 비율(%).
- 최근 3년 이내의 획득한 신규 고객으로부터 발생한 매출이 차지하는 비율(%).

견실한 사내창업 프로그램을 보유한 기업은 원가 절감, 매출 증가, 직원 이직률 감소, 최근 5년 이내에 출시된 제품과 서비스가 전체 매출에서 차지하는 비율의 증가, 최근 3년 이내의 획득한 신규 고객으로부터 발생한 매출이 차지하는 비율의 증가 등을 경험하게 된다.

이러한 편익들은 이전에 발생한 경험이 없다면, 사내창업 프로그램 도입 후 이듬해부터 발생되기 시작해야 한다. 저자 중 한 명이 같이 작업을 했던 몇몇 기업들은 도입 첫 해부터 긍정적인 결과를 얻을 수 있었다.

요약

이번 장에서는 사내창업 프로그램의 실행에 초점을 맞추었다. 5가지 일반적인 모델을 소개한 후에, 몇몇 기업들의 역사적 사례를 심층적으로 살펴보았다. 사내창업 프로그램의 실행을 희망하는 기업들이 수정하여 사용할 수 있는 일반적인 실행 과정을 제시하였다. 또한, 기업과 직원 측면에서의 편익들을 설명하였다. 이번 장은 벤치마킹 도구들과 6개의 산출량 측정 도구에 대한 설명으로 마무리한다. 사내창업 프로그램이 시작되기 전에 이 프로그램에 참여하는 사람들에게 각각의 측정을 실시해야 하고, 그 후에는 정기적으로 실시해야 한다.

Scenario 11 존슨 앤드 존슨(Johnson & Johnson)

1800년대 후반이 되어서야, 대부분의 감염이 수술실에서 공기로 전염되는 병원균에 의한 것임을 발견하였다. 이 발견으로 로버트 우드 존슨(Robert Wood Johnson)은 그의 형제인 에드워드 메드 존슨(Edward Mead Johnson) 그리고 제임스 우드 존슨(James Wood Johnson)과 함께 환자의 상처에 대한 의료적 처치를 위한 살균 봉합선, 드레싱(치료용 붕대) 및 붕대(bandage)의 생산을 시작하게 되었다. 당시 의사와 병원들이 감염으로 인한 사망 숫자를 줄일 수 있는 해결책을 찾고 있었기 때문에, 이 아이디어는 그들로부터 폭넓게 인정을 받았다. 1886년 무렵에는 오래된 벽지 공장인 존슨 앤드 존슨 공장에서 14명의 직원들이 일하고 있었다. 붕대 제조 과정은 매년 향상되어, 1910년 무렵부터 회사는 급속하게 성장하기 시작하였다. 1919년, 캐나다 사무실이 문을 열었고, 1923년부터는 존슨 앤드 존슨은 글로벌한 확장을 시작했다.

이 회사는 추가적으로 의약품, 위생용품, 섬유를 포함하는 건강관리(health care) 분야에 천천히 진입하기 시작했다. 그리고 생리대와 피임용품과 같은 제품의 생산 및 판매를 시작하였고, 1968년 무렵에는 연간 매출이 7억 달러에 이르렀다. 게다가, 1900년대 수년간 CEO를 역임했던 로버트 존슨(Robert Johnson)은 "사회적 이슈의 챔피언(champion of social issues)"이었다. 그는 최저임금 인상을 적극적으로 지지했고, 공동체 내에서 기업들이 수행해야 할 중요한 역할들을 강조했다. 존슨 앤드 존슨은 공식적으로 그들이 지켜야 할 기초적인 원칙과 책임을 공식적으로 수립하였는데, 그 첫 번째 책임은 자신의 고객에 대한 것이며, 두 번째 책임은 직원을 향한 것이라고 명시되어 있다. 세 번째는 공동체, 네 번째는 주주라고 명시되어 있다.

1966년, 존슨 앤드 존슨은 자사의 전문 제품 사업부에서의 사업 둔화 가능성에 대해 염려하기 시작했고, 이윤 창출이 가능한 다른 소비재를 탐색하는 데 중점을 두었다. 이후 존슨 앤드 존슨을 성공적으로 이끌었던 마케팅 매니저 제임스 부르크(James Burke)는 텔레비전과 잡지를 통한 마케팅 캠페인에 집중하여, 이 캠페인들을 책임지고 지휘하였다. 예를 들어, 생리대를 위한 공격적인 캠페인을 시작하여, 12년 만에 여성용 위생용품 시장의 50%를 장악하였다. 부르크가 제품의 비용을 현저히 낮춤으로써, 타이레놀(Tylenol)은 동일한 성분을 가진 다른 진통제를 대체하게 되었다.

1982년, 존슨 앤드 존슨에게 갑작스러운 비극이 발생하였는데, 누군가 타이레놀에 독극물을 집어넣었고, 이 일로 인해 타이레놀은 큰 시련의 희생자가 되었다. 즉, 청산가리가 발라진 캡슐을 복용한 후 7명의 고객이 사망했다. 그 사건 이후, 존슨 앤드 존슨은 모든 광고를 중단하였다. 그뿐만 아니라, 상품진열대에서 모든 타이레놀 제품들을 수거하였고 이로 인해 수백만 달러의 비용이 발생하였다. 그 결과, 하루만에 18%의 주가 하락을 경험하였다. 제조 단계에서가 아닌 소매 단계에서 이러한 독극물 투입이 발생한 후, 이 회사는 기업 홍보(PR) 캠페인을 잘 관리하며 시행했고, 소비자를 위해 제품의 변조 방지장치를 한 겹이 아닌 두 겹으로 추가하여, 제품포장에 총 3중의 보호 장치를 만들었다.

존슨 앤 존슨은 사회적 책임에 공헌한 오랜 역사 덕택에, 의료비 증가에 대한 미국 내의 비판을 견딜 수 있었다. 2009년 무렵에는, 존슨 앤 존슨은 미국 내에서 가장 존경받는 기업 중 하나로 간주되었다. 2010년의 운영 사업부문은 다음과 같이 구성되었다. (1) 의약품(매출의 39%), (2) 전문용품(매출의 36%) (3) 소비재(매출의 25%)이다. 매출의 절반은 미국 이외의 국가에서 발생되었고, 51개 국가에 걸쳐 190개 회사들로 이루어진 네트워크를 운영하며, 전 세계 175개 이상의 국가에서 제품을 판매하였다.

지속적인 혁신의 중요성은 존슨 앤드 존슨 임원들에게는 새로운 생각이 아니다. 혁신과 사내창업은 이 회사의 성공 요인이었으며, 존슨 앤드 존슨은 조직 구조의 거의 모든 계층에서 사내창업 정신이 비옥해졌다.

이 회사의 상무인 제프 머피(Jeff Murphy)는 방법론을 개선하고, 혁신을 촉진시킬 방안을 찾는 데 초점을 맞추고 있다. 머피 상무는 사내창업을 촉진하고 북돋을 수 있는 몇 가지 기준을 사용한다. 그는 다음과 같은 방법을 통하여 혁신이 기업의 절대적 우선 순위가 되어야 한다고 믿고 있다.

- 혁신에 대한 기능별 부서 간 협업의 장려.
- 성과 평가 항목에 혁신을 포함.
- 혁신을 공개적으로 인식하고 보상함.
- 실패를 학습의 기회로 받아들임.
- 시장에서의 수요를 강조하기보다는 시장에 대한 의문의 제기를 강조.
- 다양한 사고방식, 경험, 관점, 그리고 전문성을 지닌 직원의 고용.
- 아이디어 관리 시스템의 실행.
- 초기 혁신 개발을 위한 종자기금의 마련.

공식적으로 혁신과 사내창업을 촉진하는 형태 중 하나가 존슨 앤드 존슨의 벤처캐피탈 자회사인 "존슨 앤드 존슨 개발(Johnson & Johnson Development Corporation)"이다. 이 분야에는 다수의 건강 관리와 기술 분야의 전문가들로 구성되어 있는데, 이들은 초기 시장 지표들을 파악하고, 건강관리 분야의 경향을 분석하며, 전략적 투자 기회를 탐색하는데 중점을 두고 있다. 이 회사는 재무적 성과보다는 기업의 성장을 위한 장기적인 전략적 선택을 찾는 데 더 초점을 두었다. 이 개발사는 전체적으로 새로운 수익 창출의 기회를 증진시키는 데 중요한 역할을 수행하는 존슨 앤드 존슨의 기업개발부문에 통합되어 있다. 이 회사의 목표는 시장에서 떠오르고 있는, 건강관리 분야에서의 제품/서비스에 초점을 맞추어 적합한 투자를 하는 것이다. 의료기기, 소비재, 진단 및 제약 부문 관련 생명과학과 기술이 주된 관심이다.

사내창업을 촉진시키고 지원하는 또 다른 형태는 jnjbtw.com와 같은 웹사이트로서 직원들의 주도로 시작되었다. 2007년, 존슨 앤드 존슨 홍보 지원팀의 마크 몬슈(Marc Monseau)는 존슨 앤드 존슨의 직원들이 자신들의 회사에 관해 비공식적으로 상호 교류할 수 있는 사이트를 마련했다. 그 내용이 새로운 아이디어를 촉진시키기 위한 것이든, 실수를 바로잡기 위한 것이든, 아니면 회사가 무엇을 하고 있고 왜 하는지에 대해 토론을 하든지 간에 전 세계의 동료들과 토의할 수 있는 기회가 주어진다. 이 사이트에서는 새로운 아이디어와 발명에 대해 사내 자금을 지원받는 방법에 대한 의견 또한 제시할 수 있다.

몇몇 혁신의 결과는 존슨 앤드 존슨의 사내창업 구조와 자금에 대한 접근성이 없었다면 실현이 불가능했을 것이다.

- 1893년 베이비파우더는 존슨 앤드 존슨에게 완전히 새로운 세분시장을 만들어주었다.
- 1989년 외과 수술에 이용되는 의료용 실(leftover suture silk)로 만들어진 치실(Dental floss)의 도입.
- 1921년 반창고 브랜드인 밴드-에이드(Band-Aid)의 도입.
- 1928년 일회용 콘택트렌즈 아큐브(Acuvue)의 도입.
- 1931년 최초의 처방전 피임 젤리인 오쏘-자이놀(Ortho-Gynol)의 도입.
- 1960년대 존슨 앤드 존슨이 운영하는 자회사 코디스 코퍼레이션(Cordis Corporation)이 관상동맥 스텐트(coronary stent) 시술을 도입.

존슨 앤드 존슨의 차세대 혁신 제품 또는 서비스는 무엇이 될까? 존슨 앤 존슨은 적절한 조직 구성과 자금 조달 구조를 가지고 있기에 매우 혁신적인 제품이 곧 소비자에게 다가갈 것이라는 데 의심의 여지가 없다.

출처

www.stefanlindegaard.com/2009/06/22/johnson/
www.jnj.com/connect/about-jnj/company-history/healthcareinnovations/?&pageNo=1
www.fundinguniverse.com/company-histories/Johnson-amp;-Johnson-Company-History.html
www.jjdevcorp.com/
http://medicalinnovationsummit.clevelandclinic.org/2009/10/corporate-venturing-in-time-of.html

Notes

Chapter 1

1. John Stuart Mill, *Principles of Political Economy with Some of Their Applications to Social Philosophy*, London: Longman, 1848, 45-60.
2. Robert D. Hisrich, Michael P. Peters, and Dean A. Shepherd, *Entrepreneurship* (8th ed.), Chicago: McGraw-Hill/Irwin, 2010, 6-10.
3. William D. Guth and Ari Ginsberg, "Corporate Entrepreneurship," *Strategic Management Journal*(special issue) 11(4), 1990, 5-15.

Chapter 2

1. P.F. Drucker, *Innovation and Entrepreneurship: Practice and Principles,* London: Butterworth-Heinemann, 1985, 43.
2. R. M. Kanter, "When a Thousand Flowers Bloom: Structural, Collective and Social Conditions for Innovation in Organizations," *Research in Organizational Behavior* 10, 1988, 169-211.
3. D. C. McClelland, "Achievement Motivation Can Be Developed," *Harvard Business Review* 43(6) November/December 1965, 6-25.
4. D. C. McClelland, *The Achieving Society,* Princeton, New Jersey: D. Van Nostrand, 1961, 67 and 205.
5. P. A. Abetti, "The Birth and Growth of Toshiba's Laptop and Notebook Computers: A Case Stuudy in Japanese Corporate Venturing," *Journal of Business Venturing* 12(6), 1997, 507-529.

Chapter 3

1. John P. Kotter, "Leading Changer: Why Transformation Efforts Fail," *Harvard Business Review,* March-April 1995. 50-62.

Chapter 4

1. For an in-depth presentation on cocus group interviews in general and quantitative applications, see "Conference Focuses on Focus Groups: Guidelines, Reports, and 'The Magic Plaque,' " *Marketing News*, May 21, 1976, 8; Keith K. Cox, James B. Higginbotham, and John Burton, "Application of Focus Group Interviews in Marketing," *Journal of Marketing*, 40, no. 1, January 1976, 77-80; and Robert D. Hisrich and Michael. P. Peters, "Focus Groups: An Innovative Marketing Research Technique," *Hospital and Health Service Administration,* 27, no. 4, July-August 1982, 8-21.

2. Jena McGregor, "The World's Most Innovative Companies," *BusinessWeek,* April 24, 2006, www.businessweek.com/magazine/content/06_17/b3981401.htm.

Chapter 5

Chapter 6

1. H. Chesbrough, "Designing Corporate Ventures in the Shadow of Private Venture Capital," *California Management Review* 42(3), 2000, 31-50.

2. Gregory G. Dess, Abdul M. Rasheed, Kevin J. McLaughlin, and Rechard L. Priem, "The New Corporate Architecture," *Academy of Management Executive* 9(3), 1995, 7-20.

3. Daniel A. Levinthal and James G. March, "The Myopia of Learning," *Strategic Management Journal* 14(S2), 1993, 95-112.

4. Zi-Lin He and Poh-Kam Wong, "Exploration vs. Exploitation: An Empirical Test of the Ambidexterity Hypothesis," *Organization Science* 15(4), 2004, 481-494.

5. Arie Y. Lewin, Chris P. Long, and Timothy N. Carroll, "The Coevolution of New Organizational Forms," *Organization Science* 10(5), 1999, 535-550.

6. Rita Gunther McGrath, "Exploratory earning, Innovative Capacity, and Managerial Oversight," *Academy of Management Journal* 44(1), 2001, 118-131.

Chapter 7

1. Michael H. Morris, Donald F. Kuratko, and Jeffrey G. Covin, *Corporate Entrepreneurship and Innovation*, Mason, Ohio: Thomson/South-Western, Chapter 14, 2008, 375-377.

2. Michael Ho. Morris, Jeffrey Allen, Minet Schindehutte, and Ramon Avila, "Balanced Management Control Systems as a Mechanism for Achieving Corporate Entrepreneurship," *Journal of Management Inquiry* 18(4), 2006, 468-493.

Chapter 8

1. D. A. Buchanan, "You Stab My Back, I'll Stab Yours: Management Experience and Perceptions of Organization Political Behavior," *British Journal of Management* 19, 2008, 49-64.

Chapter 9

Chapter 10

1. James Clayton, Bradley Gambill, and Douglas Harned, "The Curse of Too Much Capital: Building New Businesses in Large Corporations," *The McKinsey Quarterly* 3, 1999. 48-59.

2. Michael Beer, Rakesh Khurana, and James Weber, Harvard Business School Case: Hewlett-Packard: Culture in Changing Times, February 5, 2004.

Chapter 11

1. This material was adapted from Robert D. Hisrich, Michael P. Peters, and Dean A. Shepherd, *Entrepreneurship*, eighth edition, New York: McGraw-Hill/Irwin, 2010, 341-344.

Chapter 12

1. Andrew Campbell, Julian Bradshaw, Andy Morrison, and Robert van Basten Batenburg, "The Future of Corporate Venturing," *MIT Sloan Management Review* 45(1), 2003, 30, ABI/INFORM Global, ProQuest Web, September 30, 2010.

2. Robert Park and Andrew Campbell, *The Growth Gamble*, London: Nicholas Brealey International, 2005, 10-32.

3. Jeffrey G. Covin and Morgan P. Miles, "Strategic Use of Corporate Venturing," *Entrepreneurship: Theory & Practice*, March 2007, 183-207, ABI/INFORM Global ProQuest Web, September 30, 2010.

4. Raghu Garud and Andrew H. Van de Ven, "An Empirical Evaluation of the Internal Corporate Venturing Process," *Strategic Management Journal*, Summer 1992, 93, ABI/INFORM Global, ProQuest Web, September 30, 2010.

5. William Buckland, "Defining What Corporate Venturing Actually Is and What Firms Should Do about It," *Strategic Direction* 19(9), September 2003, ABI/INFORM Global, ProQuest Web, September 30, 2010.

6. Robert A Burgelman, "A Process Model of Internal Corporate Venturing in the Diversified Major Firm," *Administrative Quarterly* 28, 1983, ProQuest Web, September 30, 2010.

7. Marc Gunther, Marilyn Adamo, and Betsy Feldman, "3M's Innovation Revival," Fortune 162(5), 2010, 73-76, EBSCO Host Web, October 5, 2010.

8. Ernest Gundling, *The 3M Way to Innovation*, Tokyo: Kodansha International, 2000, 45.

9. Marc Gunther, Marilyn Adamo, and Betsy Feldman, "3M's Innovation Revival," *Fortune* 162(5), 2010, 73-76, EBSCO Host Web, October 5, 2010.

10. Ernest Gundling, *The 3M Way to Innovation*, Tokyo: Kodansha International, 2000, 46.

11. J. P. Donlon, "The X Factor," *Chief Executive*, June 2008, 234, ABI/INFORM Global, 26-31.

12. Bala Iyer and Thomas H. Davenport, "Reverse Engineering Google's Innovation Machine," *Harvard Business Review*, April 2008, 59-68, EBSCO Host Web, November 28, 2010.

저자 소개

Robert D. Hisrich 박사는 선더버드 글로벌경영대학(Thunderbird School of Global Management)의 글로벌 창업 석좌교수(the Garvin Professor of Global Entrepreneurship)이며, 워커 글로벌 창업센터(the Walker Center for Global Entrepreneurship)의 책임자이다. 그는 DePauw University(BA), University of Cincinnati(MBA, Ph.D.)에서 수학했으며, 저자 혹은 공저자로서 창업에 대한 26권의 책과 350여 개 이상의 논문들을 집필하였다.

Claudine Kearney 박사는 선더버드 글로벌경영대학(Thunderbird School of Global Management)의 창업 분야의 객원연구원(visiting scholar)이다. 그녀는 강의 및 연구에서 많은 경험을 가지고 있으며, 창업의 여러 측면들과 사내창업 및 공공분야 창업 관련 수많은 논문과 저서를 출판한 경험을 가지고 있다.

역자 소개

이건희 박사는 현재 영남대학교 국제통상학부 교수로 재직 중이다. 영남대학교에서는 글로벌경영, 글로벌경영전략 및 창업 관련된 강의를 주로 하고 있다. 이건희 교수는 서강대학교(경영학 학사), University of Colorado, Boulder(MBA), 서강대학교(경영학박사-국제경영전공)에서 수학하였다. 또한 제조업, 기업금융, 온라인 게임, 컨텐츠 산업 분야에서 다양한 실무경험을 가지고 있고, 영남대학교 교수 임용 전에 창업과 사내창업을 직접 해본 경험이 있다. 이러한 경험을 바탕으로 기업의 혁신과 글로벌 전략에 대한 강의와 연구에 매진하고 있다.

사내창업 _ Corporate Entrepreneurship

기업 내부의 창업가정신을 통한
기업 혁신의 지름길

저　　자　Robert D. Hisrich · Claudine Kearney
역　　자　이건희
펴 낸 이　한헌주
펴 낸 곳　도서출판 **경문사**
등　　록　1995년 11월 9일 제300−1995−138호
주　　소　서울특별시 서대문구 독립문로 21-9
전　　화　02−738−7035(대표)
FAX　02−722−4678
e−mail　kmsp@korea.com
홈페이지　http://www.kmsp.co.kr

초판 인쇄　2016년 8월 16일
초판 발행　2016년 8월 23일

값 25,000원
ISBN 978-89-420-0858-2 93320